아주 작은 친절의 힘

위대한 변화를 이끌어 내는 **아주 작은 친절의 힘**

데이비드 R. 해밀턴 지음 박은영 옮김

CRETA

차례

책머리에 ·· 006

01 친절을 챙겨야 하는 이유 ······························· 011

02 마음 챙김이 우리를 이기적으로 만드는 방법 ···· 039

03 정신 건강을 위한 슈퍼푸드 ···························· 063

04 스트레스의 반대말 ·· 095

05 영웅은 굳이 망토를 입지 않는다 ················· 111

06 마음을 챙기는 친절 ······································· 131

07 자기에게 친절해야 하는 이유 ⋯⋯⋯⋯⋯ 167

08 친절 리더십 ⋯⋯⋯⋯⋯⋯⋯⋯⋯⋯⋯⋯⋯ 207

09 친절의 수수께끼 ⋯⋯⋯⋯⋯⋯⋯⋯⋯⋯⋯ 227

10 친절이 항상 분명한 것은 아니다 ⋯⋯⋯ 251

부록 I.   7일의 친절 챌린지 ⋯⋯⋯⋯⋯⋯⋯⋯ 275

부록 II. 친절 챙김 명상 수련법 ⋯⋯⋯⋯⋯⋯ 277

감사 인사 ⋯⋯⋯⋯⋯⋯⋯⋯⋯⋯⋯⋯⋯⋯⋯ 282

책머리에

왜 내가 남에게 관심을 가져야 하지? 그리고 무슨 관심을 기울여야 한다는 거지? 이것은 아주 오래된 질문이다. 심지어 부처님도 같은 질문을 했다. 물론 그 시대의 언어로.

오래 전해 내려오는 기록 어디에서도 망나니 같은 행동의 미덕을 노래한 것은 찾아볼 수 없다. 반대로 친절에 관한 기록은 얼마나 있을까? 말할 것도 없이 친절은 온갖 이야기와 시, 노래, 소설 등에 단골로 등장하는 인기 소재다.

친절해야 하는 건 그것이 옳은 일이기 때문이다. 여러분은 친구가 새로운 헤어스타일을 하고 왔을 때 칭찬한 적이 있을 것이다. 반짝! 그건 친구의 하루에 반짝반짝하는 가루를 뿌려준 것이나 마찬가지다. 친절에는 마법 같은 힘이 있어서, 한 번 친절할 때마다 회색 하늘을 유니콘이 날아다니는 무지개색으로 바꾸어 준다.

친절은 삶이라는 직물을 짜나가는 일이다. 우정이라는 수프에 넣는 양념이기도 하다. 친절이 없는 삶은 각각 다른 천 조각, 또는 자기만 쓰는 양념을 들고 헤매는 것이나 마찬가지다. 인정하자. 세상에는 서로 돕는 사람들이 있어야 한다는 걸. 그러면 우리는 다 함께 인생의 중요한 요리법을 가질 수 있다.

힘든 시간을 보내는 사람들이 있다. 누구에게나 그런 일이 일어날 수 있기에, 우리는 타인에게 관심을 가지고 그들에게 무슨 일이 일어나는지 살피며 살아야 한다. 상대방이 어떤 일을 겪고 있는지는 당사자가 아니면 절대로 알 수 없다. 그러니 누구라도 함부로 대해서는 안 된다. 우리가 할 일은 타인을 얕보고 비난하는 대신 '끊임없이' 응원하는 것이다.

다른 사람에게 친절하게 대하면 기분이 좋아진다! 친절은 몇 가지 흥미로운 방식으로 뇌에 화학 작용을 일으키고, 다량의 행복 호르몬을 분비하게 만들기 때문이다. 뿐만 아니라 심장과 면역 체계에도 좋은 작용을 하며, 심지어 주름 감소에도 효과가 있다. 주름이라니, 잘못 들은 것 아니냐고? 물론 제대로 들었다. 실제로 주름 감소라고 했다. 그 과학적 작용도 정확하게 규명되어 있다.

사실 친구에게 따뜻한 말 한마디를 건네고, 뒷사람을 위해 문을 잡아주며, 길이 막힐 때 앞에 가는 사람들에게 미소를 지을 수 있다면 과연 보톡스가 필요할까? 물론 이것은 진심으로 친절할 때의 이야기다.

진심으로 친절하게 행동하면 공덕을 쌓았을 때와 비슷한 보답이 돌아온다. 배려심 깊은 선한 사람에게는 자연에서 보이지 않는 하이 파이브가 전달돼 오는 것이다. 물론 진심이 아닐 때는 이 하이 파이브를 받을 수 없다. 자연은 다 알기 때문이다.

친절은 전염되는 경향이 있다. 우리가 누군가를 위해 문을 잡아주면, 그들도 미소를 지으며 다른 사람을 위해 엘리베이터의 열림 단추를 누른 채 기다리게 될 것이고, 덕분에 엘리베이터에 타게 된 사람은 친구에게 기꺼이 커피 한 잔을 살 마음이 생길 것이다. 커피와 마음 따뜻한 순간이 함께하는 '선행 릴레이' 게임인 셈이다. 중요한 건 문을 잡아준 일이 우리가 한 번도 만난 적 없는 누군가가 커피를 대접받는 일로 이어진다는 것이다. 그야말로 멋진 일이다. 이것이 삶의 작동 방식이고, 이런 파급 효과는 어디에나 있다.

눈앞에 보이는 선인장마다 모두 껴안으라는 이야기는 아니다. 다만 친절은 추운 겨울, 우리와 다른 모든 이들의 영혼에 포근한 담요를 덮어주는 것과 같다고 전하고 싶다. 친절은 찌푸린 얼굴을 펴주며, 덤으로 행복한 춤까지 선사하는 궁극의 비밀 열쇠라고 말이다.

그렇다고 해서 우리 자신을 돌보는 데 소홀하면 안 된다. 다른 사람들에게는 항상 사랑과 친절을 쏟으면서 정작 자신의 잔을 채우는 걸 잊어버린다면 연료가 부족한 자동차를 운전하는 것이나 마찬가지다. 그렇게 하고 싶은 사람은 없을 것이다. 자기에게 친절하다는 건 휴식이 필요할 때 멈춤 버튼을 눌러주는 것, 이미 하는 일이 많을 때 "고맙지만 안 되겠어요"라고 말하는 것, 상황이 혼란스러울 때(우리는 그저 인간일 뿐이라 당연히 이런 일이 생긴다) 스스로를 격려하는 것 등이다.

자기 친절의 기술은 다른 사람들에게 친절하면서 자신에게도 친절하게 행동하는 가장 알맞은 지점, 즉 균형을 찾는 것이다. 이 책의 뒷부분에서 자신에게 친절할 수 있는 여러 가지 방법을 알려 드리겠다.

또 친절의 복잡한 면에 대해서도 다룰 것이다. 친절이 늘 분명하지는 않기 때문이다. 예를 들어 한 사람에게 친절하게 대하면 다른 사람이 왜 자신에게는 그렇게 친절하지 않냐고 비난하는 경우를 한 번씩은 겪어봤을 것이다. 도대체 친절하게 대해야 할 상대는 누구일까? 그리고 무엇이 옳은지 어떻게 알 수 있을까? 이 책의 뒷부분에서 이런 골치 아픈 부분을 다루면서, 친절의 어려운 문제들도 함께 다룰 것이다.

친절은 인간 경험의 숨겨진 영웅이다. 마음을 다독이는 초콜릿, 영혼까지 손질하는 머리 다듬는 날, 인류에게 보내는 가상의 하이 파이브와 같다.

그러니 이제 용감한 친절의 파수꾼이 되어 행진하는 행렬 위로 뿌려지는 꽃가루처럼 따뜻하고 포근한 분위기를 널리 퍼뜨려 나가자.

01

친절을
챙겨야 하는
이유

세상이 왜 이렇게까지 혼란스럽고 복잡하며, 때로는 완전히 엉망진창으로 느껴지는지 궁금해한 적이 있는가? 그중 하나는 진심으로 서로에게 관심을 기울이는 게 얼마나 중요한지 우리가 잊어버렸기 때문이다. 다른 사람을 챙기는 게 왜 그렇게까지 중요할까?

우선 친절하면 기분이 좋아지기 때문이다! 모르는 사람이 내가 지나갈 수 있게 문을 잡아주던 순간, 무심코 마주친 사람이 미소를 보내주던 순간을 기억해 보자. 또는 하루 종일 운이 나빴던 날 누군가 내 이야기를 들어주던 때를 떠올려 보라. 분명 기분이 좋았을 것이다.

친절은 우리 모두가 깊이 이해하고 함께 느끼는 공통의 언어다. 뒤에서 살펴보겠지만 친절은 우리 뇌와 심장에도 기분 좋은 파티를 여는 것 같은 작용을 하여, 실제로 행복감을 높이고 혈압을 떨어뜨리는 효과를 낸다.

삶은 팀 스포츠다. 좋든 싫든 우리는 지구라는 거대한 바위 위에 함께 서 있다. 그룹 프로젝트를 해나가야 하는 것이다. 그리고 모두 알다시피 그룹 프로젝트는 한 사람이라도 게으름을 피우거나 멍청하게 굴면 망한다. 반대로 우리가 서로를 지지하면 삶은 조금 더 편해지고 훨씬 재미있어진다.

혹시 아는가? 카르마, 즉 인과응보는 실제 존재한다. 카르마의 신비한 부분을 걷어내고, 현실적으로 생각해 보자. 우리가 오늘 누군가를 도와주었다면, 내일은 누군가가 우리를 돕기 위해 나타날 가능성도 커진다. 이를 '이기적인 이타주의'라고 부를 수도 있겠지만, 중요한 건 카르마가 작동한다는 것이다! 따라서 멍청하게 굴면 대개는 뒤통수를 얻어맞기 마련이다.

또 인간 사이의 연결도 잊지 말아야 한다. 믿든 아니든 우리의 뇌는 서로 연결하도록 설계되어 있다. 말 그대로다. 좋아요, 공유, 착한 댓글, 안아주기, 커피 마시면서 수다 떨기 등은 모두 단순한 순간 이상의 의미를 지니고 있다. 이들 모두 우리 뇌가 전달하는 메시지이기 때문이다. '저기요, 나는 살아 있다고, 행복하다고 느끼려면 이것들이 필요하거든요'라고 말이다. 그런데도 굳이 뇌를 굶주리게 할 필요가 있을까?

서로 관심을 가지면 세상이 덜 무서워진다. 다른 사람들을 더 챙겨 줄수록 대부분의 사람이 우리와 똑같다는 것, 그들도 문제를 해결하려고 노력하며, 하루하루를 잘 보내고 싶어하는 사람들일 뿐이라는 걸 깨닫게 되기 때문이다. 모르면 두려워지지만, 일단 사람들을 알면 세상이 훨씬 더 아늑한 곳으로 느껴질 것이다.

그러므로 다음번에 누군가의 문젯거리를 그냥 지나쳐 버리고 싶을 때, 다른 사람의 감정을 무시하거나 이기적인 작은 세상에만 머물고 싶어질 때는 기억하자. 우리가 서로에게 조금씩 관심을 가진다면 세상이 더 나아진다는 것을. 그러니까 친절이라는 마법의 꽃가루를 온 사방에 뿌려보는 것이다!

이 책 첫 장의 제목에서 나는 'Kindfulness', 즉 '친절 챙김'이라는 단어를 썼다(원서 1장의 제목은 'Kindfulness'이다. - 옮긴이). 언뜻 보면 'mindfulness', 즉 '마음 챙김'을 잘못 쓴 것 아닌가 생각할 수도 있을 텐데, 그렇지 않고 제대로 의도해서 쓴 말이다.

예전에는 마음 챙김이 다른 일을 하면서도 무언가를 가볍게 넘기지 않고 살뜰하게 유념하는 걸 의미했고, 그렇다 보니 마음 챙김 자체가 친절을 뜻할 때도 많았다. 물론 지금도 일부에서는 마음 챙김을 이런 의미로 쓰기도 하는데, 주로 마음 챙김을 가르치는 선생님들이 그렇다.

그런데 요즘은 누구나 내면의 평화와 정신적 웰빙을 추구하는 추세이고, 그 요구가 나날이 발전하면서 유행하고 있어서 '마음 챙김 명상'이 중요한 실천 방법으로 떠오르고 있다. 이 명상은 고대의 지혜에 뿌리를 두고 현대 심리학의 뒷받침을 받아 '현재를 살아라', '판단하지 말고 그저 자기 생각을 살펴보라', '지금을 인식하는 힘을 길러라' 등을 강조한다.

문제는 대다수가 그 방법을 애플리케이션을 통해 배운다는 것이다. 나도 앱을 좋아하긴 하지만, 앱은 특성상 빠르게 사람들의 관심을 낚아채야 한다. 그래서 앱을 열면 짧은 수업이 나오고 거기서 그치고 만다. '마음 챙김, 잘 보셨죠? 자주 실천하면 좋겠죠?' 하는 식이다. 영화 〈매트릭스〉에서 네오가 다운로드 한 번으로 곧 바로 "나, 쿵후 할 줄 알아"라고 말하는 장면을 연상케 한다.

그러나 원래 마음 챙김의 가르침은 불교에서 비롯되었고, 생각보다 훨씬 광범위하다. 여기에는 친절하고 온정적인 생각과 태도, 불평하지 않고 소통하는 방법, 도덕적인 행동 등 윤리에 대한 가르침도 포함되어 있다. 말하자면 윤리와 친절, 좋은 태도 등이 한데 어우러진 풀코스 식사인 셈이다.

그런데 1980년대와 1990년대부터 마음 챙김은 윤리적 뿌리에서 분리되려는 움직임을 보인다. 환자들을 대상으로 한 임상 환경에서 사람들이 좀 더 쉽게 수용하도록 하기 위해서였다. 물론 처음에는 시험처럼 시작한 것이었다.

그러다가 병원 외래 환자들의 스트레스를 줄이고 심리적 안녕을 키우기 위해 설계된 '마음 챙김을 기반으로 한 스트레스 완화MBSR, Mindfulness-Based Stress Reduction'라는 치료법이 생겨나면서, 마음 챙김은 어느덧 이 치료 방법 속으로 섞여 들어갔다. 윤리, 문화, 친절을 바탕으로 한 중요한 가르침을 모두 빼버린 '약식 마음 챙김'으로 둔갑한 것이다.

그런데 놀랍게도 이 약식 버전이 어마어마한 히트를 기록한다! 학교는 물론 구글 같은 거대 IT 기업, 심지어 미국의 군대에서도 마음 챙김에 열을 올렸다. 이 마음 챙김에는 어떤 조건도 붙지 않았다. 깊은 영혼이 어쩌고 하는 것은 다 필요 없으며, 그저 앉아서 숨만 쉬면 되는 것이었다!

앉아서 명상하는 게 심리적으로 어떻게 이로운지, 개인과 조직에 어떤 이익을 가져다주는지만 중요했다. 별거는 서류에 이혼 도장을 찍는 결과로 이어졌고 되돌릴 길은 없었다.

기술의 발전 속도가 얼마나 빠른지, 우리가 '나마스테'라는 인삿말을 미처 다 마치기도 전에 마음 챙김은 앱으로 구현됐다. 그러나 앱은 많은 걸 빠르게 처리해 주지만 진정한 본질은 한쪽으로 밀쳐놓을 수도 있음을 기억해야 한다. 진짜 마음 챙김은 디지털로 빠르게 할 수 있는 범위를 넘어선다.

마음 챙김이 이렇게 가벼워진 세상에서도 우리가 마음 챙김에 신경을 써야 할까? 약식 버전이 효과가 있다면 그걸로 된 거 아닐까? 잘됐네, 굉장히 좋은 일이야. 사건 종결. 이러면 끝인 걸까?

하지만 이는 그러나 쉽게 넘기면 그만인 남의 이야기가 아니라 '우리'의 이야기다. 좋든 싫든 우리는 '인생'이라는 게임에 함께 참여하고 있으며, 조금이라도 더 빨리 협조하면 다음 레벨로 나아가기가 더 쉬워진다. 시야를 '나'에서 '우리'로 확장하면 긍정적인 분위기가 높고 넓게 퍼져나가, 우리와 우리가 사랑하는 사람들의 건강에 상상도 하지 못한 유익한 혜택이 한가득 주어진다. 어떤 놀라운 혜택이 있는지에 대해서는 곧 다루기로 하고, 마음 챙김 이야기를 더 해보자.

요즘 마음 챙김을 배우는 사람들은 마음 챙김의 원래 가르침이 어떤 것인지 거의 알지 못한다. 또 우리가 생각하고, 말하고, 행동하는 방식에서 친절이 얼마나 중요한지도 알지 못한다.

지금이야말로 마음 챙김이 다시 친절과 한 이불을 덮어야 할 시점일지도 모른다.

마음 챙김은 어디에서 시작됐을까?

'축의 시대The Axial Age'는 기원전 8세기에서 3세기 사이의 역사적 시대를 가리키는 말로, 독일의 정신병 의사이자 철학자인 카를 야스퍼스Karl Jaspers가 저서 《역사의 기원과 목적The Origin and Goal of History》에서 처음으로 언급했다. 전 세계적으로 이 시기에 종교와 철학 사상에 큰 변화가 있었는데, 놀라운 점은 이러한 변화가 페르시아, 인도, 중국, 레반트(중동을 포함하는 동지중해와 서아시아), 그리스-로마에서 동시다발로 일어났다는 것이다. 이 지역들 사이에 아무런 교류가 없었는데도 말이다.

게다가 이 시기에, 마치 누군가 마술이라도 부린 것처럼 몇 명의 위대한 사상가들이 동시에 등장한다. 지금까지 누구나 이름을 알고 있는 인물들로, 그로부터 수 세기에 이르는 동안 이들의 말은 종교와 철학, 사상 전체를 아우르는 중심이 된다. 공자, 차라투스트라(조로아스터), 호메로스, 플라톤, 부처께 경의를 표하자.

전설에 따르면 부처는 왕족으로 태어났다. 왕자 싯다르타는 원하는 모든 걸 누리는 삶을 살다가 문득 참된 삶이 어떤지 보고 싶어져서 어느 날 밤, 태어나고 자란 궁을 떠나 출가했다. 이후 몇 년 동안 거리의 빈민으로 살며 그동안 한 번도 겪어보지 못한 온갖 빈곤과 고난을 목격한다.

우여곡절 끝에 부처는 마침내 고통의 본질을 깨닫게 된다. 세상의 모든 사람은 고통을 겪으며, 거기에는 공통된 이유가 있다는 것이다. 그는 사람들이 실천하기 쉬운 해결책을 찾아냈다. 그는 보리수 아래에 앉아 이 깨달음을 얻었고, 나중에 부처라는 칭호를 얻었다는 바로 그 이야기다.

부처가 내놓은 해결책은 팔정도八正道, The Noble Eightfold Path(중생이 깨달음을 얻어 열반의 세계로 가기 위해 실천해야 하는 여덟 가지 수행을 가리키는 불교 교리-옮긴이)에서도 찾아볼 수 있는데, 부처의 가르침인 마음 챙김도 바로 여기에서 나왔다.

그러나 부처의 마음 챙김은 우리가 지금 알고 있는 것과 좀 다르다. 불교학자들은 서구에서 생각하는 마음 챙김을 '동시대(또는 현대)' 마음 챙김이라고 부르며, 이는 종교와 아무런 관련이 없는 세속의 마음 챙김이라고 여긴다. 그리고 그에 반해 부처의 원래 가르침에 따른 마음 챙김을 '전통적' 마음 챙김이라고 한다.

간단히 말해서 이 둘 사이의 중요한 차이는 전통적 마음 챙김으로 품위 있는 사람이 되어 다른 이들에게 상처를 주지 않도록 이끄는 일련의 가르침에 기반을 두고 있다는 점이다.

이 일련의 가르침을 모아놓은 것이 팔정도다. 말하자면 '훈련 설명서'인 셈인데, 도덕적 나침반으로 실천자들에게 방향을 제시하며 그 과정에서 고통을 덜어내고 올곧은 시민이 될 수 있도록 안내하는 역할을 한다. 오늘날 우리가 알고 있는 마음 챙김 명상법은 그 길에서의 작은 한 걸음이었다.

팔정도 이해하기

여러분이 이해할 수 있게 팔정도를 간략히 설명하겠다. 다만 나는 불교 신자가 아니며, 팔정도에 관한 원래의 설명은 수백 쪽에 걸쳐 씌어 있으므로 그 내용을 여기 충실히 옮기기는 힘들다. 따라서 이 요약은 가볍게 참고로 여기길 바란다. 마음 챙김이 처음에 어디에서 비롯됐는지 알려주기 위한 것이다.

1. 정견定見, Right view

사물은 쉴 새 없이 변한다! 이를 '덧없음, 무상함'이라고 한다. 이것을 받아들이면 우리는 제일 좋아하는 초콜릿 바에 매달리듯, 물질에 집착하려는 노력을 멈출 수 있다 . 이 '올바로 보기'에는 상식적인 요소도 들어 있다. 기본적으로 '선한 행동은 좋은 결과를 가져온다'는 것이다. 나쁜 행동은 당연히 '내가 왜 그랬을까?' 하는 순간을 불러온다.

2. 정사유正思惟, Right intention

이것은 친절한 마음을 기르라는 것이다. 친절한 '태도'를 보이는 것뿐 아니라 상냥한 마음으로 사람들을 생각하는 것이다. 친절은 사람들이 나를 친절한 마음으로 생각하고, 내가 '으흠' 하는 순간을 아무렇지도 않게 지나쳐 주길 바라는 것처럼, 머릿속으로 친절한 생각을 하는 것에서부터 시작된다. 좋지 않은 생각이 들 때는 그걸 잘 파악하고 나서 내려놓아라. 부정적인 감정은 쓸 데가 없다.

3. 정어正語, Right speech

책임감 있게 말하라는 것이다. 좋은 말을 할 수 없다면 차라리 아무 말도 하지 말아야 한다. 좋은 말, 진실한 말, 또는 꼭 필요한 말이 아니면 입을 닫는다. 더구나 가십, 소문, 비열한 댓글은 절대 용납되지 않는다. 말에는 대단히 강력한 힘이 있기에 그 힘을 바르게 써야 한다.

4. 정업定業, Right action

이것은 여러분의 윤리적 GPS라고 할 수 있다. '지금 연민의 마음으로 친절하게 행동하고 있다고? 좋아, 그대로 나아가라. 그렇지 않다고? 그럼, 경로를 바꿀 때로군.' 이렇게 말이다. 또한 여기에는 남의 것을 훔치지 말 것, 생명을 해치지 말 것 등과 같은 일반적인 세속의 지침도 포함되어 있다.

5. 정명正命, Right livelihood

기본은, 좋은 인간이 되는 일에 거스르는 직업을 갖지 말라는 것이다. 다른 사람에게 피해를 주는 일은 어떤 일이든 하지 않아야 한다.

6. 정정진正精進, Right effort

이것은 말하자면 '영혼을 위한 체육관'에 가는 것이라고 할 수 있다. 친절과 마음 챙김의 근육을 단련하는 것이다. 고되게 하는 게 아니라 꾸준히, 기분 좋게 지방을 태운다고 생각하면 된다.

7. 정념正念, Right mindfulness

지금을 살라는 것이다. 넷플릭스에서 본 드라마의 마지막 회차나 저녁 메뉴, 오후에 나눈 대화 속에서가 아니라 말이다. 우리는 바로 여기, 지금 존재한다.

8. 정정正定, Right concentration

이것은 핸드폰의 방해 금지 기능을 마음에 적용하는 것과 비슷하다. 집중하여 그루브groove(우리말로 '흥겹다'고 할 때의 '흥'과 비슷하다. 여기서는 집중을 통해 무아의 상태로 상승하는 것을 가리키는 듯하다—옮긴이)를 타기 시작하면 나머지 일곱 단계가 공원 산책처럼 쉬워진다.

여기까지가 팔정도에 대한 설명이다. 한마디로 침착하고 여유 있으면서도 배려 있게 친절한 사람이 되는 법을 안내하는 포괄적인 지침이다. 그냥 배려하는 게 아니라 배려심을 가지고 친절해야 한다는 것이 중요하다. 타인에게 피해를 주지 않아야 하고 생각과 말, 행동에 모두 친절이 배어 있어야 한다.

이제 마음 챙김이 어디에서 비롯됐는지 알았을 것이다. 마음 챙김은 명상 수련을 뛰어넘는 개념이다. 그보다는 마음을 기울여 친절을 실천하는 것이라고 해야 할 것이다. 내가 '친절 챙김'이라는 말을 좋아하는 것도 바로 그런 이유다. 마음을 기울인 친절, 친절을 얹은 마음 챙김이라고 할까. 우리 모두 친절한 마음을 지니고, 다른 사람들에게 관심을 좀 가지면서 살자는 것이다. 힘든 시간을 겪는 사람을 보면 다독여 주고, 진심으로 이야기를 들어주고, 커피 한 잔을 건네는 것이다. 방식은 중요하지 않다. 그냥 친절하면 된다. 부디 그 반대로 하는 어리석은 짓은 하지 말기를. 그러면 충분하다.

부처가 다른 단계들과 함께 마음 챙김을 가르친 것은, 우리가 점점 성장하며 모두 선禪(마음을 한곳에 모아 고요히 생각하는 일-옮긴이)을 실천하고, '완전!' 지혜로워지면(wisdomous, 신조어. 'wise'가 이미 지혜로움을 의미하므로 지혜를 강조하는 의미로 보인다-옮긴이)(이 말은 사전에 없는 단어라는 걸 나도 알지만 나는 시트콤 〈프렌즈Friends〉의 팬이고, 극 중에서 조이가 쓰는 이 단어를 아주 좋아한다) 새롭고 더 나아진 우리가 모든 이들에게 유익한 존재가 될 것이기 때문이다. 우리는 함께 인생을 영위해 나가고 있으며, 더 나은 사람이 되는 건 우리 모두에게 좋은 일이다. 마음 챙김은 우리의 도덕 나침반을 자신만의 이익에 맞추지 않고 모든 사람에게 더 나은 방향으로 돌려준다. 여기에는 가족, 친구, 동료, 심지어 무뚝뚝하기 그지없는 매장 직원들까지 포함된다.

안타깝게도 현대의 마음 챙김은 이런 양상이 아니라, 개인의 이익에 초점이 맞춰져 있다. 오해는 하지 말길. 현대의 마음 챙김이 이기적인 방식이라는 게 아니다. 다만 '개인'의 감정을 다스리고 현대적 삶의 스트레스에 대처하도록 돕는 역할에 맞추어져 있다는 뜻이다. 솔직히 점점 더 빠르게 돌아가는 세상에서 이런 도움이 필요하다는 건 부정할 수 없는 사실이고, 생활에서 부딪히는 난관을 헤쳐나가는 데 도움이 되는 아주 훌륭한 도구이자 치료법인 것도 맞다.

다만 현대의 마음 챙김이 명상을 통해 '나'에게 집중한다면, 전통적 마음 챙김은 '친절 챙김'처럼 우리 모두를 대상으로 한다는 것이다.

마음 챙김의 뿌리가 떨어져 나온 원인은 무엇일까?

앞에서 마음 챙김이 윤리적 뿌리로부터 분리되어 나왔다고 말했다. 그 이유는 불화가 생겼다거나 하는 것이 아니었다. 그저 대다수 서구의 임상 환경이 종교와 무관하게 세속적이었을 뿐이다. 달리 말하면 아무리 의도가 좋다고 해도 심리적으로 취약한 사람들을 앞에 두고 도덕이나 윤리를 들이댈 수 없어서라는 게 맞을 것이다. 설교보다는 과학이라는 것이다.

마음 챙김이 처음 서구에 선보였을 때는 실험실 가운을 걸치고 안경을 쓴 모습이어야 했다. 사람들에게 명확한 임상적 이점을 제공할 수 있다는 것을 보여줄 수 있고, 실험할 수 있는 형태여야 했기 때문이다. 그렇지 않으면 아무도 귀를 기울이지 않았을 것이다. 그러니까, 선보인 장소가 티베트의 수도원이 아니라 보스턴 시내였으니 말이다.

그 과장에서 존 카밧진Jon Kabat-Zinn의 역할이 아주 컸다. 그는 MIT 학생 시절에 명상을 접하고 수련을 시작했다. 1971년에 분자생물학 박사학위를 취득하고, 이어 브랜다이스대학교의 교수로 임용되어 분자생물학과, 과학 비전공 학생들에게 일반 과학을 가르쳤다. 그러던 중 2주간 위빠사나 수련Vipassanā(하루에 몇 시간이고 명상을 계속하는 강도 높은 명상 수련)에 참여하면서 '아하aha(놀라움, 깨달음의 순간-옮긴이)'의 순간을 경험한다. 그가 마음 챙김을 서구에 소개하기로 결심하게 된 순간이었다.

그는 인생을 바꿀 수 있는 명상의 힘이 서구인들에게는 통하지 않으리라고 생각했다. 서구인들이 받아들이기에는 언어와 문화의 차이가 너무 컸기 때문이다. 더 간결하게 바꿀 필요가 있었다. 그는 영적인 요소들을 덜어내어 명상이 가장 절실하게 필요한 사람들, 즉 고통 속에서 위안이 필요한 사람들에게 다가갈 수 있게 만들었다.

마침 병원에서 근무하던 그는 병원이야말로 자신이 개량한 '효율적인' 마음 챙김을 시험해 보기에 가장 적절한 장소라고 생각했다. 1979년 봄, 그는 병원의 1차 의료, 통증, 정형외과의 임상 책임자들을 일일이 찾아다니며 새로운 프로그램을 환자들에게 소개할 수 있는지 알아보았다. 치료에 효과를 못 보고 있는 환자들, 그리하여 도움을 받지 못하고 의료 시스템의 틈새로 추락하는 환자들이 주요 대상이었다.

그가 내놓은 코스는 병원의 외래환자를 위한 8주 스트레스 완화 프로그램이었다. 약을 끊으라는 강요가 아니라 '이것도 같이 하면 어때?' 정도의 제안이었다. 효과가 있으면 좋고, 없더라도 계속 약을 먹으면 되니까 손해 볼 일은 아니었다. 병원 입장에서는 '써보고 마음에 들면 사세요' 하는 제안이나 마찬가지였다. 1979년 가을, 마침내 첫 환자들이 프로그램에 참여했고, 이후 몇 차례의 시험이 이루어졌다. 결과는 대성공이었다.

환자들이 프로그램을 좋아했을 뿐 아니라 실제로 상태가 꽤 호전되었던 것이다. 카밧진과 임상 책임자들은 성공을 축하하며 손을 마주쳤다. 소문은 빠르게 의료계로 퍼져나갔고, 1년이 채 못 되어 병원의 내과 과장은 이 프로그램을 병원의 진료과로 만들어 카밧진에게 운영을 맡겼다.

이렇게 해서 마음 챙김이 정식으로 의학계 주류에 편입되었다. 카밧진의 천재적 방법은 종을 울리거나 향을 피우지 않고도 마음 챙김을 일상적으로 받아들이게 한 것이다.

오늘날 우리는 '마음 챙김을 기반으로 한 스트레스 완화'라고 알고 있지만, 처음 생길 때의 명칭은 이것이 아니었으며 '마음 챙김'이라는 말은 아예 언급조차 되지 않았다. 카밧진은 이 프로그램이 '신비롭거나 뉴에이지New Age(현대의 서구적 가치를 거부하고 영적 사상, 점성술 등에 기반을 둔 생활 방식을 가리킨다-옮긴이) 또는 흔한 괴짜'처럼 여겨지기를 원하지 않았고, 그렇게 취급되지 않도록 최선을 다했다. 본인의 표현이 그랬다.

그래서 지어진 명칭이 '스트레스 감소 및 완화 프로그램Stress Reduction and Relaxation Program'이었다. 그렇게 병원에서 프로그램을 운영한 지 몇 년이 지나자, 명칭은 더 간결해져서 '스트레스 감소 클리닉Stress Reduction Clinic'이 되어 있었다. 어느덧 진료과의 임상 치료로 자리 잡은 것이다.

당시 미국에는 이 외에도 다양한 명상 교육이 있었고, 스트레스 완화를 위한 프로그램들도 여럿 있었다. 1990년대에 들어서 이 프로그램이 MBSR로 정착된 것은 여러 다른 프로그램들과 구별하기 위해서였다. 덕분에 오늘날 전 세계 수백만 명의 사람들이 잠시나마 평화로운 순간을 가져다주는 MBSR에 감사하며 살고 있다. 이어서 MBRP^{Mindfulness-Based Relapse Prevention}(중독의 재발 방지를 위한 마음 챙김 기반 프로그램-옮긴이), MBCP^{Mindfulness-Based Cognitive Therapy}(마음 챙김 기반 인지 치료-옮긴이), 심지어 MB-EAT^{Mindfulness-Based Eating}(마음 챙김 기반 식습관 프로그램-옮긴이) 같은 파생 프로그램들까지 생겨났다. 식습관이라는 말에 의문을 가질 필요는 없다. 정말로 식사하면서 참선하는 것이 맞다.

아무튼 진지하게 말하자면 MBSR은 전 세계 수백만 명의 사람들에게 도움이 되었다. 스트레스를 줄이고 정신 건강을 개선했을 뿐 아니라 다른 여러 방식으로 사람들의 삶에 긍정적인 영향을 미쳤다. 그런 말은 들어본 적이 없다고? 대부분 그렇겠지만, 걱정할 필요 없다. 요즘은 다들 앱이나 책으로 각자 빠르고 손쉽게 마음 챙김을 실행하기 때문이다. 간편한 요령 뒤에 있는 마음 챙김의 뿌리, 기초, 의미, 맥락에 대한 긴 설명은 사람들을 멀어지게 할 뿐이다. 더구나 모든 이들이 다른 사람들의 관심 한 조각을 얻기 위해 무한 경쟁하는 현대 사회에서는 더 그럴 수밖에 없다.

마음 챙김 101 프로그램

자, 더 깊이 들어가기 전에 한마디 하겠다. 여러분 중에는 이미 마음 챙김을 해본 사람이 있을지도 모르겠다. 개중에는 해보는 정도를 넘어 전문가 수준인 사람들도 있을 것이다. 반대로 만약 경험이 아예 없다면? 그런 이들은 이 글을 '마음 챙김 입문 과정'이라고 생각하면 좋겠다. 사실은 해본 적이 있다고? 그럼 복습한다고 생각하면 된다.

마음 챙김의 첫 번째 단계는? 숨쉬기다! 실제로 숨 쉬는 것만큼 간단하다. 코에서, 뱃속에서, 또는 관심이 끌리는 어느 곳에서든 호흡을 느껴보는 것이다. 숨소리에 귀를 기울여 보라.

그러면 어느새 생각이 떠오를 것이다. 걱정할 필요 없다. '생각'은 원래 그런 것이다. 생각이 떠오르면 그걸 풍선처럼 날려 보내면 된다.

마음이 폭주 기관차처럼 달리고 있다는 걸 알게 될 때도 마찬가지다. 예를 들어 지금 누군가와 상상 속에서 열띤 논쟁을 벌이고 있다고 할 때, 이때도 규칙은 같다. 한발 물러서서 생각을 살피는 것이다. 생각의 뒤를 쫓지 말고, 판단하지 않으며, 그냥 잘 가라고 손 한 번 흔들어 주고 다시 호흡에 집중하면 된다.

여기에는 마법이 있다. '내가 생각하고 있구나'라는 걸 알아차리는 순간, 생각은 멈춘다는 것이다. 두 가지를 동시에 할 수는 없다. 생각하거나, 생각하는 걸 인식하거나. 반드시 둘 중 하나만 할 수 있다. 따라서 생각하고 있는 걸 인식하면 생각이 멈추면서 마음이 잔잔해진다. 이것이 마음 챙김, 즉 '판단하지 않고 인식하는 것'이다.

'정신의 체육관'에서 운동한다고 생각하면 된다. 정신 근육을 길러 스트레스를 물리치고, 약간의 회복력을 발휘하도록 도우며,

인생이 우리에게 고배를 선사하면 그것이 약이 되게 하는 것이다. 당연히, 운동을 하면 할수록 제대로 뇌가 단련된다. 그리고 브레인 게인brain-gains(두뇌 유입, 인재 영입-옮긴이)은 사실이다! (자세한 설명은 나중에 하겠다.)

만약 여러분이 8주가량의 마음 챙김 과정을 거쳤다면, 마음 챙김이 단지 명상 수련에 그치지 않는다는 것을 알 것이다. 그리고 일상생활의 순간순간에도 마음 챙김, 즉 인식을 불러올 수 있게 된다. 마음 챙김이 간결해지기 오래전, 카밧진이 MBSR의 한 부분으로서 우리에게 가르친 게 바로 이것이다.

마음 챙김은 사물에 단순히 반응하거나 별 의미 없이 그냥 행동하지 않는 삶을 살게 하는 것, '무심히' 살아가는 게 아니라 '마음을 챙기는' 삶을 살아갈 수 있도록 한다.

마음 챙김과 무심함

마음 챙김의 반대는 무심함이다. 무심하다는 건 자기 머릿속으로 너무 깊숙이 들어가 있어서 다른 것은 거의 알아차리지 못하는 상태를 말한다. 떠오르는 사람이 있다고? 혹시 여러분 자신은 아닌가? 누군가 자기 신발에 아이스크림 한 통을 몽땅 쏟아버려도, 그 사람을 슬쩍 한 번 쳐다보고 예의 바른 미소를 잠깐 띠고는 이내 자기만의 중요한 생각의 흐름으로 돌아가 버린다면, 여러분도 그런 사람일지 모른다. 문제는 마음 챙김이 스트레스를 줄여주는 반면, 무심함은 스트레스를 '만든다는 것'이다. 즉 판단을 개입하지 않은 채 한발 물러나는 기술이 없다면 우리는 모든 일에 과잉 반응하며 작은 흙더미를 큰 산으로 만들어 버리거나 아예 아무것에도 관심을 두지 않게 될 것이다.

나 역시 마찬가지다. 우리 집은 시골 근처에 있는데, 가끔 산책하러 나갈 때 주변 풍경이 얼마나 아름다운지 잊어버리곤 한다. 초록을 비롯해 온갖 다채로운 색으로 둘러싸여 있으며 우거진 나무와 꽃, 신선한 공기의 냄새, 새들이 지저귀는 소리가 천지에 가득한데도 그런 것들이 눈에 들어오지 않는 것이다. 이렇게 되면 내게는 산책이 이상하게 생긴 철제 라디에이터로 장식된 회색빛 복도를 걷는 것이나 다를 게 없다. 최근 사람들과 나눈 대화나 앞으로 나눠야 할 대화를 곱씹어 보거나, 집필 중인 책을 더 잘 쓰는 방법 같은 것에 대한 강박으로 내 머릿속이 채워져 있기 때문에 그렇다. 그러니 스트레스가 쌓일 수밖에.

스트레스는 마음이 갈피를 잡지 못하고 여기저기 헤매고 다니는 데서 비롯되는 경우가 많다. 그렇다 보니 호흡이 가다듬어지지 않는 것도 한 가지 원인이다. 마음 챙김을 하면 마음의 속도가 늦춰지고 시간 여유가 생겨 호흡이 진정되며, 반대로 무심해지면 호흡이 짧고 얕아진다.

우리 대부분은 무심하게 인생을 살아간다. 물론 마음 챙김의 순간들도 간혹 있지만, 대체로는 무슨 일에든 마음을 두지 않는다. 그저 로봇 장치처럼 왔다갔다한다는 게 아니라, 끊임없이 일상의 고단함과 삶의 드라마에 치이느라 한발 물러서서 코앞에서 일어나는 일을 살피거나 마음속에서 무슨 일이 벌어지는지 알아보려 하지 않는다는 것이다.

마음 챙김은 머릿속에서부터 한발 물러설 수 있게 도와준다. 이 점이 중요하다. 마음을 챙겨 주의를 기울이면, 우리는 어떤 순간에 느끼는 감정이 인생에서 실제로 일어난 것처럼 '보이는' 사건의 결과만이 아니며, 오히려 그 일에 대해 어떻게 '생각하는가'에 달려 있다는 걸 깨닫기 시작한다. 그러면서 주의를 돌려 감정을 조절하는 방법을 배울 수 있게 된다.

눈앞에 분명히 존재하는 기분 나쁜 일을 못 본 체하라는 게 절대 아니다. 감정은 바람에 흩날리는 나뭇잎 같지만, 마음을 다스릴 수 있게 되면 이 성가신 나뭇잎을 손바닥에 올려놓고 원하는 방향으로 안내하는 길잡이로 삼을 수 있게 된다는 뜻이다.

이게 마음 챙김이다. 그리고 마음 챙김은 연습할수록 쉬워진다. 처음에는 몇 초밖에 못 버티고 마음이 도로 다른 데로 가버릴 수도 있다. 그러나 시간을 들여 연습하면 다시 나뭇잎을 잡을 수 있고, 잡아서 꽃이 놓인 테이블 위에도 내려놓을 수 있게 된다.

사람들은 왜 명상을 할까?

내가 받은 이메일 중 가장 불쾌했던 것은 영적인 지도자라는 사람에게서 온 것이었다. 어찌나 불쾌한지, '영적'인 사람이 되고 싶다는 마음이 싹 가실 정도였다. 영적 수련이 그런 식이라면 절대로 사절이다.

사실 그 당시 내가 알던 영적인 사람들은 대부분 평범한 사람들이었다. 명상(마음 챙김이 여기에 속한다), 인센스(향) 피우기, 영적 힐링, 전생, 그 외 몇 가지 비슷한 것들에 관심을 가졌을 뿐, 솔직히 아주 노골적으로 말하면 그들도 하등 다를 게 없는 엉터리였다.

그들을 '영적인' 사람으로 만들어 주었다고 하는 여러 가지 수련이 정작 그들을 치유해 주지 못했기 때문이다. 적어도 지금까지 본 바로는 그렇다. 그들 중 일부는 정말 좋은 사람들이지만, 다른 일부는 모든 게 잘 돼가는 척만 할 뿐 사실은 악전고투 중이었다. 비난하려는 게 아니다. 우리도 많이들 그렇게 하고 있고 나조차도 가끔은 그런데, 우리는 모두 인간이니 어찌 보면 당연한 일이다.

이와 대조적으로 내가 아는 가장 훌륭하고 인격이 원만한 사람들은 일 년 전 내가 그만둔 회사에서 함께 일했던 사람들이었다. 이 사람들은 한 번도 촛불을 켜거나, 향을 피우거나, 기도문을 외지 않았으며, 비가 와서 몸을 피하려는 것이 아니면 교회나 사원에 발을 들이는 일도 없었다.

어느 순간, 사람들이 명상 같은 영적인 수련을 하는 것은 그저 도움이 필요해서가 아닐까 하는 생각이 들기 시작했다. 그런 사람들은 진일보한 존재고, 진보적인 사람들은 보통 명상을 실천한다고 생각했는데, 그게 아닐 수도 있다는 의문이 일었다. 이전까지 그들이 다른 이들보다 앞서가는 존재라고 생각한 건 내가 알던 몇몇 영적인 사람들이 그런 인상을 주었기 때문이다.

결국 나는 사람들이 명상이나 다른 영적 수련에 이끌리는 건

대체로 그게 필요하기 때문이라는 걸 깨닫게 되었다. 삶이 부과
하는 짐에서 그들이 해방되었거나 한 차원 더 고양된 존재여서가
아니었다.

그때까지 나는 영적인 존재(여기에는 명상이 필수 요소다)가 된다
는 것은 더 친절한 사람이 되는 것이라고 여겼다. 더 온유하고 더
상냥하며 더 인정이 넘치는 사람 말이다. 내가 알던 몇몇 불교 스
승들이 그랬는데, 다시 생각해 보니 그들은 친절한 태도를 지니는
방법까지 두루 수행한 사람이었다. 나는 곧 그분들의 모습이 일반
적인 것은 아니라는 진실을 깨달았다.

그 무렵에 받은 이메일이 바로 그런 예였다. 기본적으로 영적
으로나 종교적으로 무얼 믿는지는 우리가 하는 행동과는 별개다.
하느님을 믿든, 다섯 신을 믿든, 아예 신의 존재를 믿지 않든, 믿음
은 머릿속에 있을 뿐이고 중요한 건 행동이다. 어떻게 행동하느냐
가 전부다. 행동이야말로 우리 스스로와 주변 사람들을 기분 좋게
도, 나쁘게도 만든다. '영적인 것'도 마찬가지다. 여기에 동정과 친
절함이 동반되면 더할 나위 없지만, 그렇지 않다면 얼른 거리를
두는 게 좋다.

사람들은 다양한 이유로 명상을 시작한다. 어떤 이들은 스트레
스를 다스리기 위해, 또 다른 이들은 집중에 도움이 된다는 이유로
명상을 한다. 잠을 더 잘 자게 해준다거나, 감정 조절을 더 잘할 수
있다거나, 심지어 불안과 우울을 관리하는 데 도움을 받으려는 사
람들도 있고, 개인적·영적 성장이 목적인 사람들도 있다.

명상의 주요한 이유와 혜택을 정리했다. 각각에 대해서는 이미

자세한 연구가 이루어져 있는데, 독자 여러분의 머리를 아프게 하거나 잘 이해했는지 테스트할 생각은 없으니 안심하시길. 여기서는 친절이 모토니까 말이다.

1. 스트레스 감소

사람들이 마음 챙김 명상을 시작하는 가장 일반적인 이유 중 하나는 스트레스를 줄이려는 것이다. 폭발 직전의 압력솥처럼 감정이 끓어올랐을 때, 명상은 그 스위치를 끌 수 있다.

2. 지금을 살기

명상은 지금의 순간으로 마음을 안내하는 GPS를 제공하는 것과 같다. 더는 과거나 미래로 시간 여행을 떠나지 말고, 현재를 살라는 것이다.

3. 바쁜 마음을 위한 리모컨

집중할 수 있는 시간이 금붕어 수준으로 짧다고? 때때로 누군가가 리모컨을 이리저리 바꾸어 대고 여러분의 마음은 그에 따라 바뀌는 텔레비전 같은 기분이 든다고? 그렇다면 명상이 리모컨처럼 이리저리 움직이는 마음을 다스려, 한 번에 한 채널을 진득이 보도록 도울 수 있다. 채널 서핑을 그치고 집중할 수 있도록 도와주기 때문이다. 솔직히 말하면 금붕어에서 돌고래 수준으로 집중력이 확 뛰어오를 수도 있다.

4. 정서적 웰빙

명상을 통해 우리는 내면과 외면이 모두 밝아진 기분을 느낄 수 있다. 그리고 이 기분은 더 나은 자기 이미지를 형성할 수 있게 하고, 삶에 대해 긍정적인 사고방식을 갖게 해주며, 감정의 파도에 휩쓸리지 않고 능숙하게 그 파도를 탈 수 있는 기술을 전수해준다.

5. 자기 인식의 향상

'너 자신을 알라'라는 말을 들어봤는지? 명상은 값비싼 테라피를 하지 않고 '나 자신을 알기' 강좌를 듣는 것이나 마찬가지다. 명상을 통해 자신을 더 잘 이해하게 되고, 그래서 통찰력이 높아지면 사람들과 어울리는 방식, 인생의 고난에 대응하는 방식도 더 잘 통제할 수 있게 된다.

6. 불안과 우울의 완화

마음 챙김 명상은 마음속 그렘린gremlin(기계 고장을 일으키는 것으로 여겨지는 가상의 생물-옮긴이)을 궁지에 몰아넣고 불안과 우울, 공황 발작 증상들을 다스리는 데 도움을 준다. 한 발 물러서서 다른 관점에서 사물을 볼 수 있는 능력을 길러, 마음이 소용돌이에 휘말리지 않도록 통제하게 해준다.

7. 중독

명상이 중독성 행동을 제어하는 데 아주 큰 도움이 된다는 걸 발견해 냈다. 자기 통제가 강화되고, 행동을 일으키는 원인을 인식하는 능력이 커지면 마음을 현재로 불러올 수 있기 때문이다. 특정한 행동에 사슬로 묶이듯 매여 있다고 느낄 때 명상은 탈출의 마술사 역할을 해줄 수 있다.

8. 수면의 질 향상

잠을 청하려고 양을 세는 사람도 있지만, 명상을 하는 사람도 있다. 명상은 산만한 마음을 안정시키고 다스려 주기 때문이다. 명상을 하면 더 빨리 잠들고, 심신이 회복되며 더 깊은 잠을 자는데 도움이 된다.

9. 신체 건강

모두가 그렇다고는 할 수 없지만, 일부 사람들에게는 명상이 심신에 모두 온천욕을 한 것 같은 효과를 준다. 구체적으로 혈압이 떨어지고, 과민성 대장증후군이 완화되며, 면역력이 높아지는 등 신체 건강이 개선되는 효과가 나타나기도 한다.

10. 영적 성장

우주의 와이파이에 접속하고 싶어 하는 사람들 중에는 명상을 통해 그 비밀번호를 얻을 수 있다는 걸 알아낸 이들이 있다. 명상은 그들에게 연결감을 주며, 인생의 미스터리를 더 깊이 이해할 수 있게 도와준다.

11. 인지능력 향상

두뇌의 능력을 기르거나 정신의 근육을 강화하기 위해 명상 수행을 하는 경우가 있는데, 특정한 수련을 통해 기억력과 처리 속도 등 인지 기능을 향상할 수 있다.

12. 통증 완화

통증을 줄이기 위해 명상하는 사람도 있다. 마음 챙김 호흡은 뇌에서 통증을 인식하는 정도를 줄이는 데 도움이 되며, 실제로 부분적으로는 통증 관리 요법으로도 사용된다.

13. 창의력 증대

명상이 창의력의 흐름을 원활하게 하는 데 도움이 된다는 걸 알아낸 이들도 있다. 명상이 정신적 잡음을 줄이고, 더 깊은 상태에 접근할 수 있도록 하여 내면에 숨어 있던 예술가나 작가의 자질을 일깨워 준다고 느끼게 되는 것이다.

14. 개인적 성장과 자기 단련

많은 이들이 개인적으로 성장하기 위한 단계로서 명상 수련을 시작한다. 명상을 통해 인내와 규율, 헌신을 배울 수 있기 때문인데, 한술 더 떠서 닌자처럼 자기 단련을 하고 싶을 때에도 명상이 구루guru(힌두교, 불교, 시크교 등에서 스승을 가리킨다–옮긴이)가 되어 줄 것이라고 말하는 이들도 있다.

몇 가지 이유와 장점만 쓰려던 것이 좀 길어졌다. 아무래도 독자 입장에서 전체 그림을 그릴 수 있게 하는 것이 나을 것 같아서였다. 그런데 정작 친절에 관한 내용은 여기에 없다. 이 책은 결국 타인에게 관심을 기울이는 것에 관한 책인데 말이다.

그러니까 이 책은 남에게 관심을 기울이는 일이 어째서 꽤나 멋진 일인지, 왜 관심 기울이기가 대세가 되었는지, 그렇다면 누구에게, 무엇에 관심을 가져야 하는지, 그런 행동이 어떻게 우리의 정신 건강에 이롭다는 건지, 또한 관심 가지기의 기술을 스스로에게도 적용해야 하는 이유 등에 관한 책이다.

그런 의미로 여기에 추가할 내용이 있다면 이런 것이다. '어떤 사람들에게는 마음 챙김 명상이 자기 몰입을 부추기는 결과가 될 수 있다.' 그러나 이는 장점 위주로 열거한 위의 내용과는 맞지 않는다. 오히려 부작용에 가깝기 때문이다. 이 점까지 다음 장에서 다 설명하겠다.

나는 마음 챙김을 너무나 좋아해서 실천하고 있지만, 이 책에서는 특별히 '친절 챙김'을 내세우려 한다. 그건 내가 이 말을 좋아하기 때문이기도 하지만, 거기에는 훌륭한 단어 이상의 의미가 있기 때문이다(그래서 나는 이 말을 자주 쓴다. 내 생각에는 사전에 이 단어가 등재되면 정말 좋을 것 같다! 사전 편집자 여러분, 기다릴게요!). 다음 장에서 '친절 챙김'에 대해 훌륭하고 적절한 정의를 내려놓았으니 참고하시길.

아무튼, 비슷한 단어 같지만 친절 챙김은 마음 챙김을 재발명한 것이 아니라 오히려 확장한 것이라고 할 수 있다. 마음 챙김의

'인식' 부분을 결합했기 때문에 친절에 담긴 따뜻한 포옹과 더불어 마음 챙김의 온갖 좋은 면을 함께 누릴 수 있다. 또 본질적으로 풍부한 경험치를 준다.

마음 챙김이 '잘 살펴봐'라고 말한다면 친절 챙김은 '그리고 보듬어 줘'라고 속삭인다. 경험에 참여하게 할 뿐 아니라, 그 경험에서 따뜻한 이해심이 우러나도록 옆구리를 슬쩍 찔러주는 것이다.

그러나 친절 챙김은 마음 챙김 명상처럼 일단 수행하면 되는 게 아니다. 명상은 친절 챙김의 한 가지 형태일 뿐이며, 친절 챙김의 의미는 그보다 훨씬 더 광범위하다. 친절 챙김은 그야말로 일상에서 '마음으로' 친절을 실천하는 것이기 때문에, 마음 챙김과도 자연스럽게 결합한다.

주변을 잘 살펴보자. 여러분은 누군가에게 도움의 손길을 내밀 수 있는지? 큰 걸 베풀라는 게 아니다. 그 사람에게 커피 한 잔 사 줄 수 있는 여유면 된다. 마트에서 카트에 잔뜩 물건을 올린 채 계산대에 줄을 서 있을 때, 바나나 하나와 껌 한 통을 들고 선 아이가 있다면 차례를 양보하는 정도면 된다. 심지어 가볍게 웃어 보이거나 예의상 고개 한 번 숙여 보이는 걸로도 충분할 때가 많다.

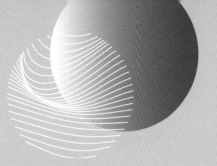

02

마음 챙김이

우리를 이기적으로

만드는 방법

O

눈치챘겠지만, 나는 마음 챙김을 아주 좋아한다. 내게 마음 챙김은 뇌 운동이나 마찬가지다. 앞 장의 마지막 부분에서 마음 챙김의 이점에 대해 극찬을 늘어놓은 것도 그 때문이다. 그러나 지금 우리는 세상(우리 모두가 공유하고 있는, 우주 공간에 떠 있는 거대한 바윗덩어리)을 좀 더 다정하게 만드는 일에 관해 이야기하는 중이다. 문제는 마음 챙김만으로는 부족할 수 있다는 점이다.

전통적인 마음 챙김은 가장 높은 수준의 인간이 되는 길을 안내하는 것이었다. 그러나 마음 챙김은 옛날 방식의 영적인 분위기를 탈피하느라 '모든 이에게 친절해라'라는 중요한 지침까지 일부 잃어버린 모양새가 되어버렸다.

마음 챙김이 잘못했다는 게 아니다. 어떤 사람들에게는 마음 챙김이 그야말로 중요한 역할을 한다. 수면에 방해되는 요소를 제거해 주는 효과를 가져오기 때문이다. 그들은 어느 순간 멈춰 서서 장미 향을 맡게 되며, 새가 지저귀는 소리, 벌들이 붕붕거리는 소리를 기분 좋게 음미한다. 심지어 북적거리는 방 안의 소음까지 감미로운 화음처럼 느낀다. 그러나 마음 챙김이 '스파이더맨' 수준으로 감각의 향상을 가져다준다 해도 친절 배지를 나눠 받는 것은 별개 문제다.

마음 챙김의 혜택은 주로 더 잘 감지하는 것이며, 감지한 대로 행동하는 것은 우리 몫이다. 여기서 공감의 역할이 중요해진다.

'친절 챙김'이라고 써놓고, '마음 챙김 2.0 버전'이라고 생각해보자. 바꿔 말해 친절의 세상으로 뛰어들면그것이 왜 좋은지, 왜 건강에 도움이 되는지, 어떻게 우울을 완화하는 힘을 발휘하는지 알게 되면, 그 자체가 레벨을 높이는 것이나 마찬가지다. 따라서 친절한 마음으로 마음 챙김을 실천하면 좋은 일을 하도록 안내하는 GPS가 내장된 것 같은 효과가 생긴다.

주의할 점은, 친절함이라는 칩을 장착하지 않으면 마음 챙김이 때때로 역효과를 낼 수도 있다는 것이다. 그다지 좋지 못한 결과를 맞이하는 사람들이 여기에 해당한다. 물론 지금 당장 내 말을 그대로 받아들이라는 건 아니다. 모든 건 과학이 설명해 줄 것이다.

세 개의 의자 실험

연구자들은 특정 그룹에게 명상 앱을 깔게 하고, 3주 동안 마음 챙김 명상을 하도록 요청했다. 그런 다음 한 사람씩 실험실로 불렀다. 그들에게는 인지 테스트라고 전달했지만, 사실은 몰래카메라

스타일의 실험이었다.

실험 참가자들은 도착하면 대기 장소에 앉게 되어 있었다. 거기에는 의자가 세 개 있었는데, 두 개에는 이미 사람들이 앉아 있어 실험 참가자들이 고를 수 있는 의자는 남은 한 개였다. 이는 설정된 상황이었고, 두 의자에 앉아 있던 사람들도 연구팀의 일원이었다.

실험실에 젊은 여성 한 명이 들어왔다. 역시 연구팀의 일원이었던 이 여성은 목발을 짚고 의료용 깁스 신발을 신고 환자로 위장하고 있었다. 여자가 이따금 고통스러운 듯 움찔거렸기 때문에 누구나 그녀가 아프다는 걸 알아챌 수 있었다. 그러나 먼저 의자를 차지한 두 사람은 모르는 표정을 하고 있었다. 무관심한 척하라는 지시를 받았기 때문이다.

마음 챙김 명상을 배운 사람들은 여자에게 자리를 양보했을까? 실제로 그랬다! 마음 챙김을 실천한 사람들의 37퍼센트가 자리를 양보했다. 명상을 하지 않은 사람들 중에서 14퍼센트만 자리를 양보한 것과는 대조적이었다. 마음 챙김의 승리였다!

그러나 앞에서도 말했듯이 마음 챙김 자체가 그들을 친절하게 만든 건 아니었다. 마음 챙김의 역할은 두뇌를 움직여 주의를 기울이게 만드는 것이다.

친절은 대개 공감에서 시작된다. 우리는 곤경에 처한 사람들에게 공감하며 도와주고 싶어진다. 불쌍히 여기는 마음, 즉 측은지심이 생기는 것이다. 여기에 도움을 주고 싶어 하는 동기가 합쳐져 공감이 생기고, 그러고 나면 친절한 행동을 하게 된다. 공감이 연민이 되고, 이것이 친절이 되는 과정은 마치 씨앗이 자라 꽃이

041

피는 과정과 같다.

연구자들은 참가자들의 절반에게는 마음 챙김을, 나머지 절반에게는 측은지심을 기반으로 하는 명상을 수행하도록 하고 이전과 같은 실험을 했다. 그 결과 두 그룹 모두 곤경에 처한 젊은 여성을 돕는 행동을 했으며, 자연히 마음 챙김 명상이 공감과 연민을 북돋는다는 가정이 성립됐다. 그러나 이 실험에서도 나중에 사람들의 공감 수치를 측정해 보니, 명상을 한 사람과 그렇지 않은 사람들 사이에 별다른 차이가 없었다.

앞에서 언급했듯이 마음 챙김은 우리를 더 친절하게 만들어 주는 것이 아니라, 좀 더 주의를 기울이도록 도와주는 것이다.

마음 스트레칭

친절의 출발점은 대개 공감이다. '당신의 기분을 나도 느껴요'를 가늠하는 미터기라고 할 수 있다. 어떤 이들은 이를 "우정의 수프를 위한 재료"라고 부른다. 상대를 껴안을 수 있기 위한 첫 단계다. 말하자면 꽉 안아주고 싶은 마음이 들어야 한다는 것이다. 일반적으로 누군가의 상황에 공감한 뒤에야 비로소 그들을 돕고 싶은 마음이 드는 법이기 때문이다.

위의 연구에서 연구자들은 사람들이 명상을 수행한 '후에' 타인에게 어느 정도 공감하는지를 측정했다. 이 '공감 정확도empathic accuracy'는 타인의 필요를 얼마나 잘 파악하는지를 보여준다.

만약 연구자들이 사람들이 처음부터 얼마나 타인에게 공감하는지 측정했다면 완전히 다른 이야기가 된다. 그것은 성향 공감dispositional empathy, 또는 '기질적' 공감이라고 하는데, 개인의 성격에 내재한 부분이다.

여기서 일부 연구자들 사이에 중요한 질문이 생겨났다. 천성적으로 공감 능력이 높은 사람들이 마음 챙김 수련 후에, 공감 지수가 낮은 사람들에 비해 더 친절해졌는가 하는 문제였다. 또 다른 연구자들이 이와 관련된 실험을 한 일이 있는데, 여기서는 참가자들의 성향 공감 정도를 미리 측정한 뒤 한 그룹은 마음 챙김 명상을 수련하게 하고, 다른 그룹은 클래식 음악을 감상하게 했으며, 나머지 그룹은 공감과 타인을 돕는 것에 대한 강의를 두 개 듣도록 했다. 두 번째와 세 번째 그룹을 통해 비교할 수 있게 만든 것이다. 그런 뒤에 세 그룹 모두에게 한 가지 상황을 제시했다.

이번에는 목발과 깁스 신발 같은 상황이 아니었다. 참가자 전원에게 애나라는 젊은 여성의 사연을 들려주었는데, 물론 그녀가 한 라디오 인터뷰는 가짜였다. 사연 속의 애나는 참으로 딱한 삶을 살고 있었다. 그녀는 장애가 있었는데, 직장까지 잃게 되었다. 힘든 중에도 어떻게든 학사 과정을 마치려고 무진 애를 쓰는 그녀에게 마른하늘에서 날벼락이 떨어진 셈이었다.

질문은 참가자들이 애나의 상황에 얼마나 관심을 가질까 하는 것이었다. 이들이 마음 챙김을 수련한 후에 실제로 애나를 도울 의향이 얼마나 있는지, 그리고 이것이 성향 공감과 상관이 있는지였다.

결과는 분명했다. 다시 한번, 마음 챙김이 친절한 행동과 연결된다는 결과가 나왔다. 베토벤을 감상하거나 공감에 관한 TED^{Technology, Entertainment, Design}(태도와 삶, 그리고 궁극적으로는 세상을 바꾸는 힘을 가진 아이디어를 발표하고 나누는 국제회의-옮긴이) 강연을 본 사람들보다 마음 챙김을 수련한 사람들이 더 친절하다는 결과가 나타난 것이다. 그러나 여기에는 한 가지 조건이 붙는다. 원래 공감 지수가 높은 사람들만 그렇다는 것이었다.

앞에서 말한 것처럼, 과학자들은 실험 시작 전에 미리 참가자들의 성향 공감 지수를 측정했는데, 마음 챙김은 이미 공감 지수가 높은 사람들에게서만 친절한 행동을 증대시키는 것으로 나타났다. 문제는, 공감 능력이 낮은 사람들에게는 마음 챙김 명상이 반대 효과를 내는 것 같다는 것이었다. 즉 이 사람들을 덜 친절하고 더 자기중심적으로 만든다는 결과였다. 마음 챙김이 더 많은 것들을 인지하게는 해주지만, 알게 된 것을 행동에 옮기느냐 마느냐는 타고난 공감 지수에 달려 있었다. 마음 챙김을 수행한 후 공감 지수가 낮은 사람들은 다른 사람들을 더 신경 쓰지 않았으며, 마음 챙김을 전혀 하지 않은 사람들에 비해서도 애나 같은 이들을 도울 가능성이 훨씬 더 낮았다.

결론은, 마음 챙김이 친절로 이어질지 그렇지 않을지는 마음 챙김 자체보다는 우리가 원래 지니고 있던 성격에 더 좌우된다는 것이다. 마음 챙김이 인식의 날을 벼르고 스파이더맨 같은 감각을 일깨우기는 해도, 다른 사람을 도울지 말지를 결정하는 요소는 타고난 공감 능력이다. 그러므로 마음 챙김은 마음의 스트레칭 운동과 같다. 원래 지니고 있던 성격을 더욱 확장해 줄 뿐, 달라지게 만들지는 않는다.

달리 말하면, 일부 연구자들의 주장처럼 마음 챙김은 각자가 지닌 가치관의 방향으로 사람들을 성장시킨다. 그 사람의 가치관에 공감, 친절, 우정, 정직, 신뢰 같은 것들이 포함되어 있다면 당연히 마음 챙김이 그를 더 친절하게 만들 것이다. 그러나 그렇지 않다면, 즉 가치관이 개인적 성취, 능력, 힘 같은 것들에 집중되어 있다면, 마음 챙김은 그 사람을 더 자기중심적으로 만들 가능성이 크다. 그런 식으로 자기중심적인 상태에 있는 사람들은 기차에서 좌석이 필요한 임산부를 아랑곳하지 않고, 사람이 다가오고 있는데도 무신경하게 문을 닫아버리기 쉽다. 또 마트에서 노인이 높은 선반 위의 상자를 내리려고 애쓰는 것을 보아도 신경 쓰지 않는다.

마음 챙김은 마음의 셀카와 약간 비슷하다. 자기 모습, 다름 아닌 내면의 모습을 스냅 사진으로 보여준다. 그것도 확대된 이미지로 말이다. 즉 친절한 사람에게는 내면의 친절함을 더욱 강하게 끌어내 보여준다. 그야말로 좋은 일이다! 앞서 언급했듯이 나는 마음 챙김을 아주 좋아하고, 세상에는 마음 챙김을 수련하고서 더 친절해진, 그리고 원래부터 친절한 사람들이 아주 많으니까 말이다.

물론 천성적으로 친절하지 않은 사람들에게는 반대 현상이 나타난다. 일부 학자들의 표현을 빌리자면 자기중심적인 사람들은 한층 더 자기중심적이 된다. 즉 나르시시스트들이 마음 챙김을 수련하면 더욱 심한 나르시시스트가 되어버릴 수 있다는 것이다. 이는 다른 연구들과의 비교에서도 검증되었으며, 저자들은 연구 결과를 이렇게까지 적었다. "마음 챙김은 정작 마음 챙김이 가장 필요해 보이는 사람들에게서 오히려 역효과를 나타냈다." 나르시시스트인 사람들이 단기간의 마음 챙김 명상 수업에 참여한 뒤 공감 지수가 떨어져 덜 친절하고 더 자기중심적으로 되었기 때문이다.

물론 이 연구들에는 몇 가지 한계가 있으며 그 부분을 대충 넘어가고 싶지는 않다. 그중 하나는 누군가에게 자리를 양보하는 일과 돈을 기부하거나 자원봉사를 하는 일은 다르며, 따라서 이런 결과가 모든 실제 상황에 절대적으로, 100퍼센트 적용된다고 볼 수는 없다는 점이다(물론 이것이 일반적으로 사실일 가능성을 보여주는 연구도 충분히 이루어져 있다). 다른 하나는, 자폐 특성을 가진 사람 중 일부가 공감 능력이 낮은 경향을 보이는 것은 사실이지만, 위의 비교 연구 결과 중에는 자폐 특성 수준이 높은 사람들이 실제로 마음 챙김 수련 후에 더 친절해졌다는 논문도 발견된다는 점이다.

세상을 보는 방법

결국 가장 중요한 건 공감이다. 그게 전부다. 그러나 정말 이걸로 된 걸까? 들여다봐야 할 또 다른 층위가 있지 않을까? 얼핏 과학자들이 결론을 내렸으니 그걸로 끝났다고 생각할 수도 있을 것이다. 그러나 과학에서는 일이 그렇게 간단히 돌아가지 않는다. 몇 가지 의문이 풀리지 않거나 뭔가가 틀에 잘 들어맞지 않을 때, 대개는 더 깊이 파고들어 바닥까지 내려가 문제의 본질을 파악하고 싶어 한다.

인생의 많은 것들이 그렇듯 어떤 상황이든 둘 또는 그 이상의 측면이 있으며, 마음 챙김이 우리를 더 친절하게 만드는지 그렇지 않은지의 문제에도 우리의 세계관이 여러 요인 중 한 가지 측면으로 작용한다.

어떤 사람들은 장밋빛 안경을 쓰고 삶을 바라본다. 인정하건대 나도 그런 사람 중 한 명이다. 웬 장밋빛이냐며 짜증 내는 사람들이 많다는 것도 안다. 친구들도 그 문제로 나를 나무라곤 한다.

'비가 오지 않으면 꽃이 피지 않는다.' 이것이 내 좌우명이다(사실은 비가 많이 오는 곳에 살다보니 어쩔 수 없게 된 것이기는 하지만). 어쨌거나 이렇게 긍정해 버리는 게 의심의 눈으로 세상을 바라보는 것보다는 낫지 않을까? 성자들이 가득히 모여 앉은 방에서도 소매치기는 남의 호주머니만 쳐다보느라 방 안에 온통 떠다니는 친절함을 죄다 놓친다고 하지 않는가.

이는 세상을 어떻게 보느냐, 세상 안에서 자신의 위치를 어떻게 보느냐가 마음 챙김에 의해 더 친절해지는지 그렇지 않은지를 결정하는 데 영향을 미친다는 관점인데, 심리학자들은 이를 그 사람의 '자기 구성self-construal'이라고 부른다.

2021년에 뉴욕주립대학교 버펄로 캠퍼스의 마이클 풀린Michael Poulin은 이에 관한 연구를 진행했다. 그는 두 가지 자기 구성(다른 사람과 관련하여 자신을 인식하는 방식), 즉 독립적 자기 구성과 상호의존적 자기 구성을 탐구했는데, 둘의 가장 큰 차이점은 독립적 자기 구성을 지닌 사람들은 주로 '나'를 위주로 사고하며, 상호의존적 자기 구성을 지닌 사람들은 상대적으로 '우리'를 중요하게 생각한다는 것이다.

일반적으로 미국, 영국, 서유럽 등의 서구 문화권에서는 독립적인 쪽으로 기울고, 불교 사상이 시작된 인도나 중국 같은 아시아 문화권에서는 상호의존적인 성향을 띤다. '일반적으로'라는 단서를 붙인 것은 물론 절대적인 것이 아니기 때문이다.

어느 문화권에서든 다양한 성향이 존재하며 사실은 두 가지 특성이 모두 드러난다. 마치 우리가 외향성과 내향성을 동시에 지니고 있는 것이나 마찬가지다. 우리가 스스로 외향적이라거나 내향적이라고 말하는 건 그쪽으로 더 기울어 있기 때문이고, 사실은 두 가지 성향이 공존한다. 마찬가지로 우리는 모두 부분적으로 독립적인 동시에, 부분적으로 상호의존적이지만 둘 중 한쪽으로 더 기울어지는 경향이 있다. 또한 둘 중 어느 쪽을 더 많이 발현하는 지는 상황에 따라 다르다. 심지어 하나의 문화 안에서도 집단에 따라 성향이 달라서, 미국의 소수 인종은 백인보다 상호의존적이다. 계층에 따라서도 비슷한 현상이 나타나는데 이를테면 노동자 계층은 중산층보다 더 상호의존적이다. 다시 말하지만, 이 역시 '일반적으로' 그렇다는 이야기다.

풀린의 실험에는 366명의 대학생이 참가하여 마음 챙김을 수련했다. 그 후 연구팀은 이들에게 빈곤한 사람들과 노숙인들을 위한 자선에 대해 들려주면서, 봉투에 다양한 자료를 넣어 대학 동문에게 기부를 권하는 편지를 보내고 싶은데 도와줄 수 있는지 물었다. 과연 참가자들은 남아서 편지 작업을 도왔을까?

이것은 물론 친절 테스트였다. 목표는 자기 구성이 친절한 행동에 영향을 미치는지 확인하는 것이었다. 어떻게 됐을까? 영향을 미쳤다.

상호의존적 관점을 가진 참가자들은 마음 챙김 명상을 수행한 뒤에 봉투를 17퍼센트 더 많이 채워 넣었고(앞서 언급했듯이 상호의존적인 자기 구성을 가진 사람들은 '우리'를 중요하게 여긴다), 독립적인 자기 구성을 가진 참가자들('나' 위주)은 15퍼센트 더 적게 채워 넣었다. 심지어 독립적인 자기 구성의 소유자들은 마음 챙김을 전혀 하지 않은 대조군對照群(동일 실험에서 실험 요건을 가하지 않은 그룹-옮긴이)보다도 편지 작업을 더 적게 했다. 공감 연구에서와 마찬가지로 어떤 사람들에게는 마음 챙김 명상을 한 것이 하지 않았을 때보다 덜 친절해지는 결과를 낳았다.

결과적으로 마음 챙김은 원래 우리가 지닌 성향을 증폭한다고 볼 수 있다. 공동체 의식을 지닌 사람들은 더 협조적으로 행동하게 되고, 자기중심적 성향이 더 강한 사람들은 더욱더 자기 위주가 된다. 즉 마음 챙김 명상은 본래의 우리가 지향하는 방향으로 우리의 본성을 더 확장한다.

알다시피 문제는 서구 사회의 지배적인 관점이 독립적이라는 것이다. 스스로를 차별화하고, 돋보이려 하고, 최고가 되는 것. 이런 것들이 어린 시절부터 서구인에게 뿌리 깊게 박혀 있다. 개인주의가 강조되는 것이다. 그렇다면 이는 마음 챙김이 사람들을 진정시키고, 스트레스를 다스리고, 회복력을 기르는 데는 도움이 되지만, 우리 중 많은 이들을 덜 친절하게 만든다는 의미일 수도 있다. 그렇다면 마음 챙김을 아예 하지 않는 것이 더 나은 걸까?

아니다. 반드시 그렇다고는 할 수 없다. 앞서 이야기한 '성향 공감'이 있기 때문이다. 저울이 독립적인 방향으로 많이 기운다고 해도 공감 지수가 높을 수 있고, 상호의존적이지만 공감 지수가 낮을 수도 있다. 여러 요인이 복합적으로 작용하는 것이다. 게다가 풀코스 식사처럼 두루 마음 챙김을 가르치는 선생님들도 있다. 이분들의 가르침은 삶 전반에서 마음을 챙기라는 것으로, 현대의 앱 버전보다는 전통적인 마음 챙김에 가깝다. 따라서 이분들은 단순히 마음 챙김 명상만 가르치는 것이 아니라 수련자에게 자신의 감정과 말, 행동을 주의 깊게 살펴보도록 이끈다. 삶의 여러 측면을 더 의식하고 알아채게 함으로써 더 친절한 마음과 연민으로 사람들과 상호작용할 수 있도록 하는 것이다.

이쯤에서 풀린이 친절한 행동의 척도로 자선 봉투를 채우는 통제된 실험을 했다는 것을 기억해 보자. 그것은 목발을 짚고 걷는 소녀에게 자리를 양보하는 것, 즉시 도움이 필요한 애나 같은 사람을 돕는 것, 또는 일반적으로 친절한 마음으로 사람들을 대하는 것과는 다르다. 이들 연구의 주안점은 마음 챙김 명상이 우리의 핵심 자기core self 쪽으로 기운다는 걸 보여주는 데 있다. 핵심 자기가 무엇이든 말이다. 그러므로 공감에 관해서만 이야기하자는 것도 아니고, 자기 구성에 한정된 것도 아니다. 양쪽 모두 관련되어 있다.

자, 만약 우리의 자기 구성이 돌처럼 단단히 굳어버린 게 아니라면 어떨까? 그리하여 관점을 변화시킬 수 있다면 우리는 친절해질 수 있고, 사회를 변화시킬 수 있지 않을까? 연구의 다음 단계에서는 프라이밍priming(점화, 마중물-옮긴이)이라는 기법을 사용하여 이 아이디어를 검증해 냈다.

프라이밍

프라이밍은 누군가의 마음에 눈치채지 못할 방법으로 어떤 생각을 심어두어서 그 사람이 스스로 생각해 낸 것처럼 여기게 만드는 기법으로, 무대 공연자들이 많이 쓰는 방법이다.

몇 년 전, 나는 가족 생일 모임에서 아주 재미있는 프라이밍 실험을 해본 적이 있었다. 그날은 아버지의 칠순이어서 삼촌, 고모들이 축하해 주러 오셨는데, 나는 고모 한 분과 잠깐 얘기를 나누었다.

내가 친척 어른들과 잘 어울리는 사람이어서 고모와 즐겁게 대화했다고 하고 싶지만, 사실은 다른 속셈이 있었다. 대화 중에 의도적으로 '하트의 여왕'이라는 카드 이미지를 고모의 마음에 심으려 했던 것이다. 나는 고 엘리자베스 2세 여왕에 대해 이런저런 이야기를 하다가 비슷한 몇 가지 사례를 끄집어내는 방식으로 '여왕'이라는 단어를 여러 차례 이야기했고, 예전에 심혈관 연구 개발 분야에서 수행했던 연구에 대해 들려주면서 하트, 즉 '심장'이라는 단어를 자연스럽게 여러 번 반복해 말했다.

잠시 후, 나는 서랍에서 카드 한 벌을 꺼내 들고 모두에게 말했다. 잠깐 오락 시간을 가지고 카드 마술을 선보일 텐데, 그게 싫으면 노래를 한 곡 부르겠다고 말이다(물론 나는 포도주 몇 잔을 마신 상태였다). 다행히도 모두 카드 마술을 선택했다.

나는 두 손을 들어 올린 채 분위기를 돋우듯 한 바퀴 빙그르르 돌고는 고모를 딱 쳐다보며 말했다. "좋아요, 카드 한 장을 고르세요. 아무거나 좋습니다. 머릿속에 가장 먼저 떠오르는 카드를 외치시는 거예요!"

고모는 엉겁결에 "하트의 여왕!"이라고 외쳤다. 그럴 줄 알았다. 프라이밍 성공!

그런 다음 나는 카드를 모아 들고 몇 번 구부려 보인 뒤 한 벌을 몽땅 창문 쪽으로 휙 던졌다. 좌중이 놀라서 소리를 지르는 동안 카드를 사방으로 흩어 날렸다. 다들 깜짝 놀랐지만, 정말 놀란 건 그다음 순간이었다. 어느덧 창문에 하트의 여왕 카드 한 장이 떡하니 붙어 있었기 때문이다.

솔직히 말하면 그 순간 모두는 겁을 먹은 것처럼 보였다. 여동생 레슬리가 창문에 붙은 여왕 카드를 떼려고 다가갔는데, 이번에야말로 기절초풍하며 소리 질렀다. "바깥쪽에 붙어 있어요! 카드가 창문을 통과해 나가서 저쪽 편에 붙어 있다고요!"

당연한 말이지만, 그 하트의 여왕 카드는 30분쯤 전에 내가 투명 점착테이프로 창문 바깥쪽에 미리 붙여둔 것이었다. 무대 공연자들은 늘 그런 트릭을 쓴다. 물론 그 사람들이 나보다는 더 멋지고 훨씬 화려하고 정교하게 해내기는 하지만, 아이디어 자체는 거의 비슷하다. 프라이밍이다.

이제 풀린의 연구로 돌아가 보자. 풀린의 연구팀은 더 독립적이거나 더 상호의존적인 양쪽 그룹 참가자들 모두에게 일련의 프라이밍을 실시했다. 타고난 성향과 상관없이 프라이밍된 자기 구성에 따라 생각하도록 그들을 유도한 것이다.

결과는 어땠을까? 상호의존적인 관점으로 프라이밍된 사람들은 마음 챙김을 수련하고 더 친절하게 변화했으며, 독립적인 관점으로 프라이밍된 사람들은 마음 챙김 수련 뒤에도 덜 친절한 태도를 보였다. 이 말은 자기 구성이 매우 유연하다는 것이다. 우리의 성격에 뿌리 박힌 것처럼 보이는 성향들도 '바꿀 수 있다'는 것이다.

그러나 이는 단순히 성향을 구분 지어 특정 그룹에 이름을 붙이는 일 정도가 아니다. 공감이나 자기 구성이 가장 중요하다는 주장도 아니다. 점점 더 빠르게 돌아가는 세상과 시시때때로 안 좋은 일들이 생겨나 산더미처럼 우리를 덮치고 힘든 상황으로 몰아붙이는 삶 속에서, 이 모든 게 '나'가 아니라 '우리'에 관한 것이라는 것을 깨달아야 한다는 이야기다.

섬에서 외따로 살아가는 사람은 없다. 따로 떨어져 존재하는 국가도 없다. 물론 지리적으로는 그럴 수 있지만 말이다. 우리는 모두 이 지구에서 함께 살아간다. 마음에 들지 않아도 우리가 '지구촌 가족'인 것은 부정할 수 없다. 너무 상호의존적인 관점이 아니냐고 반박할 수 있겠지만, 이는 관점의 문제를 넘어서는 이야기다. 다름이 아니라 삶에는 개개인의 성공과 성취보다 더 다양한 것들이 있다는 것을 인식해야 한다는 뜻이다. 우리 자신의 건강과 행복에 좀 더 신경 쓰고, 그에 못지않게 다른 사람들에게도 더 관심을 가지면 좋겠다는 것이다.

일부 아프리카 문화에는 '우분투ubuntu'라는 철학적 개념이 있다. 이 말 자체는 응구니 반투족의 언어에서 유래했고, 줄루족의 속담 '우문투 응구문투 응가반투umuntu ngumuntu ngabantu'에 그 의미가 새겨져 있다. 이 말은 '사람은 다른 사람을 통해 사람으로 존재한다' 또는 '당신이 있어 나도 있다'라는 뜻이다. 여기에는 우리의 인간다움, 인간으로서의 존재는 다른 사람들과의 관계에 깊이 연결되어 있다는 생각이 담겨 있다. 우리의 행동이나 태도가 연민과 공감, 상호 존중을 바탕으로 이루어져야 한다는 것이다.

바로 친절이다.

공감을 배울 수 있을까?

자기 구성을 변화시킬 수 있는 것처럼, 공감도 배울 수 있다. 굳이 프라이밍할 필요도 없다. '다른 사람의 신발을 신고 1마일만 걸어보라', 즉 남의 입장이 되어보라는 말만 떠올려도 된다. 실제 사례를 하나 들어보자.

2010년 크리스마스 아일랜드에서 난민선이 전복되어 수십 명의 난민이 사망한 일이 있었다. 레이 콜비의 머리에 떠오른 맨 처음 생각은 이런 것이었다. '못난 것들, 자업자득이지. 올바른 방식을 택했으면 그런 일도 없었을 거 아냐.' 사실 이는 그녀만의 생각이 아니라 난민을 대하는 일반적인 태도라고 할 수 있었다.

이후 그녀가 사는 애들레이드 힐스의 집 근처에 난민 수용 센터가 세워지자, 그녀는 완강히 반대하는 태도를 내보였다. 20년 동안 지적 장애 어린이들을 돌보는 일을 해온 그녀의 입장은 도움이 필요한 불우한 자국민들이 얼마나 많은데 난민에게 비용과 자원을 쓰겠다고 하느냐는 것이었다. 어찌나 미움이 강했던지, 그녀는 혐오라는 질병에 자신이 잡아먹히는 기분이었다고 했다.

그녀는 마을 회의에서도 이런 의견을 강력하게 표현했으며, 그 일이 계기가 되어 호주 SBS에서 제작하는 〈당신들의 나라로 돌아가라Go Back to Where You Came From〉라는 다큐멘터리 프로그램에 참여해 달라는 요청을 받게 되었다. 프로그램의 참가자들은 아프리카와 말레이시아에서 호주에 이르는 수많은 난민의 여정을 되짚어 올라가는 25일간의 여행에 참여하게 되었다.

그녀가 처음으로 자신과 마주하게 된 곳은 워동가Wodonga(호주 빅토리아주의 지명-옮긴이)였다. 상냥한 미소를 지닌 사람들 일곱 명이 그녀를 맞이했다. 바하티 마수디와 마이사라 마수디 부부, 그리고 열여섯 살부터 이제 7개월이 된 아기까지 포함된 그들의 다섯 자녀였다. 그들은 9년 동안 난민캠프에서 기다리다 겨우 18개월 전에 워동가에 정착했다고 말했다. 레이는 엿새 동안 이 가족 옆에서 지내게 되었다. 자신이 그렇게나 증오한다고 대놓고 말했던 그 사람들 옆에서 말이다.

엿새를 보내면서 그녀는 변했다.

그 가족이 당한 잔학 행위, 그들이 견뎌야 했던 아귀다툼, 그들이 겪은 끔찍한 일들에 대해 알게 된 그녀는 이전에는 느껴보지 못한 공감을 발견하게 되었다. 한때 그 가족의 모국이었던 곳에서 강간과 고문, 살인이 일상이 되어버렸다는 소식도 전해 들었다.

《시드니 모닝 헤럴드》와의 후속 인터뷰에서 그녀는 감정적으로 혼란에 빠져 있다고 설명했다. "사람들이 책으로 접하거나 텔레비전에서만 보던 극심한 잔혹함과 박해의 정도가 너무 압도적이었어요"라고 말했다.

"이곳에서 난민들의 진짜 삶에 깊이 빠져 생활하다 보니 고통스러웠어요."

"밤에 딱딱한 바닥에 누우면 잠이 오지 않았죠. 난민들이 걸어온 길을 그대로 되짚어 가고 있다는 현실이 저를 옥죄었어요. 그 사람들의 고통과 고난이 느껴져 눈물이 나더군요."

"평화로운 삶을 바라고, 아이들을 키우고, 그들이 성장하고 발전하는 모습을 지켜보는 것이 죄인가요?"

그 경험은 그녀를 근본적으로 바꾸어 놓았다. 그녀는 훨씬 더 공감과 연민이 풍부한 사람이 되었으며, 심지어 난민 수용소에서 반대 시위가 벌어졌다는 소리를 들으면 화를 내며 외치곤 했다.

"이 사람들은 필사적이라고요."

불과 몇 달 전의 그녀와 비교해 보면 180도 달라진 모습이었다.

우리의 공감 다이얼을 돌리는 데 필요한 건 오로지 '좀 더 많은 정보'일 때가 있다. 다른 사람의 신발을 신고 2킬로미터만 걸어보라는 말은 그저 남의 사정을 알기만 해도 달라질 수 있다는 뜻이다. 사람들이 실제로 어떤 어려움을 가지고 있는지 조금만 더 깊이 생각해도 우리 안에 공감의 불꽃이 일기 시작한다. 인간은 그런 존재다.

우리는 모두 '인류'라는 이름으로 맺어진 한가족이다. 우리가 정말 가족처럼 행동하기 시작하면 세상은 더 나아진다.

마음 챙김에 친절을 더하기

앞에서도 말했지만, 전통적인 마음 챙김의 목표에는 다른 사람들을 더 나은 사람이 될 수 있게 도와주고, 자기뿐 아니라 다른 사람들에게도 관심을 기울이라는 내용이 포함되어 있었다. 부처도 물론 당대의 언어로 이 같은 취지를 설파했다. '관심을 기울이다' 같은 말은 그때만 해도 없었으니까. 이 말이 나타난 건 그로부터 수천 년이나 지난 후였다. 확실하지는 않지만 아마 아이삭 뉴턴 경의 머리에 사과가 떨어졌을 때쯤이 아니었을까?

마음 챙김의 약식 버전은 여러 면에서 성공했지만, 전통적인 마음 챙김의 목표를 모두 이루지는 못했다. 만약 그 옛날 부처가 보리수 아래에 앉아 가르쳤던 것과 똑같은 가르침을 마음 챙김 명상에 도입한다면, 그래서 현대의 마음 챙김이 친절과 연민을 가르친다면 어떻게 될까? 아마도 우리는 훨씬 더 친절해질 것이다. 또 그렇게 마음 챙김에 친절을 다시 들여오면 마음 챙김은 곧 '친절 챙김'이 될 것이다.

연구자들은 이와 관련된 연구를 진행했는데, 일반적인 마음 챙김과 친절 및 윤리에 관한 몇 개의 수업이 포함된 마음 챙김을 비교했다. 연구자들은 이것들을 세큘러엠secular M, secular('세속의'라는 의미-옮긴이), 에시컬엠ethical M, ethical('윤리의'라는 의미-옮긴이)이라고 불렀다. 궁금해하는 이들을 위해 미리 말하자면, 여기서 'M'은 마음 챙김이다. 과학자들도 나름 창의적인 센스가 있다!

연구에서는 621명의 자원자를 모집하고, 이들에게 6일 동안 매일 마음 챙김을 수련하게 했다. 물론 에시컬엠 참가자들 대상에게는 사랑하는 마음과 친절한 생각을 갖도록 하고, 사람이나 동물에게 해를 끼치지 않아야 한다는 것, 우리는 모두 연결되어 있으며 우리의 행동은 그에 따르는 결과를 낳는다는 가르침을 주는 시간을 가졌다. 앞서 설명한 팔정도의 축약판인 셈이다. 물론 마음 챙김 명상을 수련할 때도 측은지심과 친절에 어느 정도 초점을 안배했다.

앞선 실험과 마찬가지로, 최종 테스트는 친절이 필요한 상황에서 누가 어떻게 반응하는지 보는 것이었다. 이전의 명상 실험 참가자들에게 애나의 사연을 들려준 것처럼, 이번에도 어려움을 겪는 사람의 이야기를 꾸며 들려주면서, 자선 기부를 할 수 있도록 소개했다.

결과는 에시컬엠 팀이 세큘러엠 팀보다 더 많이 기부했다. 친절에 관한 추가 수업이 큰 차이를 만들어 낸 것이다. 다른 연구들과 마찬가지로 타고난 공감 성향도 결과에 영향을 미쳤으며, 두 팀 모두 공감 지수가 높은 사람이 낮은 사람보다 더 많이 기부했다. 긍정적인 부분은 친절 수업을 받은 사람들이 그렇지 않은 사람들보다 더 많이 기부했고, 이는 공감 지수가 낮은 사람들에게서도 마찬가지였다는 사실이다. 즉 마음 챙김에 친절이 더해지자, 모든 그룹의 참가자들이 한결같이 조금 더 친절해졌다는 것이다.

이는 무얼 의미할까? 친절은 우리 모두를 근본부터 변화시킨다는 것이다. 공감 지수, 핵심 가치관, 자기 구성이 어떻든, 친절과 그 중요성에 관해 조금만 배우면 우리는 모두 서로에게 조금 더 친절해진다. 또 마음 챙김으로 날카로운 집중력과 주의력도 더 높게 배양되며, 우리 내면의 GPS에 초점을 맞추도록 해주기 때문에, 마음 챙김이나 그와 비슷한 다른 일을 할 때도 조금 더 친절한 방향으로 나아갈 수 있게 해준다. 무얼 추구하든, 거기에 친절이 들어가면 우리는 좀 더 진심이 되며, 좀 더 친절한 마음을 가지게 된다.

친절 챙김이란?

다음 장으로 넘어가기 전에 한 가지 분명히 하고 싶은 게 있다. 마음 챙김 명상이 쓸모 없다고 말하는 게 아니다. 전혀 그렇지 않다. 마음 챙김은 1장 뒷부분에서 언급한 다양한 이유 때문에라도 우리에게 이롭고, 건강에도 좋다. 더구나 마음 챙김 자체는 마음 챙김 명상 이상의 의미가 있는데, 여기에는 일상에서 마음을 챙기고 유념하는 일들이 포함되어 있기 때문이다. 실제로 일부 마음 챙김 선생님들은 처음에 존 카밧진이 그랬듯, 앉아서 하는 명상 수행과 같은 비중으로 이 부분에 중점을 둔다.

마음 챙김 명상은 우리에게 친절을 실천할 기회를 '일깨워 줄 수 있다.' 마음을 챙겨서 더 잘 알아차리게 해주기 때문이다. 그러나 기회를 실천으로 바꿀지 말지는 우리에게 달려 있다.

이쯤에서 친절 챙김의 의미를 정리해 보자.

1. 살아가는 동안 마음으로 친절을 실천하는 것이다. 친절을 베푸는 것은 옳은 일이므로 의도적으로 친절해야 한다는 의미다. 또한 여기에는 자기 자신에게 친절한 '자기 친절 챙김'도 포함되어 있다(이 부분에 대해서는 뒤에서 더 이야기하겠다).

2. 호흡, 몸, 마음(이것이 마음 챙김이다)에만 국한하지 않고 친절 또는 측은지심에 초점을 맞춘 마음 챙김 기반의 모든 실천 방법을 의미한다. 따라서 두 가지를 동시에 할 수도 있다. 즉 호흡에 집중하면서도 친절하고 연민 어린 생각에 시간을 할애하는 것이다(부록 II에 친절 챙김의 실천 방법 몇 가지를 소개했다).

3. 마음 챙김을 배우면서 친절에 관해서도 시간을 들여 좀 더 배우는 것이다. 친절이 무엇이며 왜 중요한지, 어떤 변화를 일으키고, 건강에는 어떤 영향을 미치는지 등. 그러면 마음 챙김을 실천하기 전에 때때로 마음속에 친절을 떠올려, 내면의 나침반을 바르게 설정하는 데 도움이 된다.

정리하자면 이렇다. 마음 챙김은 훌륭하지만, 거기에 친절을 조금만 더하면 한결 더 훌륭해진다. 마음 챙김을 실천하기 전에 친절에 대해 배우고, 심지어 그걸 마음속으로 불러오면 우리의 도덕적 나침반이 올바른 방향을 가리키는 데 도움이 된다. 친절은 우리 내면의 GPS를 공감과 친절에 맞출 것이다. 그리하여 우리 삶은 점점 더 친절해질 수 있다.

그리고 사실 친절의 옷자락 안에는 이보다 더 많은 것들이 들어 있다. 다음 장에서 이야기하겠지만 친절은 정신 건강에도 놀라운 변화를 일으킨다.

03

정신 건강을 위한 슈퍼푸드

○

슈퍼푸드에 대해 한 번쯤은 들어봤을 것이다. 주로 요거트에 뿌리거나 샐러드에 넣어 먹는 블루베리, 케일, 치아씨앗 같은 식품들이 슈퍼푸드로서 건강을 돕는다고 알려져 있다. 몸에 좋다고 하니 우리는 부지런히 이 최강 영양식품들을 뒤쫓는다. 그런데 정신 건강 쪽에도 '슈퍼푸드'가 있다. 하지만 이건 건강식품점이나 깊은 아마존 열대우림에서도 찾을 수 없다. 그건 바로 '친절'이기 때문이다.

엉망진창인 어느 날을 상상해 보자. 일마다 전부 잘못되는 것 같고, 머리 위에는 짜증스러운 회색 구름이 딱 떠서 움직일 생각을 하지 않는 날 말이다. 그런데 어느 순간 누군가가(동료나 친구일 수도 있고 심지어 지나가던 낯선 사람일 수도 있다) 쓱 다가와 작은 친절을 베푼다고 상상해 보자.

작은 친절이란 그저 내 말을 들어주는 것, 지난주에 내가 지나가는 말로 했던 얘기에 꽃 몇 송이 또는 고맙다는 메모를 보내오

063

는 것, 또는 붐비는 버스에서 자리를 양보해 주는 것 같은 일들이다. 그러면 아마 곧바로 구름 사이로 한 줄기 햇살이 비치는 듯한 기분이 될 것이고, 하루 온종일 우울하지는 않게 될 것이다. 그리고 내게 햇살을 보내준 동료, 친구 또는 낯선 사람의 하루도 조금 더 밝아진다. 친절은 받는 사람뿐만 아니라 주는 사람까지도 유익하기 때문이다. 심지어 그 장면을 보게 된 사람들까지 기분이 좋아지므로, 모두에게 '윈-윈-윈'이다. 게다가 친절은 주는 사람, 받는 사람, 보는 사람에게 잠깐 행복한 기분을 선사하는 데 그치지 않는다. 사실, 친절은 우리의 정신 건강에 지속적으로 깊은 영향을 미치는 강력한 특효약이다.

친절의 가장 큰 힘은 달콤할 뿐 아니라 강력하다는 것이다. 굳이 가장 좋은 점을 꼽자면 우리 모두가, 언제 어디에서든, 쉽게 주고받을 수 있다는 점이다. 준비물도 필요 없다.

봉사의 힘

몇 년 전 나는 소중한 친구 마거릿을 잃었다. 마거릿은 정말 특별한 사람이었다. 진심 어린 친절, 배려심 넘치는 몸짓과 전염성 있는 웃음을 잃지 않는 사람이었다. 우리는 몇 시간씩 이야기를 나눴는데, 그때마다 마거릿은 심각한 우울증과 싸웠던 이야기를 들려주곤 했다.

한번은 유난히 힘든 시기를 겪고 나서 자살을 시도했던 적이 있었다고 했다. 그 일로 정신 병동에 보내졌다가 얼마 후 퇴원했는데, 퇴원하자마자 웃음에 치유의 힘이 있다고 믿는 의사 패치 애덤스Hunter Doherty 'Patch' Adams(의사, 코미디언, 사회운동가. 로빈 윌리엄스 주연의 영화 〈패치 애덤스〉의 실제 모델-옮긴이)에게 팩스를 보냈다고 한다. 그 무렵 로빈 윌리엄스가 패치의 캐릭터를 연기한 영화를 보고 깊은 감동을 받았던 것이다.

마거릿은 패치가 '바로 그날!' 답장을 보내주었다고 자주 말했는데, 이 말을 강조하는 그녀의 표정은 늘 환했다. 패치 박사가 진심으로 걱정한 것 아니겠느냐는 것이었다.

패치 박사가 보내온 따뜻한 답장에는 자기도 자살을 생각한 적이 있다는 솔직한 이야기가 담겨 있었고, 그가 들려준 조언은 단순하면서도 변화를 이루어 내는 힘을 지니고 있었다. "밖으로 나가서 다른 사람들에게 봉사하다 보면 우울증이 사라지는 걸 알게 될 겁니다."

감동한 마거릿은 남편 케니와 함께 지역 자선단체에서 자원봉사를 시작하게 되었다. 부부는 정신 건강 문제로 고생하는 사람들에게 한 줄기 햇살 같은 존재가 되겠다고 결심했다. 그리고 이후로 그들의 노력은 물결처럼 퍼져나갔다. 자선단체를 통해 도움을 받은 인연으로 이 부부와 평생 친구가 된 사람들도 있었다.

패치의 말은 마거릿에게 기적 같은 변화를 일으켰다. 다른 사람을 돕는 일이 등불이 되어 기쁨과 목적의 밝은 길을 비춰준 것이다. 나는 마거릿이 이런 변화를 겪은 지 얼마 되지 않았을 때 만났는데, 그녀는 그야말로 내가 아는 사람들 중 가장 유쾌한 영혼을 가지고 있었다.

이후 그녀는 패치의 팀에 들어가 웃음 치료사 훈련을 받았고, 그때부터 광대 복장을 하고 요양원과 어린이 병원을 다니며 웃음을 퍼뜨리는 놀라운 여정을 시작했다. 두 사람이 짝을 이루어 주변에 끼치는 영향력은 마치 마법과도 같았다. 내가 친절과 정신 건강의 심오한 연관성을 진심으로 이해하게 된 것은 바로 마거릿의 사연과 같은 이야기들 덕분이었다.

우리 DNA 속의 친절

친절은 사람을 기분 좋게 만든다. 친절한 행위를 하는 사람도, 도움의 손길을 받는 사람도, 심지어 그냥 지켜보는 사람까지도 모두 기분이 좋아진다. 왜일까? 왜 우리는 친절한 행동에 끌리는 걸까? 그 해답은 수백만 년 전으로 거슬러 올라가면 찾을 수 있다.

고대의 선조들은 나눔이 필요하다는 사실을 알았다. 상점이 없던 시절, 사람들은 상호의존적인 공동체 안에서 살아갔다. 많은 사람이 함께 있으면 안전하다는 것을 알게 되었기 때문이다. 사람들은 협력하고, 서로 돕고, 아이들을 함께 돌봤다. 인류는 이렇게 번성했다.

이러한 삶의 방식은 한 세대에서 다음 세대로, 그다음, 또 그다음 세대로 전해졌다. 혹시 '그래, 이게 옳은 일이야'라는 느낌을 받을 때가 있는가? 그게 바로 어머니 자연이 우리에게 보내는 하이

파이브다. '넌 지금 인류가 영속할 수 있도록 좋은 일을 한 거야'라는 말을 자연이 자신만의 방식으로 전한 것이다.

재미있는 사실이 한 가지 더 있다. 우리에게는 '친절 유전자'가 있다는 것이다. 친절 유전자의 뿌리는 수억 년의 단위를 헤아리는 까마득한 고대, 구체적으로는 대략 7억 년 전쯤으로 거슬러 올라간다. 진화학자들은 인간 종의 친절 성향이 고대 이래로 시간이 흐르면서 점점 더 강해져 왔고, 그 이유는 뚜렷하게 드러나기 시작한 다음 네 가지로 정리해 볼 수 있다고 이야기한다.

1. 가족애(친족 이타주의)

우리는 기본적으로 가장 가까운 친족에게 잘해주도록 프로그램되어 있다. 생각해 보라. 부모는 늘 자녀들 때문에 야단법석을 떨며, 형제자매는 자주 서로에게 힘이 되어준다(심지어 싸우고 난 뒤에도). 나도 최근에 여동생의 이사를 도와주러 다녀왔다. 이런 게 가족애의 마법이다! 우리에게는 가족에게 사랑과 공감, 따뜻하고 포근한 정을 퍼뜨리는 레이더 같은 것이 기본으로 내장되어 있다. 가족애가 있어 우리는 더 강해진다.

2. 공동체 의식(상호주의)

옛날에는 함께 모여 있다는 것이 야생동물에게 잡아먹히지 않는다는 걸 의미했다. '뭉치면 살고 흩어지면 죽는다'는 것은 말 그대로 사실이었다. 시간이 흐른 오늘날에도 우리는 여전히 '여럿이면 더 좋다'는 의식을 지니고 있다. 클럽을 만들고, 같은 스포츠팀을 응원하고, 자기 나라의 국가를 목청 높여 부르는 것도 모두 그런 이유에서다. 충성, 유대감, '우리는 하나'라는 정신이 발동하기 때문이다. 단체 활동에서 동지애를 느낀다고? 그게 바로 우리 안에 고대의 공동체 의식이 꿈틀거리고 있다는 증거다.

3. 서로 등 긁어주기(호혜적 이타주의)

이건 보이지 않는 장부 같은 것으로, 의도하는 게 아니라 본능적으로 그렇게 된다. 말하자면 '오늘 내가 너를 도우면 내일은 네가 나를 돕겠지'와 같다. 늘 이런 식으로 계산한다는 것이 아니라, 자동 신뢰 시스템 같은 게 있다는 뜻이다. 내 차가 고장 나서 이웃이 나를 직장까지 태워다 주었다면, 몇 주 뒤에 그 이웃이 휴가를 가게 되었을 때 내가 그 집을 좀 봐주는 것처럼 말이다. 물론 이웃은 순수한 마음으로 나를 도왔지만, 마음 한구석에서는 언젠가 자신에게 일이 생기면 나도 자기를 도울 거라는 믿음이 있다. 신뢰, 우정, '네 옆에 내가 있어'라는 뿌듯한 느낌이라고나 할까.

4. 보여주기를 위한 친절(경쟁적 이타주의)

그렇다. 솔직히 말하면, 우리는 좀 돋보이고 싶어서 좋은 일을 할 때가 있다. 팀 스포츠에서 튀는 선수가 되고 싶은 것이다. 그렇다고 매번 관심을 받으려고 그러는 건 아니고, 진심 어린 관대함이나 영웅적인 내적 추진력이 동기로 작용할 때도 많다. 어쨌든 좋은 일을 하고서 사회적 평판이 좀 올라가거나 환심을 더 얻는 건 덤이니 누가 뭐라 할 수 없다. 깊은 내면에 좋은 일을 해서 멋져 보이고 싶은 욕구가 있다 해도 그 순간에는 의식하지 않는 경우도 많으며, 더 깊은 내면에는 선한 일을 하고 싶은 본능적 충동이 있으므로, 딱 부러지게 뭐라고 할 수 없다는 말이다.

위의 네 가지 이유를 읽다보면 일부 대목에서는 '뭐야, 친절한 행동도 결국 보상을 바라고 한다는 거야?'라는 생각이 들 수도 있을 것이다. 그러나 좀 더 현실적으로 생각해 보자. 우리 대부분은 친절한 행동을 하면서 '내가 얻는 건 뭐지?'라고 생각하지 않는다. 그건 그냥 자연스러운 행동이며, 본능이라고 할 수 있다. 우리 종의 생존에 도움이 되는 방향으로 진화해 온 인간 정신의 깊은 곳에 들어 있는 심리 상태일 뿐이다. 또 친절한 행동의 결과로 기분이 좋아지는 것은 어머니 자연이 우리에게 보내주는 칭찬의 하이파이브다.

그러므로 친절의 이유에 너무 집착하지 말자. 그런 것은 학자들끼리 논쟁하도록 두고, 우리는 우리가 할 일을 좀 더 진심을 얹어 행동하면 된다. 중요한 것은 친절이 DNA에 깊이 뿌리박혀 있는 인간의 천성이라는 것이다. 우리는 원래 친절하다.

행복하고 활기찬 삶을 위한 친절

포드햄대학교 비영리 리더센터장 앨런 럭스Allan Luks는 1979년에 저서 《선한 행위의 치유력The Healing Power of Doing Good》에서 '헬퍼스 하이helper's high'라는 용어를 만들어 냈다. 그는 3천 명이 넘는 자원봉사자들을 대상으로 습관과 경험을 연구했는데, 이 중 95퍼센트 이상이 남을 도울 때 어떤 형태로든 기분이 좋아지는 행복감을 느낀다는 걸 알게 되었다. 헬퍼스 하이는 따뜻하고 포근한 충족감으로 나타난다.

또한 그는 다른 사람을 정기적으로 돕는 사람이 그렇지 않은 사람보다 건강할 가능성이 훨씬 높다는 것을 발견했다. 이 현상역시 자연이 주는 보상이다. 우리 모두의 생존을 위해 친절이 중요하기 때문에, 어머니 자연은 친절한 사람들에게 건강이라는 보상을 주는 것이다.

럭스의 연구 이후 여러 연구가 이어지면서 그의 관찰을 뒷받침했다. 친절은 우리를 더 행복하게 할 뿐 아니라 우울과 불안에 맞서는 마음의 강화에도 도움이 된다는 결론이 나왔다. 말하자면 친절은 정신 건강을 위한 알약이나 마찬가지라는 것이다.

최근에는 과학자들이 많은 사람을 상대로 하루, 한 주, 한 달 또는 일정 기간에 친절한 행동을 하도록 하는 실험을 많이 하면서 행복도를 측정한다. 친절한 행동을 하고 난 후의 행복을 그 전의 행복과 비교하거나, 친절과 상관없이 일상생활을 한 사람들의 행복과 비교해 보는 것이다. '친절은 사람들을 더 행복하게 만들었을까?'

어떤 버전으로 연구해도 결과는 '그렇다'였다. 심지어 시작할 때 기분이 좋지 않다고 했던 사람들에게서도 같은 결과가 나왔다. 친절은 우리를 더 높은 수준으로 고양한다. 다른 사람을 돕는 순간, 우리의 관심은 자기 문제에서 벗어나 다른 누군가의 절실한 필요로 옮겨간다. 친절이 고대의 지혜를 일깨우고, 우리 몸에 새겨진 DNA를 건드리는 것이다. '올바름의 거품'이 뽀글뽀글 표면으로 올라와 심장을 살짝 간질이는 것처럼 말이다.

또한 친절은 세상을 다르게, 즉 더 밝게 보는 데에도 도움이 된다. 아마도 누구나 살면서 슬픔을 겪고, 세상의 빛깔이 지워져 사라지는 것 같은 경험을 했을 것이다. 우리를 둘러싼 모든 것이 단조로운 회색으로 덮이는 느낌 말이다. 그런데 이는 단순한 느낌이 아니라 실제로 일어나는 일이다. 부정적인 정서는 뇌의 색깔 처리 과정에 영향을 미쳐 색의 생기를 떨어뜨린다. 반대로 친절을 통해 고양감 같은 긍정적인 정서를 얻으면 색을 더 풍부하게 볼 수 있게 된다. 달리 말하면, 친절해지면 마음이 가벼워질 뿐만 아니라 세상도 더 밝게 보인다는 것이다.

돈으로 행복을 살 수 있다! 남에게 베풀 때

캐나다의 브리티시컬럼비아대학교의 과학자들은 632명에게 한 달 동안 매일 가계부를 쓰게 했다. 공과금 납부, 쇼핑, 점심, 자선단체 기부, 선물 사기에서부터 청바지 사기, 온천 다녀오기 등 자신을 위한 소비는 물론 친구와 커피를 마시거나 차에 연료를 넣는 것, 껌 한 통, 바나나 한 송이, 물 한 병 사는 것까지도 하나도 빠짐없이 모두 기록하게 했다. 그 결과, 가장 행복한 사람은 다른 사람을 위해 돈을 쓰는 항목이 포함된 사람들이었다. 그러면 다른 사람에게 쓰는 돈의 액수도 중요할까? 사실 여윳돈이 있는 사람도 있지만 그럴 여유가 전혀 없는 사람도 있는데, 설마 자연이 부유한 사람과 가난한 사람에게 차별적인 보상을 주는 것은 아니지 않을까?

이를 확인하기 위해 후속 연구가 진행되었다. 이번에는 자원한 참가자들을 대상으로 5달러 또는 20달러를 주고 참가자들 절반에게는 그날 그 돈을 다른 사람을 위해 쓰고, 나머지 절반에게는 자신에게 돈을 쓰라고 요청했다.

결과는 어땠을까? 처음에 받은 돈이 얼마였는지와 상관없이, 다른 사람들을 위해 돈을 쓴 사람들이 자기를 위해 돈을 쓴 사람들보다 더 행복하다는 결과가 나왔다. 5달러든 20달러든 액수는 중요하지 않았다. 1달러와 1만 달러였더라도 마찬가지였을 것이다.

때로는 자신의 나눔이 긍정적인 효과를 낸다는 걸 알면 도움이 된다는 사실도 추가로 밝혀졌다. 자선단체에 기부한 돈이 어떻게 사용되는지 이해하고 나면 기부의 행복이 더 커졌다는 것이다. 왜냐하면, 실제로 돈의 액수는 아무 상관이 없기 때문이다. 중요한 건 친절이다. 돈, 음식, 대접, 시간, 봉사, 심지어 우정이라 해도, 그러니까 무엇을 주는가에 상관없이 그것을 내주는 일 자체가 우리를 행복하게 만든다. 그리고 받는 사람의 얼굴에 떠오르는 미소를 보거나, 아니면 그들이 빙그레 웃을 것이라는 짐작만으로도 더할 수 없는 만족감을 느끼게 된다.

보호 효과

친절은 우울증으로부터 우리를 보호해 준다. 연구에 따르면 정기적으로 자원봉사를 하는 사람들의 우울증 발병률은 일반 인구에 비교해 훨씬 낮다. 물론 '몸이 건강하고, 시간이 있으며, 경제적 여유도 있으니 자원봉사도 할 수 있는 거지'라고 생각한다면 그것도 맞다. 그러나 그런 점을 감안하더라도 봉사활동이 그 자체로 자양강장제가 되는 것도 사실이다.

다시 말하지만, 이는 자연이 주는 보상이다. 우리는 서로 도울 때 강해지도록 설계되어 있다. 서로 돕는 것은 건강을 해치는 매일의 스트레스에 대처할 수 있는 신경학적, 심리적 회복력을 북돋아 준다.

2020년에 정신건강재단Mental Health Foundation은 이와 관련된 설문 조사를 했다. 그 결과, 영국에 있는 성인의 63퍼센트가 다른 사람에게 친절한 것이 정신 건강에 긍정적 영향을 미친다는 데 동의했다.

친절이 가져오는 효과가 새로운 것은 아니다. 럭스가 대중에게 이 개념을 소개해 관심을 끌었지만, 그것은 이 개념이 시작된 지 이미 한참이나 세월이 흐른 뒤였다. 친절의 효과를 처음으로 언급한 사람은 영국의 퀘이커교도 윌리엄 터크William Tuke였다. 그는 1796년에 '도덕 치료'가 정신 건강에 문제가 있는 사람들을 돕는 방법이라고 선언했다. 그는 잉글랜드 북쪽에 요크 리트리트York Retreat를 설립하여 환자들을 머물게 했다.

당시에는 정신 건강에 문제가 있는 사람들은 대개 감금되거나 비인도적이고 잔혹한 처우를 받으며 시설에 수용되곤 했으며, 그의 여동생도 그런 일을 겪었다. 그러나 요크 리트리트의 '거주자'들은 일반적인 치료를 받지 않았다. 대신에 그들은 서로 돕고 지내라는 격려를 받았으며, 다른 환자들의 '가족'을 돌봐달라는 부탁을 받았다. 이들에 대한 '치료'는 신뢰와 존중, 자율 속에서 표현되는 친절이었다. 그들은 서로 어울려 요리와 청소를 함께 했다. 상대의 말에 귀를 기울이고, 함께 게임을 즐겼으며, 잔디를 깎고, 꽃에 물을 주었다. 모든 일을 서로 도와가며 생활했더니 효과가 있었다. 모두가 호전된 것이다.

요크 리트리트가 큰 성공을 거두자 도덕 치료 모델은 미국에까지 소개되었고, 이후 크게 유행하며 수십 년에 걸쳐 미국 전역에 퍼져 나갔다. 당시의 정신과 의사들은 환자들의 호전에 깊은 인상을 받아, 도덕 치료가 환자에게 '뇌 구성 물질의 유기적 변화'를 실제로 일으킨다고 굳게 믿게 되었다. 당시에는 그저 믿음이었지만, 현재는 이 믿음이 사실이라는 걸 우리는 모두 알고 있다. 친절을 꾸준히 경험하면 뇌 회로가 긍정적인 방향으로 변화되어 기분이 좋아지고, 스트레스와 불안을 완화하는 데 도움이 된다는 것 말이다.

이후 한 세기가 넘도록 거의 잊었던 도덕 치료는 최근 다시 과학계의 주목을 받기 시작했다. 그리고 그 첫 결과가 나왔다. 증거도 명백하다. 친절이 우리의 정신 건강에 도움이 된다는 것이다. 의심의 여지 없이 친절은 주는 이나 받는 이, 또는 지켜보는 이들 모두에게 좋은 영향을 미친다.

뇌 물질의 유기적 변화

기술의 발전으로 이제 우리는 친절이 우리 뇌를 어떻게 밝혀주는지 볼 수 있게 되었다. 뇌 속에서 열리는 즐거운 파티를 구경하게된 것이다. 친절을 경험하면 뇌는 도파민, 세로토닌, 옥시토신 같은 놀라운 화학 물질과 엔도르핀 같은 천연 진정제를 분비한다. 말하자면 뇌의 '행복 스무디'라고 할 수 있다!

그중에서도 옥시토신은 정말 놀라운 물질이다. 9개의 아미노산으로 이루어진 사슬인 옥시토신은 친절을 경험할 때 곧바로 나타나기 때문에, 나는 종종 이것을 '친절 호르몬'이라고 부른다. 스트레스를 받으면 몸에서 스트레스 호르몬이 분비되는 것과 비슷하지만, 이쪽이 훨씬 더 재미있다!

다만 친절한 행동이나 스트레스를 일으키는 사건 자체가 이런 호르몬을 분비하게 하는 직접적인 원인은 아니다. 중요한 건 우리가 어떻게 '느끼고', 우리에게 그 경험이 어떤 의미가 있는지이다. 큰 행사에 가는 길인데 교통 체증에 가로막힌 두 친구가 있다고 가정해 보자. 한 명은 패닉에 빠져 완전히 망했다고 생각하면서 스트레스 호르몬을 홍수처럼 방출하는 데 비해, 다른 한 명은 침착한 태도로 라디오에 귀를 기울인다. 두 사람은 같은 상황에 맞닥뜨렸지만, 스트레스를 받는 사람만 스트레스 호르몬 분비량이 치솟았으며, 침착한 사람은 그렇지 않았다. 즉 상황 자체는 스트레스 호르몬 스파이크와 거의 관련이 없고, 스트레스 호르몬을 만드는 것은 '스트레스를 받는 경험'이다.

마찬가지로 두 사람이 친절한 행동을 했지만 그중 한 사람만 진심에서 우러나온 행동이어서 마음이 따뜻하고 포근해졌다면, 둘 중 누가 '친절 호르몬'을 받게 될까? 당연히 따뜻함과 포근함을 느끼는 사람이다!

이것은 친절 호르몬을 생성하기 위해서 꼭 친절을 베풀어야만 하는 건 아니라는 뜻이기도 하다. 누군가 베푼 친절을 받는 사람도, 그걸 지켜보는 사람도, 심지어 소셜 미디어의 영상을 통해 지켜보는 경우에도 친절이 내뿜는 밝은 감정을 함께 '경험'할 수 있기 때문이다.

어떤 의미에서 친절 호르몬과 스트레스 호르몬은 캔디스 퍼트 Candace Pert가 저서 《감정의 분자》에서 소개한 용어인 '감정의 분자 molecules of emotion'라고 할 수 있다. 퍼트는 엔도르핀 같은 아편류가 뇌에서 어떻게 결합하는지 밝혀낸 신경과학자이자 약리학자다. 퍼트는 감정적 경험이 신경 펩타이드를 생성하고, 이것이 신체적 변화를 유발한다는 점에 주목했다. 즉 감정적인 경험이 종종 몸 전체에 물리적 영향을 가져오기도 한다는 것이다. 퍼트의 연구는 감정과 뇌, 면역 체계를 통합적으로 다루는 완전히 새로운 분야인 심리신경면역학psychoneuroimmunology의 출발을 촉진했다 (길어도 너무 긴 단어라는 걸 안다. 그래서 사람들도 대부분 이 단어를 편하게, PNI라고 부른다).

결론은 우리가 친절을 행하면 뇌는 도파민, 세로토닌, 옥시토신, 엔도르핀 같은 기분 좋은 화학 물질을 분비하며, 그것이 우리에게 따뜻한 충족감을 준다는 것이다. 이는 또한 근사한 일을 한 것에 대해 자연이 주는 보상이나 마찬가지다.

이쯤에서 다시 마음 챙김으로 돌아가 보자. 규칙적으로 마음 챙김을 실천하면 뇌에서 물리적인 변화가 일어난다. 체육관에 가서 근육을 단련하는 것과 마찬가지다. 규칙적으로 운동하면 세 가지 변화, 즉 근육이 더 단단해지고, 커지며, 강해지는 일이 일어나는데, 뇌에서도 비슷한 일이 일어난다. 물론 뇌에서 일어나는 일을 근육 발달과 비교하는 게 그렇게 적당한 건 아니지만, 과학자들은 이를 신경가소성neuroplasticity(우리의 경험이 신경계의 기능적·구조적 변형을 일으키는 현상-옮긴이)이라고 부른다. 꾸준히 마음 챙김을 실행하면 뇌 영역이 더 단단해지고(나무뿌리가 뻗어나가는 형태로 연결이 많아진다), 커지며, 한층 강해진다. 이두근을 키우는 대신 뇌의 다른 부분들을 강화하는 것이다.

마음 챙김을 실천하면 뇌의 초점 영역(배측면 전전두엽 피질이라고 부르는 이마 쪽 영역의 일부)이 강화되며, 친절과 측은지심을 실천(친절 챙김)하면 행복과 공감 영역이 발달한다. 또한 친절 챙김을 더 많이 할수록 우리는 이런 신경 물질의 유기적인 변화를 더 많이 경험해 더 행복하고, 더 공감할 줄 아는 사람이 된다.

공동체라는 수프를 데워주는 양념

지갑을 떨어뜨렸는데 누군가 주워준 적이 있는가? 갑자기 식사 대접을 받거나 일을 잘해주었다면서 생각지도 못한 사례금을 받은 적은? 아니면 누군가 침대로 차를 가져다주어서 마셔보았다면? 경험이 있다면 모두 긍정의 의미로 고개를 끄덕이겠지만, 이런 행동에는 일종의 따뜻함이 깃들어 있다. 물론 단순히 차가 따뜻하다는 말은 아니다.

친절은 인생이라는 수프에 들어 있는 마법의 재료와 같다. 어느 장소든, 어느 집단이든 집처럼 느끼게 해주는 놀라운 능력을 발휘한다. 친절한 행동 하나는 신입회원에게도 몇 년 동안 그 무리의 일원이었던 것처럼 느끼게 해준다.

친절은 세계 공통이다. 언어 장벽, 문화 차이, 심지어 우리가 때때로 실수하는 서툰 사회적 신호까지도 뛰어넘는다. 인간의 연결에 관해서라면 모든 치수에 다 맞는 프리사이즈 점퍼나 마찬가지다.

친절은 신뢰를 낳는다. 누군가가 친절한 손길을 내밀면 마치 '어이, 난 네 편이야'라는 말을 건네는 것 같아서 안심이 된다. 그렇게 시간이 흐르면 그런 작은 몸짓들이 모여 신뢰의 벽돌을 하나하나 쌓아가게 된다.

친절은 파급력을 지니고 있다는 점도 잊지 말아야 한다. 연못에 돌멩이를 던지면 그 물결은 멀리, 넓게 퍼져 먼 해안에까지 다다른다. 마찬가지로 친절한 행동 하나가 또 다른 친절을 불러일으키고, 선의와 좋은 영향의 연결 고리를 만들어 낼 수 있다. 그리하여 미처 깨닫기도 전에 모든 사람이 따뜻함과 소속감의 원에 둘러싸인 느낌을 받게 된다.

이렇게 말하는 이유는 때로 세상이 너무 넓게 느껴지고 고립된 것 같을 때 우리를 가까이 끌어당겨 주는 것이 물방울처럼 작은 친절이기 때문이다. 이 작고 진심 어린 진솔한 몸짓들이 우리를 더 가까이 엮어 공동체의 아늑한 이불 속으로 함께 넣어준다. 친절은 그저 착한 일이 아니라 모두가 소속감을 느끼는 공간을 만드는 일이다.

특히 직접 얼굴을 보면서 친절을 베푸는 것이 더 좋은 일일 수도 있다. 대면 친절은 사회적 연결이라는 장식을 하나 더 추가하는 것이기 때문이다. 자선단체에 기부금을 보내면 (단체가 지원하는 사람들을 돕는 것뿐만 아니라) 삶의 활력을 얻을 수 있지만, 직접 찾아가서 봉사하는 것이 정신 건강에는 더 좋을 수 있다는 것이다. 마찬가지로 친구에게 커피 쿠폰이거나 식사권을 선물하는 것보다는 직접 만나 함께 커피를 마시러 가거나 직접 요리해서 저녁을 대접하는 게 훨씬 낫다. 사회적 연결을 형성하는 방식으로 돕는 것이기 때문이다. 연결은 공동체라는 수프의 양념과도 같다.

예상 밖의 불안 해소제

이쯤에서 내 이야기를 하나 하자면, 커피를 너무 좋아해서 나도 모르게 커피에 비유하는 일이 자주 있으니 이해해 주시기를 바란다는 것이다. 그리고 내친김에 하나 더 이야기하면, 내게는 불안증이 있다는 것이다. 어릴 때부터 시시때때로 불안과 싸우며 지냈다. 그러니 친절이 불안 해소제가 될 수 있다는 사실을 경험으로 알게 되었을 때 얼마나 안도했을지 상상해 보시길. 더구나 이 안도감은 친절을 주고받는 이들뿐 아니라 지켜보는 이에게도 모두 해당되니 말이다.

자연스럽게 여기서 또 커피에 비유할까 한다. 여러분은 사람들로 북적이는 카페에 있다. 바리스타는 주문을 맞추느라 필사적으로 분주하고, 사람들은 저마다 노트북을 두드리고 있고(주로 카페에서 책의 원고를 쓰는 나 같은 사람을 포함해), 그 와중에 누군가는(이런 사람이 꼭 한 명은 있다!) 전화기에 대고 고래고래 큰소리로 대화하고 있다. 하지만 그런 것도 카페의 분위기라서, 내가 종종 카페에서 글을 쓰는 이유 중에는 이런 분위기도 한몫한다.

그러나 이 익숙한 광경 속에서도 갑자기 불안이 몰려올 때가 있다. 줄을 서서 기다리는 동안에도 언제 불안이 닥칠지 알 수 없다. 그런데 이따금 그 반대의 놀라운 일이 일어나기도 한다. 누군가가 바리스타에게 돈을 주면서 뒷사람 몇 명의 커피값을 대신 내주는 것이다. 순간, 그 사람의 작은 친절이 모든 걸 바꿔놓는다. 갑자기 질주하던 세상의 속도가 느려지고, 마음속에서 따뜻한 온기가 느껴지며, 모르는 이들에게 커피를 산 그 사람과 묘하게 연결되는 느낌을 받는다. 나도 다른 이들의 음료를 대신 사는 그런 행동을 해본 적이 있는데, 기분 좋은 흥분과 따뜻한 온기가 오래갔다.

이건 공짜로 커피를 얻어 마시거나 다른 사람에게 커피를 대접하는 것 자체가 중요하다는 이야기가 아니다. 마침 내가 이 '사랑스러운 검은 음료'를 홀짝거리고 있어서 비유한 것일 뿐, 커피는 상관이 없다. 중요한 건 친절이다. 친절이 불안 해소제가 될 수 있다는 것이다.

친절의 작동 방식은 베푸는 사람과 받는 사람 모두 자기에게서 벗어날 수 있도록 들어올려 주는 것, 즉 고양하는 것이다. 불안과 싸워본 적이 있다면 무슨 말인지 알 것이다. 불안에 깊이 빠져 있을 때는 생각이 나선을 따라 빙빙 돌며, '만약'이라는 소용돌이에 아예 갇혀버린 듯한 느낌에 사로잡힌다. 아무리 합리적으로 생각하려 해도 소용없다. 그럴 때 사소한 친절은 이 악순환을 깨는 부드러운 실마리가 될 수 있다.

누군가를 칭찬하거나 이웃을 돕는 일처럼 작은 친절도 괜찮고, 앞의 사례처럼 다음 손님들을 위해 커피값을 미리 계산하는 일도 좋다. 어떤 일이든, 친절한 행동을 하는 순간 우리의 관심은 다른 데로 돌려지고, 불안은 어느새 뒷자리로 물러난다.

친절한 행동으로 그런 상황이 진행되는 동안 우리 몸에는 옥시토신이 분비되며, 이 재치 만점인 친절 호르몬('러브 호르몬'이라고도 불린다)은 불안을 줄여주고 신뢰와 충족감을 늘리는 데 탁월하기 때문이다. 옥시토신은 방이 너무 밝을 때 다이얼을 돌려 조도를 낮추는 것처럼, 불안 경험의 중심이 되는 뇌의 특정 영역을 누그러뜨리는 작용을 한다. 이처럼 친절은 영혼을 진정시켜 주는 청량음료를 마시는 것과 비슷하다.

또 한 가지는 연결이다. 불안은 사람들에게 둘러싸여 있을 때조차 고립감을 느끼게 하는데, 그 간격을 메워주는 것이 친절이다. 특히 얼굴을 마주한 친절이 우리에게 가져다주는 부수 효과라고 할 수 있다. 누군가의 친절한 행동은 우리가 모두 여기 함께 존재한다는 걸 일깨워 소속감을 형성해 준다. 그리하여 연결되어 있다는 느낌을 받으면 불안은 줄어든다. 불안과 연결감은 공존할 수 없으며, 연결되어 있다고 느끼면 불안은 자연히 줄어들 수밖에 없다.

어느 연구에서 불안이 심한 사람들 115명을 대상으로 실험을 한 적이 있다. 한 달 동안 일주일에 여섯 차례 친절한 행동을 하도록 하자, 그 결과 모두에게서 불안 증세가 호전되었다. 참가자들은 모두 사람들과의 관계에 더 만족했고, 사교 활동을 회피할 가능성도 줄어들었다.

알다시피 불안함 속에서 우리는 다른 사람들과의 상호 작용에 대해 최악의 시나리오를 상상한다. 그러나 정작 마주하고 친절을 실천하면 상호 작용에서 감사와 긍정의 감정이 더 우세하다는 걸 느낄 수 있으며, 이런 경험이 쌓이면 상호 작용에서 일어날 일에 대한 우리의 예측도 바뀐다.

이제, 때때로 인생은 복잡하고 불안으로 가득한 쓰디쓴 커피처럼 느껴질 수 있지만, 거기에 친절을 조금만 섞어 넣으면 우리의 컵에 든 음료가 조금은 더 달콤해질 수 있다는 데 모두 동의할 것이라고 믿는다.

커피에 비유하는 건 이제 마치겠다. 카페에서 글을 쓰면 꼭 이렇게 된다.

이웃과 함께한 아름다운 하루

톰 행크스가 '미스터 로저스' 역을 맡은 영화 〈뷰티풀 데이 인 더

네이버후드A Beautiful Day in the Neighborhood〉(2020)를 보았다. 솔직히 말하면 영화를 보기 전까지는 미스터 로저스에 대해 거의 모르고 있었다. 미국에서는 누구나 아는 이름이지만 내가 사는 영국에서는 알려지지 않았기 때문이다. 그러나 영화가 정말 감동적이어서 이제 나는 그분의 팬이 되었다!

미스터 로저스, 즉 프레드 로저스Fred McFeely Rogers(1928~2003 미국의 방송인, 목사-옮긴이)는 친절한 마음씨를 가진 사람으로, 아이들을 위한 TV 프로그램(대표작은 〈로저스 아저씨네 동네Mister Rogers' Neighborhood〉-옮긴이)을 만들면서 감정을 다스리고 서로 친절하게 대하는 방법을 가르치는 삶을 살았다. 가장 흥미로운 것은 그가 TV에 나와 보여준 친절한 모습이 연기가 아니었다는 점이다. 그는 진정 선량했으며, 사람들을 돕는 걸 좋아했다. 그는 아이들을 돕는 것이 인생에서 가장 좋은 일이라고 말하곤 했는데, 그것이 정말로 그에게는 기쁨과 정신적 활력의 원천이었다. 그는 자주 병원에 있는 아이들을 찾아다녔고, 팬들의 편지에 직접 답장을 썼다. 그가 보여준 이런 작은 친절은 다른 사람들의 마음에 온기를 주었을 뿐 아니라 자신의 마음도 따뜻하게 만들었다. 그는 친절이 다른 사람에게만 좋은 게 아니라 자신의 영혼에도 좋다는 것을 몸소 보여준 사람이다.

다음으로 소개할 사람은 가수 레이디 가가Lady Gaga이다. 나는 그녀의 엄청난 팬인데, 단순히 음악 때문만은 아니다. 레이디 가가는 친절에 관해 쓴 내 책을 한 권 읽고는 어머니 신시아와 함께 자신이 설립한 자선단체 '본 디스 웨이 파운데이션Born This Way

Foundation'에, 나에게 연락해 협력할 부분이 있는지 알아봐 달라고 요청했다. 그 일이 계기가 되어 나는 신시아와 함께 롱아일랜드의 어느 학교를 방문하게 되었다. 그 학교에서는 재단의 후원과 아이들의 용돈을 모아 지역의 쉼터에서 지내는 여성의 아이들에게 크리스마스 선물을 보내는 프로젝트를 진행하고 있었는데, 우리가 도착했을 때는 복도에 아이들이 산 선물이 빼곡히 들어차 있었다. 아이들은 선물을 학교 버스에 싣도록 줄을 서서 차례차례 건네주었다. 마지막에는 선물을 억지로 밀어 넣어야 할 정도였는데, 그게 바로 아이들의 마음이었다.

나중에 학교에서는 아이들에게 다른 사람들을 도와주니까 기분이 어땠는지, 이때의 경험을 글로 써보게 했다고 한다. 집이 없어서 시설에서 지내는 아이들에게 선물을 주면 어떤 일이 생길지, 친절이 세상을 어떻게 바꿀 수 있는지 등에 대해서 말이다.

레이디 가가와 신시아는 친절과 정신 건강에 관한 활동에 최선을 다했다. 가가는 자기가 겪은 불안과 우울의 고통에 대해 솔직히 털어놓고, 그 경험을 긍정적으로 바꾸기로 결심했다. 어머니와 함께 자선단체를 설립한 것도 그 노력의 일부였다. 그들은 특히 정신 건강 문제에 맞닥뜨린 사람들을 위한 사랑과 수용을 전파하는 데 앞장서고 있으며, 재단은 젊은이들이 사회의 일원으로 인정받고 지지받는다고 느낄 수 있도록 안전한 공간을 만들기 위해 열심히 노력하고 있다.

레이디 가가는 세상을 바꾸려는 노력을 통해 자신도 변하고 있다. 그녀는 친절을 행하고 다른 사람들을 돕는 게 자신에게 행복을 가져다준다고 했다. 일석이조인 셈이다. 다른 사람들을 돕고, 그 일로 그녀 자신의 마음도 조금 더 따뜻해진다면 말이다.

사실 나는 평소에 누군가의 이름을 들먹이지 않으며, 애초에 레이디 가가나 신시아의 이름을 꺼낼 생각도 전혀 없었다. 그러나 그들이 친절함을 전파하고 젊은이들의 정신 건강을 위해 노력하는 것에는 깊은 존경을 표한다.

아이들은 친절을 아주 좋아한다

아이들은 천성적으로 상냥하다. 대다수 어른이 그렇듯이 아이들도 남을 돕는 걸 좋아한다. 브리티시컬럼비아대학교의 연구자들은 막 걸음마를 배운 아기들을 대상으로 재미있는 실험을 하나 했다. 두 살 미만의 아기들에게 인형을 가지고 놀게 하고는, 중간중간 먹을 간식을 주거나 인형에게 주라면서 간식을 주기도 하고, 자기 간식을 인형과 나누어 먹으라고 시켜보기도 했다. 이 실험은 아이들도 어른들처럼 다른 존재를 위해 베푸는 행동을 통해 더 행복해하는지 알아보려는 것이었다. 문제는 어른들에게는 나중에 설문지를 나누어 주고 응답 칸에 답을 표시하도록 해서 행복의 정도를 측정하면 되지만, 아기들에게는 그럴 수가 없다는 것이었다. 과학자들이 생각해 낸 방법은 행복의 일반적인 지표로서, 아기들의 얼굴에 나타난 표정을 관찰하는 것이었다.

연구자들은 아이들이 간식을 혼자서 다 먹었을 때보다 인형에게 나누어 주었을 때 더 밝은 표정을 짓는다는 사실을 알아냈다. 또한 '자기만 먹으라고 준 간식'을 인형에게 줄 때 가장 행복해했다. 어른들이 남을 도울 때 더 행복해하는 것과 똑같았다.

조금 더 연령대가 높은 아이들에게서도 결과는 같았다. 연구자들이 9세에서 11세 사이의 어린이들에게 몇 주에 걸쳐 친절한 행동을 하게 했을 때, 친절한 행동을 한 아이들이 친절한 활동을 하지 않은 아이들에 비해 더 행복해했다.

나는 '친절 주간'이라는 행사를 진행하는 몇몇 학교에서 강의한 적이 있다. '친절 주간'에는 각 학급의 활동이 친절에 대해 배우고 실천하는 것에 초점이 맞춰진다. 학교가 나서서 친절을 강조하고, 적극적으로 실천하게 하면 이것 자체가 게임 체인저가 될 수 있으며, 심지어 학교 폭력도 줄어들 수 있다는 성과를 이뤄냈다. 친절을 받는 아이들도, 친절을 실천한 아이들도 모두 기분 좋아했기에 알 수 있었다.

1970년대만 해도 아이들을 대상으로 친절을 연구하는 사례가 다소 있었지만, 지금은 연구자들을 제외하고는 거의 잊힌 상태다. 당시의 실험 중에, 아이들에게 TV 프로그램 〈래시Lassie〉의 에피소드 하나를 시청하도록 하는 것이 있었다. 주인공인 제프가 래시의 강아지들을 구하기 위해 온 힘을 다하는 내용이었다. 비교를 위해 다른 그룹의 아이들에게는 이 부분을 잘라낸 나머지 내용만 보게 했다. 그런 뒤 모두 점수와 상품을 따는 게임을 하도록 하고, 도중에 고통받는 강아지 소리를 들려주었다. 그러자 제프의 영웅적인 모습을 지켜봤던 아이들 대부분은 "우리가 강아지를 구해주러 가야 해!"라고 외치며 게임을 그만하겠다고 했다. 그동안 얻은 점수와 상품을 잃게 된다고 했는데도 아랑곳하지 않고 말이다.

아이들에게도 친절 DNA가 있다

친절은 우리 DNA에 있다. 그렇다! 이 말은 어린이와 아기, 젖먹이도 모두 같은 유전자를 갖고 있다는 뜻이다. 태어나는 순간부터 아이들은 옳고 그름에 대한 기본적인 감각을 지니고 있다. 말하자면 '도덕성의 입문자 세트' 같은 설정값을 지니고 태어난다는 것이다. 연구자들은 이를 도덕적 인지의 '초안'이라고 부른다. 아이들은 혼자 하는 것보다 함께하는 것이 훨씬 더 멋지다는 것을 알아낸 우리 조상에게서 이러한 친절의 청사진을 물려받았다. 또한 이 초안의 원칙들은 이후 아이들이 성장하는 환경에 의해 더 다듬어진다.

아래는 아이들이 가지고 태어나는 기초적인 도덕성의 내용물이다.

1. 공평함 : 유아(7세 미만의 어린이-옮긴이)들도 공정한 놀이를 기대한다.
2. 위해의 회피 : 다른 사람을 다치게 하지 않는다는 간단한 원칙이다.
3. 내집단In-group(조직이나 사회 내부의 배타적인 소규모 집단-옮긴이)

에 대한 지지(또는 '가족 우선') : 자기 장난감이나 사탕을 모르는 아이에게 주기보다는 자기 형제나 자매와 먼저 나누려 한다.

4. 권위 의식 : 규칙을 정하는 특정한 사람들(부모님과 같은)이 있다는 것을 이해하며, 그들이 위반 행위에 대응하고 대처해 주기를 기대한다.

재미있는 것은 아이들이 이 규칙을 융통성 있게 조정할 줄 안다는 것이다. 말했듯이 아이들은 선천적으로 위계의 감각을 지니고 있으며, 그래서 나눠 가지는 것에 고분고분 따른다(원칙 1). 그러나 물자가 부족해지면 공평성을 무시하고 자기가 속한 그룹이 우선적인 대우를 받기를 바란다(원칙 3).

진화생물학자 중에는 우리가 가장 가까운 사람에게서 호혜를 기대하기 때문에 이런 현상이 생긴다고 보는 이들이 있다. 그들은 경제학자가 화폐를 다루듯이 이를 에너지 차원에서 분석한다. 우리가 '항상' '모든 사람'에게 최대한으로 친절하게 대하면 에너지 비용이 너무 많이 들고, 이 에너지 비용을 상쇄할 만큼 충분한 에너지를 되찾지 못해 지치게 된다는 것이다. 따라서 가장 가까운 사람들 위주로 친절을 베풀면 되돌려받을 확률이 더 높아져, 에너지 수지를 맞추기가 더 쉬워진다는 것이다.

물론 그렇다고 해서 다 같이 계산기를 들고 앉아 셈을 해가며 계획을 세운다는 게 아니다. 본능적으로 그렇게 행동한다는 말이다. 이는 특정한 유형의 상황에서 누구를 먼저 도울지의 감각으로 나타나며, 대개는 가장 가까운 사람들을 돕게 된다.

아이들은 자라면서 친절에 관한 생각을 조금씩 더 구체화해 나
간다. 런던 킹스칼리지와 배스대학교의 심리학자들이 5~6세 어
린이들을 대상으로 연구를 진행한 결과 친절의 개념, 의미, 동기
등에서 다음과 같이 흥미로운 주제들이 나타나는 걸 발견했다.

1. 다른 사람을 위하는 행동 : 사이좋게 장난감을 가지고 논다. 다
   른 사람을 도와준다.
2. 다른 사람과의 관계 : 친하게 대한다. 함께 논다. 아무도 배제
   하지 않고 다 같이 한다. 당연히, 사람들을 밀치지 않는다.
3. 규칙과 가치관 : 친절하게 구는 건 멋지고 옳은 일이지만, '나
   쁜' 사람들에게는 친절할 필요가 없을 것 같다고 여긴다.
4. 친절이 우리에게 미치는 영향 : 친절하게 굴면 나와 다른 사람
   들 모두 기분이 좋아지고, 친구가 생긴다. 친절에는 전염성이
   있다.

여기에 더해, 아이들은 정말 솔직하다. 연구를 위한 인터뷰에
서 아이들은 이렇게 말했다. "형이 수학이랑 책 읽을 때 도와줘요."
"누가 다치면 '안아줄까?' 하고 물어보고 꼭 안아주면 돼요." "모두
에게 친절해야 해요. 일본 사람도, 스페인 사람도, 포르투갈 사람
도요. 그리고 존스 교장선생님한테도요." "모두에게 친절해야 해
요. 강도만 빼고요. 왜냐하면 물건을 훔칠 수도 있으니까요."

웃어라, 세상이 그 웃음을 되돌려 줄 테니

나는 만나기만 하면 아무에게나 미소를 지어 보이는 사람을 알고 지낸 적이 있다. 당사자는 '아무에게나'는 아니라고 말했지만, 사실은 '아무에게나'에 가까웠다. 그 사람 나름대로는 '저 사람한테는 웃지 말아야겠구나' 하는 생각이 들 때도 있다고는 했지만 말이다.

그를 이상하게 보는 사람도 있었지만, 내게는 그와 함께 있는 시간이 꼭 마법 같았다. 대부분의 사람들이 진심으로 마주 웃어주었기 때문이다. 때로는 허를 찔린 듯 놀라는 사람도 있었다. 모르긴 해도 그가 웃으면서 정중하게 고개를 끄덕이는 걸 본 순간 그동안 갇혀 있던 답답한 공간에서 위로 쑥 들어 올려진 느낌이 들어서였을 것이다.

그와 함께 있으면 작은 햇살 조각이 그를 따라다니는 것 같았다. 그는 사람들이 마주 웃어주면 두 가지 이유로 기분이 좋아진다고 했다. 첫째는 누군가 자기를 향해 웃어준다는 단순한 사실 때문이다. 자신을 향해 웃는 사람을 보면 기분이 좋아지는 건 본능이다. 마치 우주가 '안녕, 넌 정말 잘하고 있어. 넌 할 수 있어'라고 말하는 것 같은 느낌이다.

둘째는 자기가 세상에 좋은 일을 하고 있다는 느낌 때문이라고 했다. 사람들의 하루에 작은 온기를 전할 수 있고, 심지어 부정적인 상태에서 벗어날 수 있게 도울 수 있어서라는 것이었다. 이를 통해 자기 삶에도 좀 더 의미를 부여할 수 있었다고 말했다.

그는 우울증을 앓은 뒤에 이 일을 시작했다. 다른 사람을 돕는 게 자신에게도 도움이 된다는 걸 알게 되어서였는데, 그러다가 어느 순간 그냥 사람들을 향해 웃어주는 것만으로도 많은 걸 얻을 수 있다는 걸 깨달았다.

"그렇지만 진심으로 웃어야 해요. 사람들은 진짜를 알아보거든요. 진심이 아니면 이상한 사람이라고 여기거나 뭔가 꿍꿍이가 있다고 생각할 수 있거든요. 진심이기만 하면 사람들 대부분은 마주 웃어줍니다. 사실은, 모두가 웃어주죠. 자기가 웃고 있는지 모르는 사람들이 좀 있기는 하지만요."

연구에 따르면 이런 반응은 자동적이라고 한다. 스웨덴의 웁살라대학교에서 진행된 연구에서는 자원한 참가자들을 스크린 앞에 앉혀 놓고 뭐가 보이는지 물었다. 자원자들 모두가 아무것도 보이지 않는다고 답했다. 그렇지만 사실 화면에는 사람의 웃는 얼굴이 지나갔다. 다만 그 시간이 수천 분의 1초 정도로 알아챌 수 없을 만큼 짧았을 뿐이다.

참가자들은 모두 큰광대근을 둘러싼 근육의 움직임을 측정하는 작은 장치를 붙이고 있었는데(이것들이 입술을 잡아당겨 웃는 모양을 만든다), 참가한 모든 이들의 큰광대근이 순간적으로 잡아당겨졌다. 즉 모두가 웃은 것이다. 너무 빠르게 지나가서 알아챌 수 없을 만큼 찰나의 미소였다. 어떤 사람들이 볼 때는 씰룩거린 것일 뿐이라고 말할 수도 있을 정도의 웃음이었지만, 미소 근육의 씰룩거림은 화면에 지나간 웃는 사람을 인식한 반응이었다.

이 자동 반응이 그저 찡그린 것일 뿐이라고 반박하는 사람들도 있다. 이쪽에서는 마주 웃는다고 생각하겠지만 잘난 척하는 웃음에 기분이 나빠져서 그걸 되받아쳐 찡그렸을 뿐이라고 생각하는 것이다. 그러나 찡그렸다는 걸 인정해도 그 전에는 분명 웃었을 것이다.

또 다른 실험에서는 자원한 참가자들에게 웃거나 찡그리는 사람의 표정을 보여주었다. 이번에도 얼굴에 측정 장치를 붙인 상태였다. 이들에게는 사람의 표정에 반응하지 않거나 반대로 반응하라는 지시가 주어졌다. 이를테면 웃는 표정을 보면 곧바로 찡그리라는 식이었다.

결과는 '우리는 웃는 얼굴에 저항할 수 없다'였다.

참가자들에게 웃는 얼굴을 보여주고 아무것도 하지 않거나 찡그리라고 지시했을 때, 이들이 의식적으로 찡그리면서 무시하기 '전에' 미소 근육이 먼저 움직인 것이다.

그러니까 여러분이 누군가에게 미소를 지어 보였는데 그쪽에서 마주 웃어주지 않거나, '그 잘난 체하는 웃음은 뭐고, 나를 왜 쳐다보는 거야?'라는 표정을 짓는다면, 그 사람들이 실은 이미 웃은 다음이라는 사실에 위안을 받으면 된다. 그들은 자기가 웃었다는 걸 몰라서 그러는 거니까.

"친절은 영혼을 진정시켜 주는
청량음료를 마시는 것과 비슷하다."

04

스트레스의

반대말

퀴즈! '스트레스의 반대말'이라고 하면 뭐가 떠오를까? 십중팔구는 평화, 평온 또는 차분한 분위기 같은 말들을 떠올릴 것이다. 많은 이들이 그렇게 말하니까. 그러나 여기에는 흥미로운 반전이 있다. 그런 것들은 스트레스의 반대말이 아니라 스트레스가 '없는' 상태를 가리킨다는 것이다. 스트레스의 진짜 반대말은 친절이다.

스트레스는 감정이고 친절은 행동인데 어떻게 그렇게 되느냐고? 일단 들어보시길. 앞에서 기분 좋아지는 친절 호르몬과 스트레스를 돋우는 호르몬에 관해 이야기했다. 결국 중요한 건 실제로 어떻게 느끼는지라고도 말했다. 달리 표현하면 스트레스를 경험하는 것과 반대의 느낌이 바로 친절을 경험할 때의 느낌과 같다는 것이다.

심리학자들이 사람들에게 매일 문자를 보내 두 가지 수치를 묻는 실험을 진행했다. 하나는 스트레스 지수(1점부터 10점)이고, 또 하나는 친절한 행동을 대략 몇 회 실천했는지였다. 그런 식으로 몇 주 동안 수집한 데이터를 분석한 결과, 연구자들은 친절한 행동을 한 횟수가 많은 날에 참여자들의 스트레스 지수가 낮았다는 사실을 발견했다. 반대로 스트레스 지수가 높은 날에는 친절 점수가 낮았다. 위아래로 움직이는 시소처럼 하나가 올라가면 다른 하나는 내려가는 것이었다.

짚고 넘어갈 것은, 하루 종일 매우 친절하게 행동한 날이라고 해서 스트레스가 없을 수는 없다는 것이다. 우리는 모두 언제든 기분 나쁜 일이 생길 수 있다는 걸 안다. 인생은 종종 커브볼을 던지며, 그 공은 우리가 얼마나 친절한가에 상관없이 곧장 우리에게 날아오기도 한다. 그러나 여러 실험 데이터의 구름 속에서 찾은 한 줄기 빛은, 만약 똥을 밟는 일이 생겨도 친절을 경험하면서 생겨난 좋은 감정이 그 악취를 어느 정도는 완화해 줄 수 있다는 것이다.

간단히 말해, 친절은 스트레스가 많은 상황을 달래주는 인생의 비법 소스와 같다. 문제를 없애지는 않지만, 모든 일이 사납게 밀어닥치는 급류처럼 느껴질 때 마음의 쿠션 역할을 해준다. 스트레스와 맞서는 상황에서 회복력을 키워주며, 스트레스 받는 몇몇 사건들의 정신적·정서적 영향을 줄여준다. 그래서 삶이 세찬 강물을 거스르며 헤엄치는 것처럼 느껴질 때, 정신 건강을 보호하는 보호막이 되어줄 수 있다. 특히 한 가지 문제만 더 생기면 무너져 내릴 것 같은 날에는 더욱 그렇다.

화학적으로 이는 따뜻하고 포근한 친절 호르몬인 옥시토신의 영향이다. 스트레스 상황에서 아드레날린, 코르티솔 같은 스트레스 호르몬이 나오는 것과 마찬가지다. 친절을 경험하면 친절 호르몬이 만들어진다.

옥시토신은 친절 호르몬 외에도 '사랑의 약', '포옹의 약', '포옹의 화학 물질', '결속 호르몬'처럼 우리가 알 만한 다른 애정 어린 이름으로도 통한다. 흥미로운 것은 옥시토신이 편도체 등 스트레스와 관련된 뇌 영역의 활동을 줄여준다는 것이다. 전등의 밝기 조절 스위치라고 생각하면 된다. 스트레스를 받으면 편도체의 활동이 활발해지지만, 친절을 느끼면 옥시토신이 작용하여 편도체가 진정된다. 정반대의 효과가 벌어지는 것이다!

뇌의 이 부위에 관한 어느 연구에서 과학자들은 자원한 참가자들을 MRI 스캐너로 관찰하면서 스트레스를 유발했는데, 예외 없이 편도체의 활동이 활발하게 일어났다. 그러나 스트레스를 주기 전에 코에 친절 호르몬을 분사하여 미리 흡입하게 했을 때는 편도체의 활동이 그만큼 치솟지 않았다. 친절 호르몬이 신경학적 수준에서 참가자들을 스트레스로부터 보호한 것이다. [코에 분사하는 이유는 옥시토신이 혈액뇌장벽Blood-brain barrier(혈액 속의 물질 중 선택된 일부 물질만 뇌로 이동할 수 있도록 설계된 중추신경 계통의 미세혈관 구조-옮긴이)을 통과하는 데 도움이 되기 때문이다. 이 장벽은 뇌와 신체 사이에 존재하면서 세균과 바이러스 같은 것들이 뇌로 들어가는 걸 막아내지만, 입구의 문지기가 우리의 친절 호르몬은 들여보낸다.]

우리는 스트레스를 받으면 일반적으로 긴장을 풀려고 한다. 그럴 때는 천천히 심호흡을 하는 것이 정말 좋은 방법이다! 그러나 이제는 한발 더 나아가 보자. 스트레스를 느낄 때 친절한 행동을 실천해 보는 것이다.

친절에 대해 몇 가지 생각해 보자. 누군가 여러분에게 손을 내민 적이 있는가? 여러분은 누구를 도왔고, 어떤 방법으로 도왔는가? 여러분이 아는 가장 친절한 사람을 떠올려 보자. 그 사람이 특별히 친절하다고 느끼는 부분은? 이제 밖으로 나가 친절을 실천한다. 주변에 따뜻하게 귀를 기울이거나 도움의 손길을 내밀어야 할 사람이 있지는 않은가? 아니면 이 책의 부록 II에 소개하는 친절 챙김 명상을 해보는 것도 좋다. 이 명상은 측은지심과 친절에 초점을 맞춘 것이다.

이렇게 친절 챙김 활동을 하면 마음 챙김의 효과와 비슷한 방식으로 뇌를 유기적으로 변화시킬 수 있다. 영향을 받는 뇌의 영역이 다를 뿐이다. 친절 챙김 명상은 내측 전두엽처럼 긍정적인 감정과 행복을 경험하는 데 도움을 주는 영역을 활성화하며, 이 영역들이 더 강화되면 삶의 일상적인 순간에서 행복과 기쁨을 추출하기가 좀 더 쉬워진다.

그렇다고 해서 우리가 곧바로 매 순간, 언제나 행복할 거라는 의미는 아니다. 단지 뇌의 이 부분을 어느 정도 훈련하면 행복에 좀 더 쉽게 다가갈 수 있다는 뜻이다. 훈련으로 근력과 지구력을 키우면 5킬로미터를 40분 내로 달리는 일이 조금 더 쉬워지는 것과 같다.

친절 챙김을 실천하면 신경 물질에 유기적 변화를 가져올 뿐만 아니라 뇌의 공감 영역(예를 들어 뇌섬엽 등)을 자극하므로 고통을 받거나 어려움을 겪고 있는 다른 이들에게 쉽게 공감할 수 있게 된다.

이처럼 친절은 인생이라는 '사과 파이의 비법 소스'이며 최고의 스트레스 해소제다. 다만, 당연한 이야기지만 그러려면 '마음이 놓일 자리에 있어야 한다.' 어릴 때부터 들어온 이 문구는 사람의 행동에는 정당함이 깃들어 있어야 한다는 의미를 지니고 있다.

여기에 자연에서의 '캐치-22catch-22'(미국 소설가 조지프 헬러의 소설 제목에서 유래된 말로, 모순된 규칙 따위에 얽매여 아무것도 할 수 없는 상황을 말한다. 딜레마, 진퇴양난-옮긴이)가 있다.

자연에서의 캐치-22

나는 자연에서의 캐치-22를 '시스템 결함'이라고 부른다. 앞에서 친절한 행동을 해도, 진심에서 우러나왔을 때에만 친절 호르몬이 만들어진다고 언급했다. 친절의 긍정적인 부수 효과로 친절 호르몬이 필요할 경우를 생각해 보자. 이런 호르몬은 경험을 통한 느낌에서 만들어지므로, 일단 '느껴야' 한다. 그리고 진심일 때에만 그런 느낌을 얻을 수 있다.

여기에 자연에서의 캐치-22가 있다. 진심으로, 마음을 다해야 친절이 주는 혜택을 받을 수 있다. 마치 자연이 인생의 기본 방정식으로 만들어 놓은 것처럼, 진심이어야만 느낄 수 있고, 그런 뒤에야 스트레스를 상쇄하고 건강상의 이점도 누릴 수 있도록 설계되어 있다는 것이다.

그러므로 친절은 정신 건강에 좋지만, 중요한 단서 조항이 있다는 사실을 명심해야 한다. '진심으로' 친절해야 한다는 것이다.

친절은 뇌와 얼굴을 젊어지게 한다

사람들은 대부분 스트레스가 노화를 앞당긴다는 걸 알고 있다. 그러나 친절이 노화에 어떤 영향을 주는지는 생각해 본 적이 없을 것이다. 여기에서도 서로 반대되는 시소 현상이 등장한다. 친절의 경험은 스트레스와 반대로 뇌의 노화 속도를 늦추기 때문이다.

위스콘신대학교 매디슨캠퍼스와 하버드 의과대학의 연구자들은 티베트 불교 승려들의 뇌와 일반 대중의 뇌를 비교해 보았다. 승려들은 매일 친절 챙김과 마음 챙김 명상을 하고, 팔정도를 따르며 측은지심과 친절에서 우러나오는 생각과 말, 행동을 실천하는 삶을 살고 있다. 그래서인지 이들은 언제나 행복해 보이고, 일반적인 노화의 속도를 거스르는 것 같다는 소문도 있었다. 연구자들은 14년 동안 네 차례 스님들의 뇌를 스캔하고, 이를 25세에서 66세 사이의 일반인 105명의 뇌 스캔과 비교했다. 다양한 연령대를 지닌 사람들의 뇌 스캔은 데이터 자체로 노화하는 뇌의 모습을 파악할 수 있는 기준이기도 했다.

결과는 놀라웠다. 한 41세 스님의 뇌 연령이 33세로 측정되어, 실제 나이보다 뇌 나이가 여덟 살이나 어렸던 것이다! 그의 뇌는 보통 사람들보다 훨씬 더 천천히 노화하고 있었다. 그리고 이런 느린 노화의 원인으로는 집중적인 명상 수행이 꼽혔다. 물론 여기에는 마음 챙김과 친절 챙김도 포함되어 있었다.

노화에 대해 좀 더 나아간 또 다른 연구에서는 DNA의 캡cap을 조사했다. 캡은 텔로미어telomere라고 불리며, 신발 끈의 끝부분을 쇠나 플라스틱으로 감싼 것처럼 염색체를 보호하는 기능을 하는 끝부분을 가리킨다. 신발 끈의 끝부분이 마찰에 의해 닳듯이 텔로미어 역시 스트레스를 받으면 마모된다. 텔로미어의 길이와 마모 속도를 측정하면 생물학적 나이를 매우 정확하게 산출할 수 있다.

연구자들은 자원한 참가자들에게 6주 동안 매일 마음 챙김이나 친절 챙김 중 한 가지를 실천하게 하고, 이들의 텔로미어 길이를 아무것도 하지 않은 사람들과 비교했다. 그 결과, 마음 챙김을 실천한 사람들은 텔로미어의 길이가 줄어드는 속도가 조금 느려지는 정도였지만, 친절 챙김을 한 사람들은 텔로미어가 아예 줄어들지 않았다는 것을 발견해 냈다.

물론 친절 챙김이 노화를 아예 멈추어 준다는 뜻은 아니다. 친절을 모토로 삼는 나 같은 사람도 127년 동안 매일 친절을 실천했지만 126세를 넘어 보이지는 않는다는 말을 들으니 말이다. 물론 농담이다. 사실 이 연구는 단 한 번, 비교적 짧은 기간 동안 진행되었고 텔로미어의 길이 하나만 측정한 것이어서 결과를 충분히 신뢰하기에는 부족할 수 있다. 그러나 친절의 경험이 세포의 노화에 상당히 놀랍고 강력한 방식으로 영향을 미칠 수 있다는 걸 보여주기에는 충분하다. 몇 년 동안 매일 친절을 실천했던 티베트 불교 승려의 뇌세포에서 바로 이런 일이 일어나고 있었으니 말이다.

과학자들은 이후 추가로 피부 세포에 관한 연구를 실행했다. 마치 우리 피부가 과도한 자외선, 온갖 음식물, 정신적·정서적 스트레스에 노출될 때와 비슷한 환경을 실험실에 조성하여 피부 세포에 인위적인 스트레스를 가한 것이다. 이후 관찰한 결과 과학자들은 피부 세포에서 자유 라디칼free radical(원자 또는 분자가 짝짓지 않은 전자를 하나 또는 그 이상 가지고 있어 극성을 띠게 된 상태. 이는 매우 불안정해서 안정된 상태를 유지하기 위해 주변 정상 세포의 원자 또는 분자의 전자를 빼앗는 연쇄 반응을 일으켜 노화의 원인이 된다. 흔히 활성산소라고도 부른다. 이하 '활성산소'로 표기-옮긴이)이 급격히 증가한 것을 발견했다. 활성산소는 노화, 심장병, 기억력 감퇴, 치매, 그 외 나이와 관련된 수많은 질병에 중대한 악영향을 미친다.

스트레스가 피부에 활성산소를 증가시킨다는 건 사실이었다. 그러나 다음으로 옥시토신(친절 호르몬)이 존재하는 환경에서 같은 과정을 반복했을 때는 결과가 달랐다. 놀랍게도 활성산소의 수준이 훨씬 낮게 나타난 것이다. 친절 호르몬이 우리 피부 속 노화의 영향을 일부 상쇄한 것이다.

문제는 친절 호르몬은 먹거나 마실 수 없다는 것이다. 보충제 형태로 구매하거나 주스로 만들 수도 없고, 얼굴에 바르는 크림이나 오일에 첨가할 수도 없다. 친절 호르몬은 오로지 뇌와 몸 안에서만 만들어진다. 그러므로 친절 호르몬을 얻을 수 있는 가장 쉬운 방법은 친절을 실천하는 것이다. 그것도 진심으로.

심장에서 우러나와 면역을 높인다

만성 스트레스는 모든 면에서 우리의 면역 체계에 도움이 되지 않는다. 심지어 면역 체계를 말 그대로 망가뜨릴 수도 있다. 일부 연구자들은 친절이 면역 체계를 건강하게 유지해 질병을 예방해 줄 수 있지 않을까 생각했다. 그들은 이 가설을 검증하기 위해 159명의 성인을 대상으로 친절이 특정 면역 체계 유전자(CTRA라고 한다)에 어떤 영향을 미치는지 측정했다.

그 결과 다른 이들에게 친절을 행할 때 유전자의 활동에 중요한 변화가 나타난다는 사실이 드러났다. 친절은 본인의 세포에만이 아니라 항노화의 방식으로 유전자에까지 영향을 미치는 것이다.

다른 연구자들은 참가자들에게 연민과 친절이 담긴 감동적인 영상을 시청하게 했다. 그리고 영상을 시청하기 전과 시청 후에 참가자들의 면역 항체 수치를 측정한 결과, 단지 영상을 보기만 했는데도 항체가 약 50퍼센트 증가한 것으로 나타났다. 또한 이 수치는 이후 몇 시간 동안 꾸준히 높은 수준으로 유지되었는데, 참가자들이 감동적인 장면을 계속해서 떠올렸기 때문이다. 친절을 떠올리는 것만으로도 면역 강화와 항노화 효과가 있다는 증거였다.

친절한 마음이 곧 행복한 심장

최근에는 스트레스가 혈압을 높인다는 사실이 널리 잘 알려져 있지만, 친절이 혈압을 낮추는 데 도움이 된다는 사실은 아직 잘 알려지지 않았다.

3장에서 소개한 연구에서는 사람들이 돈을 자기에게만 쓸 때보다 남을 위해 쓸 때 행복이 더 커진다는 것을 보여주었다. 연구자들은 고령자를 대상으로도 비슷한 연구를 했는데, 다만 이번에는 행복이 아니라 혈압을 측정했다. 실험은 3주간 자기에게만 돈을 쓰는 그룹과 남을 위해 돈을 쓰는 그룹으로 나뉘어 이루어졌다. 3주 뒤 측정한 결과, 남을 위해 돈을 쓴 그룹 참가자들이 자기를 위해서만 돈을 쓴 그룹 참가자들보다 수축기와 이완기 혈압이 모두 낮아졌다는 결과가 나왔다. 그 수치는 놀랍게도 고혈압 약이나 운동의 효과에 맞먹을 정도였다.

이런 결과는 대부분 친절 호르몬의 영향이었다. 친절 호르몬은 우리의 혈관 내벽에 주차한다. 이때 주차란 '수용체에 가서 결합한다'는 뜻이다. 약리학 용어이긴 하지만 수용체와 결합하는 것이 기본적으로 주차장의 한 구획마다 차를 대는 것과 비슷해서 쉽게 표현해 보았다.

뇌와 몸 전체의 세포에는 수많은 주차 공간이 있다. 어떻게 보면 고속도로 휴게소의 대형 주차장과 비슷하다. 버스나 캐러밴을 세울 큰 구획이 있는가 하면 그것보다 더 작은 SUV를 세울 구획도 있으며 승용차를 위한 평균 크기의 구획도 있다. 심지어 오토

바이를 세울 수 있는 작고 좁은 구획도 있다. 각각의 차량은 전용 구획에만 딱 맞게 들어간다.

혈관에는 차량과 주차구획이 있다. 차량은 호르몬이고 주차구획은 수용체의 결합 부위다. 그리고 혈관을 따라 늘어선 구획 중 많은 수가 우리의 친절 호르몬과 정확히 들어맞는다. 이들을 '옥시토신 수용체'라고 한다. 달리 말해 친절 호르몬 수용체인 셈이다. 우리가 친절을 경험하고 그로 인해 친절 호르몬이 분비되면 그것들이 이들 주차구획으로 들어가 자리를 잡는 것이다.

그러면 산화질소(웃음 가스라고도 하는 아산화질소와 혼동하지 말기를)가 생성되는 멋진 화학 반응이 일어난다. 산화질소는 비아그라Viagra(남성 발기부전 치료제)의 약리 작용인 펌핑 효과를 나타내는 물질이다.

또한 ANPAtrial Natriuretic Peptide(심방성 나트륨이뇨펩티드-옮긴이)도 있다. 이 둘에 의해(둘 중에서도 특히 산화질소에 의해) 혈관 벽이 이완하고 늘어나게 되며(더 적절한 용어는 '확장'이다), 그렇게 해서 혈관이 넓어지면 심장은 혈액을 밀어 내보내기 위해 무리할 필요가 없어지므로 압력을 줄이게 된다. 즉 혈압이 낮아지는 것이다.

이것이 바로 친절 호르몬이 혈압을 낮추는 방식이다. 또한 부분적으로는 우리가 친절을 베푸는 쪽이든 받는 쪽이든, 아니면 지켜보는 쪽이든 어떤 식으로든 친절을 경험하면 모두에게 혈압이 떨어지는 혜택이 돌아간다. 여기서 부분적이라고 한 것은 친절이 신경계를 이완시켜서 혈압을 낮추기도 하기 때문이다. 그야말로 '윈-윈'이 아닐 수 없다.

105

친절이 기분을 좋게 할 뿐만 아니라 이따금 가슴 쪽에 흐뭇하고 따뜻한 느낌을 주는 이유가 궁금했다면, 바로 이게 그 이유다. 더 이완되고 확장된 혈관에서 심장으로 가는 혈류가 증가하기 때문이다.

젖먹이를 키우는 동안 어머니의 혈압이 낮아지는 경향도 같은 이유에서다. 사실 옥시토신이 혈압을 낮추는 효과에 대한 연구는 모두 여기에서 시작되었다. 연구자들은 왜, 어떻게 어머니에게 이런 효과가 나타나며 어떤 작용이 이루어지는지 궁금해했고, 그들은 곧 옥시토신이 혈관에 미치는 영향과 '주차장 시스템' 등을 알아냈다.

그리하여 이 효과와 다른 몇 가지 효과까지 더해져, 옥시토신은 '심장 보호 호르몬'으로 알려지게 되었다. 즉 옥시토신이 심혈관계를 보호한다는 것이고, 이 말은 곧 친절이 심장을 보호해 준다는 뜻이기도 하다. 놀랍지 않은가? 만성 스트레스가 심혈관계를 손상하는 것과 정반대로 친절은 심혈관계를 보호한다니! 다시, 시소게임이다.

쓰레기 내다 버리기

친절 호르몬은 혈관의 노폐물을 제거하는 데에도 도움이 된다. 여기서 노화에서 큰 역할을 차지하는 활성산소 이야기를 다시 꺼내지 않을 수 없다. 예를 들어 활성산소는 상처를 입으면 아물기 시작할 때 나타나는 염증과 함께 스트레스에 대한 반응으로 혈관 속에서 만들어진다.

우리가 일정 기간 스트레스를 경험하면 몸 안에 활성산소와 염증이 증가한다. 직장에서 스트레스를 받거나, 누군가가 내 자리에 주차를 해버려서 화가 나거나, 매일 초가공 식품을 먹거나 심지어 햇볕에 너무 오래 누워 있는 것도 스트레스라는 점에서는 똑같다.

활성산소와 염증은 스트레스가 뇌와 신체에 손상을 끼치는 데 중요한 원인이 된다. 이는 바깥세상의 경험에 대한 내부의 반응이다.

그런데 다행히 여기에는 마법 같은 해결책이 하나 있다. 지금까지 친절이 스트레스의 반대인 것을 보았으니, 친절 호르몬이 활성산소와 염증에 어떤 작용을 할지 생각해 보면 알 수 있을 것이다. 그렇다! 친절 호르몬은 이것들을 노폐물과 함께 쓸어내 버린다.

혈관 벽 세포와 일부 면역 세포에 대한 실험에서 옥시토신은 항산화(활성산소를 중화한다는 의미) 및 항염증(몸이 자체적으로 생산한 이부프로펜처럼 염증을 중화하며, 효과가 더 좋다) 역할을 하는 것으로 나타났다. 그리고 이는 혈관과 면역 체계의 일정 부분에서 모두 일어나는 현상이다.

결론적으로, 스트레스는 활성산소와 염증을 생성하지만 친절은 친절 호르몬의 작용을 통해 이것들을 제거해 준다는 것이다. 즉 스트레스와 친절은 반대말이다.

친절과 스트레스

친절이 심리적, 신경학적, 생리적으로 스트레스의 반대라는 것이 놀랍지 않은가? 어린아이 시절에 뭔가를 잘하면 어른들이 사탕을 주는 것처럼, 어른이 되어도 착하게 굴면 자연이 보상을 해주는 것이다.

친절은 스트레스의 결과로 몸에서 일어나는 여러 가지 현상들의 상당 부분을 쓸어 모아 쓰레기통에 버린다. 친절은 마음을 진정시키고 따뜻한 느낌을 만들어 내지만, 스트레스는 끔찍한 느낌을 불러일으킨다. 친절은 혈압을 낮추며, 스트레스는 피가 끓는 것처럼 느끼게 한다. 친절은 노화를 늦추고, 스트레스는 노화의 속도를 높인다. 친절은 피부를 부드럽고 젊게 만들어 주며, 스트레스는 우리를 그야말로 스트레스 받은 모습으로 만든다. 친절은 면역 기능을 강화하며, 스트레스는 면역 기능을 억제한다. 뿐만 아니라 친절은 인간관계에도 평화를 가져오며, 스트레스는 갈등을 키우는 경향이 있다.

그리고 과학자들이 아직 테스트하지 못한 다른 여러 분야에서도 마찬가지다. 스트레스가 어떤 작용을 하든, 친절은 분명히 그 반대로 작용한다!

"친절은 노화를 늦추고,
스트레스는 노화의 속도를 높인다."

05

영웅은
굳이 망토를
입지 않는다

니컬러스 윈턴은 영국의 주식 중개인이었다. 1939년, 그는 히틀러의 영향력이 커지면서 체코슬로바키아의 상황이 악화하고 있다는 사실을 알게 되었다. 박해의 위험에 처한 유대인 어린이들에 대한 걱정으로, 니컬러스는 구조 작전을 계획했다.

그는 부모들 및 난민 단체와 협력하여 어린이들을 영국으로 안전하게 보낼 수 있도록 끊임없이 노력했다. 위탁 가정을 찾고, 서류를 정리하고, 필요한 여행 서류를 확보했다. 또 프라하에서 런던까지 669명의 어린이를 태우고 갈 8대의 기차도 마련했다. 그렇게 해서 독일이 폴란드를 침공한 날, 그가 마련한 마지막 기차가 출발했다.

2차 세계대전이 발발해 그간의 노력이 가려지고, 그의 업적은 수십 년 동안 아무도 모르는 채 묻혀 있었지만, 니컬러스 윈턴은 숨겨진 영웅이었다. 그러다 1988년, 그의 아내가 런던 근교 메이든헤드의 다락방에서 스크랩북을 발견했다. 그 안에는 구조 작전

111

의 기록과 그가 구해낸 아이들의 기록이 있었다.

니컬러스와 그의 아내는 1980년대 영국의 TV 쇼 〈그것은 인생 That's Life〉에 초대되었다. 니컬러스의 나이 78세 때였다. 진행자 에스터 랜첸Esther Rantzen은 니컬러스를 카메라에 담고는, 시청자들에게 1939년에 그가 한 일을 소개했다. 그런 뒤 방청객들에게 물었다. "혹시 이 자리에 니컬러스 윈턴 덕분에 목숨을 구하신 분이 있나요?"

그 질문에, 놀랍게도 방청객 모두가 일어났다. 사실은 프로그램 측에서 당시 구조되었던 아이들을 찾아 그 자리에 올 수 있도록 주선했고, 그들은 모두 오래전에 자신들의 생명을 구해준 사람에게 감사하기 위해 참석한 것이었다. 윈턴은 사방을 둘러보고, 깊은 애정을 담은 채 자신을 바라보는 그들의 눈빛을 보았다. 이것은 영국 TV 역사에서 가장 가슴이 따뜻해진 순간이라고 할 수 있으며, 수백만 명의 시청자가 이 장면을 지켜보았다.

그의 영웅적인 행동은 대중의 폭발적인 관심을 불러일으켰으며, 훗날 그는 MBE Member of the British Empire(대영제국 훈작사-옮긴이)와 기사 작위를 받아 니컬러스 윈턴 경이 되었다. 그는 2015년 7월 1일 106세의 나이로 세상을 떠났으며, 2014년에는 체코 공화국에서 최고의 영예인 백사자 훈장(1등급)을 받기도 했다.

그는 자신이 한 일에 대해 이렇게 말한 적이 있다. "절대로 불가능한 일이 아니라면, 정말로 마음먹고 해야겠다고 결심하면 해낼 수 있습니다." 거기에 더해, 그 행동이 친절에서 우러나온 것이라면 기적을 일으킬 수 있다.

물론 그의 영웅적 행위는 비범한 것이다. 우리가 모두 니컬러스 윈턴이나 오스카 쉰들러가 될 수는 없다. 그렇다고 해서 평범한 사람은 영웅이 될 수 없다고 생각할 필요는 없다. 사실, 영웅적 행위는 우리가 거의 인식하지 못하는 방식으로 우리 주변 곳곳에 있으며, 때로는 겉보기에 사소하고 평범한 행동에서 영웅으로 남을 평생의 기억이 형성되기도 한다. 아주 가까운 예로 아이가 손가락을 베거나 무릎을 긁었을 때 위로해 주는 것만으로도 부모는 자녀의 영웅이 될 수 있다.

친절이 눈에 띄게 영웅적이어야 한다는 믿음은 우리 대다수의 자신감을 떨어뜨리는 요인이 된다. 뭔가 두드러질 만한 일을 해야 한다는 부담이 생기기 때문이다. 그러나 사실은 일상적이고 평범한 친절이 정말 중요하다. 우리가 매일 하는 일이기 때문이며, 이것이야말로 인간 사회를 한땀 한땀 엮어나가는 것이기 때문이다. 친구든 가족이든, 이야기하고 싶은 사람의 말에 귀를 기울여 주는 작은 노력만으로도 상대방은 인정받는다고 느낀다. 문을 붙잡아 주고, 떨어뜨린 물건을 주워주면 된다. 상대를 안심시키는 미소를 지어 보이거나 어깨를 지긋이 잡아주는 것은 '넌 할 수 있어. 그런 일은 없겠지만 힘들어지면 내가 도와줄게!'라는 말을 건네는 것과 같다.

자녀에게 더 나은 삶을 주기 위해 두 가지 일을 하는 부모, 아기와 어린이를 후원하거나 입양하는 사람, 파트너와 다투고 인생이 끝났다고 낙담하는 이를 위해 하던 일을 멈추고 한달음에 달려가 곁에 있어주는 사람, 룸메이트가 집으로 돌아와 회사에서 받은 스트레스를 털어놓고 싶어 할 때 재미있게 보던 TV를 끄는 사람, 친절한 말이 필요한 사람에게, 나아가 필요하지 않은 사람에게까지 친절한 말을 건네는 사람, 이런 사람들이 모두 영웅이다.

물론 절대로 뉴스에 나올 일은 아니다. 소셜 미디어의 게시물 감도 아니다. 아마 아무도 눈여겨보지 않을 일이다. 그러나 이런 일들이야말로 우리 세상을 함께 떠받치는 사람들의 행위다. 이는 정부나 업계의 리더, 기술 기업가들이 아니라 자신을 평범하다고 여기는 사람들이 하는 행위다. 그저 천성적으로 타고난 친절을 일상에서 실천할 뿐인 사람들 이야기다.

영웅적 행위에는 (종종 생명을 위협하는) 엄청난 역경을 맞아 큰 힘이나 용기를 보여주는 일보다 훨씬 더 많은 것들이 있다. 원더우먼이나 슈퍼맨, 영화에 나오는 그 밖의 온갖 초인적인 캐릭터들은 상관없다. 실제 삶에서 영웅적 행동은 신체적 힘과 용기를 훨씬 뛰어넘어 확장된다.

실제 삶에서는 일상적인 간단한 친절이 바로 영웅적 행위다.

영웅적 행위의 생물학

이 책을 쓰기 몇 달 전, 아버지가 돌아가셨다. 교모세포종다형체 glioblastoma multiforme라는 뇌종양을 앓고 계셨던 아버지는 임종 몇 개월 전부터 급격히 건강이 나빠졌다. 어머니는 불평 한마디 없이, 그저 묵묵히 생활하셨다.

어머니는 아버지를 돌보는 게 당신이 할 일이라고 말씀하셨다. 그러면서 자신이 일상적으로 하던 모든 일을 뒤로 미뤘다. 친구들과의 빙고 게임, 일요일마다 교회 예배를 마치고 제인 이모와 함께했던 티타임, 이전 직장 친구들과의 저녁 모임을 모두 취소하셨다. 나는 누나들과 함께 어머니가 이런 모임에 가끔이라도 나가면서 지내시도록 여러모로 궁리했지만, 병세가 깊어지면서 아버지는 어머니가 없는 동안 무슨 일이 생길까 봐 극도로 두려워하셨다. 우리는 더 많은 이들에게 도움을 청했다. 방문 간호사를 불렀고, '맥밀런 캔서 서포트MacMillan Cancer support(영국 최대의 자선 암 환자 지원 센터-옮긴이)'에서는 하루에 두 차례 아버지를 보러 와주었다.

나는 지금도 어떻게 한밤에 어머니가 아버지를 화장실로 데려갔는지 모르겠다. 아버지는 약 89킬로그램이었는데, 뇌 염증을 줄이기 위해 먹는 스테로이드의 영향으로 예전보다 몸무게가 늘어나 있었다. 게다가 팔다리에는 거의 힘이 남아 있지 않았다. 당시 어머니는 77세였는데 내가 밤에 아버지 곁을 지킬 때도 어머니와 함께 아버지를 화장실로 데려갔다 돌아오는 데에만 거의 한 시간이 걸렸다. 그걸 어머니는 매번 해낸 것이다. 아무런 불평 없이.

어머니는 내게 영웅이었다. 아버지를 간병하면서 어머니가 보여주신 것은 영웅적 모습이었다. 가정에서 병자를 돌보는 많은 이들도 마찬가지다. 얼마나 많은 이들이 가족을 돌보기 위해 자신의 인생을 내려놓고 삶이 근본적으로 달라지는 역할을 묵묵히 맡는지, 사람들은 잘 모른다.

나는 영웅들이 대개 망토를 입지 않는다는 것을 말하고 싶다.

115

영웅적 행동의 출발점은 우리의 친구인 '공감'이다. 본능적인 부분도 있고, 알게 되어 실천하기도 한다. 말 그대로 뇌에서 스파크가 일어나는 걸 느끼는 것이다. 뇌 영상 연구는 사람들이 영웅적으로 행동할 때 공감 영역이 활성화된다는 걸 확인시켜 주었다. 심지어 타인이 고통스러워하는 걸 보는 것만으로도 마치 자기가 고통스러운 것처럼 관찰자의 뇌 영역이 활성화된다. 누군가의 고통을 목격하는 건 깊은 공감으로 이어진다. 뇌는 고통스러워하는 상대와 상대를 염려하는 나를 구별하지 못하는 것처럼 반응한다. 마치 우리가 하나인 것처럼.

이처럼 공감은 영웅적 행동의 동기가 될 수 있다. 그러나 그게 전부는 아니다. 영웅적 행동에는 수많은 결과가 뒤따르며, 그 밖의 부수적인 영향도 있다. 도움을 받은 사람에게도, 도움을 주는 사람에게도 말이다.

친절(영웅) 호르몬

우리가 친절 호르몬이라고 부른 옥시토신은 영웅 호르몬이기도 하다. 왜 그런지 좀 더 알아보자. 옥시토신은 1906년에 영국의 약리학자이자 생리학자인 헨리 데일 경Sir Henry Dale이 발견했다. 특히 출산 중에 풍부하게 분비되기 때문에 그리스어로 '빠른 탄생'이란 뜻의 이름이 붙기는 했지만, 옥시토신은 그 외에도 수유, 오르가슴, 사회적 유대, 모성 행동, 심혈관 건강 등을 포함하여 매우 폭

넓은 부분에 관여한다. 여성은 아기와 함께 있을 때뿐 아니라 아기와 떨어져 있으면서 아기를 생각하기만 해도 옥시토신을 분비한다.

옥시토신은 공감 및 다양한 형태의 친절에 대한 반응으로 풍부하게 생성된다. 옥시토신 공감 연결 연구의 선두 주자인 폴 잭 Paul Zak은 이렇게 말했다. "이제 나는 옥시토신을 신경학적 기질 substrate(결합 조직의 기본 물질-옮긴이)의 황금률로 여기기로 했다. 누군가 내게 잘 대해주면 내 뇌에서는 십중팔구 옥시토신을 합성하여 나도 그 사람에게 좋은 행동을 되돌려주는 동기로 작용한다."

이 사실을 증명할 수 있는 실험이 하나 있었다. 암에 걸려 임종이 가까워진 아버지를 끝까지 지극정성으로 보살피는 아들의 영상을 시청한 사람들의 뇌에서는 옥시토신이 풍부하게 분비되었고, 이와 대조적으로 정서적인 것과 상관 없는 다른 영상을 시청한 사람들의 뇌에서는 옥시토신이 전혀 나오지 않았다.

가슴으로 실천하면 심장이 건강해진다

친절과 영웅적 행동은 온몸에 긍정적인 효과를 가져온다. 뇌의 옥시토신 변화가 혈액의 옥시토신 변화에도 반영되기 때문이다.

앞 장에서 말한 것처럼, 옥시토신은 '심혈관 보호' 호르몬이며 산화질소와 심방 나트륨 이뇨펩티드의 분비를 촉진한다. 그중에서도 핵심은 산화질소다.

산화질소는 옥시토신의 직장 동료라고 할 수 있다. 둘은 꽤 자주 어울리고 많은 일을 함께한다. 또한 산화질소는 몸에서 가장 중요한 분자에 속한다. 1992년에는 '올해의 분자'라는 별명을 얻기도 했는데, 이는 《타임》이 선정한 '올해의 인물'에 해당하는 과학계의 괴짜 버전이다. 실제로 1998년 노벨 생리학·의학상은 심혈관계에서 산화질소의 역할을 발견한 공로에 수여되었으며, 노벨상을 수상한 두 사람 중 한 명인 루이스 J. 이그나로 박사Dr. Louis J. Ignarro는 이것을 '기적의 분자'라고 부르기도 했다. 산화질소는 심장과 동맥의 건강을 유지하는 데 엄청난 역할을 하는 심장의 슈퍼히어로다. 몸에 자연적인 이완제 역할을 하기 때문인데, 이것이 이완시키는 것 중에는 혈관 벽의 평활근도 있다. 이것이 친절이 혈압을 낮추는 방법이다.

앞서 말했던 것처럼, 친절을 경험하면 친절 호르몬(옥시토신)이 생성되는데, 이것이 산화질소의 작용을 유발하여 혈관 벽의 평활근을 이완시키며, 결과적으로 혈압을 떨어뜨린다. 그리고 이는 심장에만 한정된 것이 아니다. 옥시토신과 산화질소의 협력(옥시토신 유도 산화질소 방출이라고도 한다)은 출산 시에 자궁벽의 평활근을 이완시키고 생식기관의 혈류를 원활하게 돕기도 한다.

간단히 말해서, 우리의 심혈관계에서 산화질소는 체내 물질들이 원활하게 흐르도록 하고, 혈압을 관리하는 데 도움을 주며, 혈관을 최상의 상태로 유지하여 전반적으로 심혈관 기능을 돕는다.

이 모든 것이 사랑하는 사람을 지원하는 간단한 영웅적 행동(당연히 영웅적 행동이 맞다)이 옥시토신을 만들어 낼 뿐 아니라 혈압을 낮추는 이유가 된다. 사랑하는 파트너를 정서적으로 지원하거나 누군가를 포옹하는 것만으로도 옥시토신이 분비되며, 생성된 옥시토신은 곧바로 산화질소를 자극하여 정서적 심장과 신체적 심장 모두를 이완시킨다.

우리는 앞서 옥시토신이 혈관 및 면역 세포에 항산화 및 항염 작용을 하여 산화 스트레스(활성산소)와 염증 수치가 극적으로 감소하는 것을 살펴보았다. 산화 스트레스는 정신과 정서에서 받는 '스트레스의 화학 버전'이라고 할 수 있다. 몸의 자연적인 방어 과정이 몸에서 생성되는 활성산소의 양을 감당할 수 없는 상태를 가리킨다. 한마디로 활성산소가 마음대로 휘젓고 다니는 것이다. 이 것들이 소란을 일으키며 날뛰면 그 결과로 혈관, 면역 세포, 조직 세포, 피부, 심지어 뇌까지 손상을 입게 되며, 이 때문에 기억 상실과 치매가 생기기도 한다. 또한 노화를 가속하는 중요한 요인이 되기도 한다.

여기서 활성산소에 관한 재미있는 사실 하나. 활성산소는 한때 연결되었던 관계가 끊어져 홀로 된 원자라고 할 수 있다. 우리가 호흡하는 산소는 두 개의 산소 원자가 연결되어 있어, 마치 안경알 두 개가 코 위로 연결된 것 같은 모양을 하고 있다. 그런데 이 연결이 끊어진 것이다. 끊어짐은 산소만이 아니라 신체 내 다양한 유형의 분자에서도 일어난다. 이렇게 연결되었던 원자가 분리된 것들이 바로 활성산소다. 이전에는 좋은 관계를 맺었지만 이제 혼자가 되어버린 원자들인 셈이다.

이 원자들은 자진해서 혼자가 된 것이 아니고, 누군가와 다시 연결되어 관계를 되돌리려는 성질이 아주 강하다. 그래서 안정적인 관계(화학 용어로 원자의 집단, 즉 분자)를 이루고 있는 원자를 보면 달려들어 빼앗으려 한다. 그 대상이 뇌세포에 관여하는 분자라면 활성산소가 기억 상실을 일으킬 수도 있고, 만약 심장에서 그런 일이 일어나면 심장병을 불러올 수도 있다. 어떤 상황인지 이미지로 상상해 볼 수 있을 것이다.

활성산소를 없애주는 천연 해독제가 항산화제다. 항산화제는 기꺼이 손을 드는 짝을 찾아 활성산소와 맺어준다. 항산화제가 나타나면 불쌍한 활성산소들이 외로움을 떨치고 새로운 인생 2막을 즐길 수 있게 된다. 그렇게 해서 활성산소가 분노의 파괴 행위를 멈추면 몸은 평온을 되찾는다.

이 원리가 항산화 성분이 풍부한 과일과 채소가 심장에 매우 좋은 중요한 이유이며, 미용 제품에 항산화제가 첨가되는 이유이기도 하다.

중요한 것은 앞서도 살펴봤듯이 친절 호르몬이자 영웅 호르몬인 옥시토신이 혈관과 면역 체계 및 몸 전체에서, 심지어 피부 세포에서도 항산화제(및 항염증제)로 작용한다는 것이다. 그리고 같은 방식으로 세포들이 손상되지 않도록 보호해 준다.

짐작하다시피, 우리는 직접 피부 세포의 옥시토신 수치를 높일 수 있다. 누군가와 행복하고 친밀한 시간을 보내고 나면 피부가 유난히 빛나는 것 같은 느낌을 받은 적이 있는가? 그것이 바로 옥시토신의 작용이다. 옥시토신이 산화질소가 배출되도록 도와, 피부에 혈액이 더 많이 공급되면서 얼굴이 밝아지고 특별히 반짝이는 것이다. 물론 옥시토신의 효과는 피부의 광채에서 끝나지 않으며, 피부의 젊음이 유지되도록 돕기까지 한다. 이는 활성산소의 중화 작용 덕분인데, 단순히 젊어 보이는 게 아니라 실제로 젊은 상태로 유지해 준다.

여기에 더해, 옥시토신은 건강한 피부뿐만 아니라 근육을 튼튼하게 유지하는 데에도 큰 역할을 하며, 운동이나 부상 후에 근육이 회복되는 데도 중요한 역할을 한다. 또 옥시토신의 근육 강화와 회복 효과는 심장 근육에도 마찬가지로 영향을 준다.

실제로 옥시토신은 아주 어린 아기 때부터 심장의 성장에 관여한다. 옥시토신 프로호르몬prohormones(몸에서 옥시토신으로 전환하는 물질)이 줄기세포를 심장 근육 세포로, 그 후 온전히 기능적으로 수축하는 심장 근육으로 발달하도록 촉진하기 때문이다. 심장뿐만 아니라 음식물이 소화관을 통해 이동할 때 근육의 운동을 도와 소화 기능을 촉진하는 조력자의 역할도 옥시토신의 몫이다. 자, 과학 이야기는 여기서 마무리하겠다. 조금 길어졌지만, 독자 여러분도 이 친절 호르몬의 놀라운 역할을 낱낱이 알고 싶었을 거라고 믿는다.

옥시토신은 이렇게 놀랍도록 많은 일을 한다. 그런데도 망토 같은 걸 입지도 않는다. 게다가 이 좋은 호르몬이 친절과 영웅적 행동으로 만들어진다니! 그렇다면 친절한 행동과 여러 가지 영웅적인 행동에서 건강을 돕는 온갖 작용들이 이루어질 수 있다는 의미가 아닌가?

사실 엄청나게 놀라운 일은 아니다. 이미 우리는 건강을 유지해

121

주는 온갖 요소들이 스트레스 때문에 부정적 영향을 받는다는 걸 알고 있기 때문이다. 그러니 친절이 스트레스의 반대라는 점이 핵심이다. 우리가 아는 것처럼 스트레스가 신체의 건강한 작용을 방해한다면, 그 반대인 친절과 영웅적 행동이 그 작용을 상쇄한다는 건 너무나도 당연한 결론이다.

누군가에게 친절할 때 우리 몸에서는 실제적이며 진실한, 그리고 깊고 강력한 생리적 변화가 일어난다. 이 변화는 좋은 사람이 되는 것에 대한 자연의 보상이다. 그렇다고 우리가 보상을 바라고 친절하게 행동하는 건 아니다. 우리가 서로 돕는 건 그것이 옳은 일이기 때문이다. 자연은 옳은 행동에 대해 모두에게 똑같이 보상해 준다. 이것이 그 방법이다.

청소년 성장 프로젝트, 어덜츠 인 메이킹

'어덜츠 인 메이킹The Adults in Making, AIM' 프로그램은 젊은이들이 삶의 난관을 헤쳐나갈 수 있게 돕는 계획이다. 성장한다는 게 얼마나 힘든지 우리도 잘 알기 때문에, AIM의 목표는 위로의 손길을 내미는 것이다. 정서적 교감을 나누는 대화, 유용한 기술을 배울 수 있는 강좌, 정신 건강 지원 또는 단순히 강한 우정의 감정을 북돋아 주는 일 등을 통해서 젊은이들이 집과 이웃으로부터 단단한 삶의 연결 고리를 갖도록 지원한다. 그리고 이 모든 단계에 친절이 깃들어 있다.

여기에는 부모들도 참여하는데, AIM은 자녀들 곁에 머물면서 그들의 걱정거리를 새겨듣고 기댈 수 있는 기둥 역할을 할 수 있도록 부모들을 안내한다. 그렇게 사랑과 보살핌의 마을과 같은 공간을 조성하는 것이다.

그런데 여기서 놀라운 일이 일어났다. AIM 프로그램에 참여한 17세 청소년들의 텔로미어를 관찰하는 연구에서 이들의 텔로미어가 눈에 띄게 길다는 결과가 나온 것이다. 앞서 말했듯 텔로미어는 DNA의 끝부분에 있는 덮개 같은 것으로, 나이가 들수록 닳아 없어지는 생체 시계 같은 것이다. 텔로미어는 인생이 고달프면 더 빨리 닳고 이는 그 자체로 건강의 적신호가 된다. 그런데 AIM에 5년 동안 참여한 청소년은 프로그램에 참여하지 않은 또래 청소년에 비해 텔로미어가 눈에 띄게 길다는 결과가 나타난 것이다. 마치 AIM이 생물학적 시계를 조절하는 비밀을 알아내, 참여한 아이들에게만 비법을 전달해 준 것 같았다.

이것은 일찍부터 정서적 지원을 받는 것이 얼마나 중요한지 보여준다. 어린 사람들이 이해받고, 소중히 여겨진다는 느낌을 받으면 그저 기분만 좋아지는 것이 아니라 생물학적으로 더 오래, 젊게 살 수 있다는 것이다!

친절은 동물에게도 예외가 아니다

내가 생각하는 친절에는 반드시 동물이 포함되어 있다. 나는 늘 동

123

물을 사랑했다. 아이들이 자랄 때 흔히 그렇듯, 나도 금붕어와 햄스터를 키웠다. 또한 우리 집에는 샘이라는 강아지와 버튼스, 수티라는 이름의 고양이가 두 마리 있었다. 성인이 된 뒤 처음으로 찾아온 내 인생의 중요한 순간은 2014년에 우리 개 오스카가 우리 곁을 떠났을 때였다. 겨우 두 살인 오스카가 골수암에 걸린 걸 알았을 때, 우리는 오스카를 살리기 위해 할 수 있는 모든 일을 다 했다.

아픈 동물을 돌보면 무언가가 달라진다. 그전에는 생각하지 못했던 방식으로 오스카와 나 사이의 유대가 강해졌다. 그래서 더욱, 오스카가 세상을 떠나자 나는 완전히 무너져 내렸다.

그로부터 한두 달 후, 은퇴에 대한 강연을 하기 위해 시골길을 운전해 가다가 길가의 카페에 들른 일이 있었다. 주차하고 나오는데 몸집이 커다랗고 털이 부숭부숭한 하이랜드 소 한 마리가 눈에 띄었다. 스코틀랜드에서 인기 있다는 그 동물이었다.

소가 어슬렁거리며 내가 주차한 울타리 쪽으로 다가오는 바람에, 나는 어느 순간 소와 정면으로 마주 보게 되었다. 엄청나게 큰 머리에 크고 깊고 어두운 눈이 박혀 있었다. 나는 그 눈을 응시했다. 그러다가 그걸 보게 되었다. 그렇게 느낀 게 아니라 정말 보았다!

나도 모르게 주저앉고 말았다. 눈물이 터져 나왔다. 동물에게 감정이 있고, 저마다의 성품이 있다는 생각을 진심으로 하게 된 건 오스카를 제외하고는 처음이었다. 소는 생명 그 자체로 살아 있었다. 순수했다. 맥동했다! 이 표현 말고는 어떻게 설명할 방법이 없다. 감정과 진정한 의식을 지닌 존재. 이 동물이 행복과 슬픔을 경험할 수 있다는 게 온몸으로 느껴졌다. 그에게서는 장난기도 느껴졌다. 정말로 느껴졌다!

많은 이들에게는 이미 당연하게 받아들여지는 일이라는 걸 알지만, 때로는 영혼을 뒤흔들 정도의 강력한 경험을 통해서만 인생에서 정말 중요한 것들을 깨달을 수 있는 법이다. 그때부터 내 인생에서 많은 것이 바뀌었으며, 이후 나는 고기를 먹지 않았다.

자연은 인간에게 친절을 베푸는 것과 똑같이 동물에게 친절을 베푸는 것에 대해서도 보상한다. 우리가 누구에게 무엇을 베푸는지와 상관없이 친절에 대해 보상해 준다. 그중 하나는 동물에게 친절하면 옥시토신이 매우 많이 생성된다는 것이다. 개와의 상호작용에 관한 연구에서, 30분 동안 개와 양질의 상호작용을 한 사람에게는 일반적인 경우보다 3배 이상(개에게서는 1.5배 이상)의 옥시토신이 생성되는 결과가 나왔다.

이는 30분 동안 분당 10퍼센트 정도가 증가했다는 결과다! 30분 동안 총 10퍼센트가 증가했다고 해도 충분히 인상적이었을 텐데, 분당 10퍼센트라면 완전히 다른 이야기다.

이는 심근경색으로 한 번 쓰러졌던 사람이 집에서 개를 키우면 1년 이내에 심근경색이 재발할 확률이 현저하게 낮아진다는 연구 결과도 뒷받침해 주는 설명이 될 수 있다. 일부 연구에서는 이 확률이 실제로 최대 400퍼센트까지 낮아진다고 한다.

사람이 개와 따뜻하고, 사랑스럽고, 친절하고, 장난스럽게 상호작용하면서 옥시토신이 최고치에 이르는 시간이 지속되면 혈압을 조절하고, 산화 스트레스를 줄이고, 염증을 줄여 심장에 더 건강한 조건이 형성되는 것이다.

125

물론 이 결과 수치는 개를 산책시키면서 얻는 효과라고 말할 수도 있겠지만, 그렇게만 말하면 개와의 유대관계가 얼마나 중요한지 어떤 식으로든 축소할 가능성이 크다. 이미 여러 연구에서 개뿐만 아니라 고양이, 토끼 등 우리와 유대관계를 맺을 수 있는 동물을 가족으로 맞아들이면 심근경색과 뇌졸중을 방지하는 데 도움이 된다는 결과가 나와 있기 때문이다.

게다가 고양이는 대개 산책시키지 않는다는 점을 고려하면, 개와 고양이에게서 얻는 효과가 거의 같다는 것은 심근경색이나 뇌졸중 발병을 억제해 주는 효과는 동물과의 '유대관계'에서 비롯된다는 증거라고 할 수 있다. 물론 동물과 함께 산책하면서 얻는 건강상의 이점도 아주 크지만 말이다.

영웅적인 신경

친절 호르몬은 미주신경의 활동과 매우 밀접한 상관관계가 있다. 이는 도박 중독에 관련된 신경을 말하는 것이 아니다. 미주신경은 사실상 우리 몸에서 가장 긴 신경에 속하며, 신경 분야의 스위스 군용 칼이라고 할 만큼 온갖 일을 한다. 우선, 미주신경은 뇌와 심장, 폐, 위 등 여러 필수 장기를 연결하는 일을 한다. 뇌는 여러 장기와 대화할 수 있는 초고속 통신망인 셈이다.

좋은 상태의 미주신경은 심장 박동수를 안정적으로 유지하고 소화계가 잘 작동하도록 지시하는 역할을 한다. 또한 우리 몸의

‘휴식과 소화’ 시스템도 관장한다. ‘휴식과 소화’ 시스템이란 잘 먹고 나서 소파에 누워 쉬고 싶을 때의 편안한 포만감을 말한다.

이뿐만 아니라 미주신경은 감정 및 스트레스 처리에도 관련이 있다. 긴장하면 속이 울렁거리거나 심장이 두근거리는 경험을 한 적이 있을 것이다. 그렇다면 미주신경에게 고마워해야(때로는 신경질을 낼 수도 있겠다) 한다. 미주신경이 맡은 일은 화면에 나오지 않아서 주목받지는 못하지만. 영화 전체가 원활하게 진행될 수 있도록 스크린 뒤에서 활약하는 스태프 같은 역할이기 때문이다.

미주신경은 공감이나 연민 같은 감정과 강한 상관관계를 지니고 있다. 뇌와 여러 장기를 잇는 초고속 통신망 역할뿐 아니라 우리의 사회적·정서적 삶에도 깊이 관여하고 있다는 뜻이다. 특히 두드러지는 것은 ‘사회적 참여 시스템’에서의 역할이다. ‘사회적 참여 시스템’이란 우리가 다른 사람과 관계를 맺고 소통하며 유대를 형성하는 방식을 그럴듯한 말로 표현한 것이다.

사회적 참여 시스템에서 미주신경이 작동하는 방식을 살펴보면, 우선 얼굴 근육과 발성을 조절할 수 있도록 돕는 역할이 다. 누군가 안 좋은 일을 당한 것을 보면 사람들은 눈썹을 찌푸려 공감을 표시하고, 말투는 부드럽게 바뀐다. 바로 미주신경이 부리는 마법 덕분이다. 미주신경이 이런 표현을 손쉽게 할 수 있게 받쳐주어서 다른 사람에게 연민을 표현하는 능력을 높여주는 것이다.

연민을 느낄 때 우리 몸은 심박수가 떨어지고 호흡이 깊어지며 규칙적이 된다. 미주신경이 활성화하면서 이런 반응이 촉진된다. 측은지심으로 마음이 움직일 때 가슴에서 따뜻하게 퍼져나가는

127

느낌을 받은 적이 있다면 그게 바로 미주신경이 자신의 존재를 알리는 것이다. 물론 옥시토신도 함께.

미주신경 긴장도vagal tone(미주신경의 건강한 정도와 활동성 수치)는 감정 조절 및 사회적 상황에서 안전하다고 느끼는 능력과 밀접한 관련이 있다. 우리는 미주신경 긴장도가 높을 때, 즉 안전하고 안정적이라고 느낄 때 좀 더 개방적으로 다른 사람과 관계를 맺고 연민 어린 행동을 할 가능성이 높다.

친절 챙김 명상[불교의 자애심 명상인 '메타metta(자비라는 뜻—옮긴이)'가 이 경우로, 부록 II에 소개했다] 중에는 다른 이에 대한 측은지심을 불러내 그들이 고통에서 벗어나기를 바라는 수행이 포함된 것들이 있는데, 이 역시 미주신경 긴장도를 높여 스트레스에 대한 염증 반응을 감소시키는 것으로 나타났다.

케빈 트레이시Kevin Tracy는 2002년에 미주신경이 염증을 조절한다는 것을 보여주면서 '염증 반사'를 소개했다. 미주신경이 전등의 밝기 조절 스위치처럼 작동하여 염증 유전자TNF-alpha(Tumor Necrosis Factor-α의 약자. '종양괴사인자 알파'라고 불리며, 염증 반응을 일으켜 면역 세포를 조절한다. 이 반응이 너무 활발하면 만성 염증의 원인이 되며 사이토카인 폭풍을 일으키기도 한다—옮긴이)를 가라앉힌다는 것이었다.

미주신경의 활동은 항염증 능력 덕분에 암의 예후에도 영향을 미친다. 일부 연구에서 미주신경 활성도가 높은 4기 암 환자는 활성도가 낮은 환자보다 훨씬 오래 사는 것으로 나타났다. 더구나 이런 연구 결과들로 통계를 냈더니 미주신경 활성도가 높을 때의 항염증 효과가 약물의 효과를 기대하기 어려운 4기 환자에게까지 도움이 된다는 분석 결과가 나왔다.

그렇다면 우리는 연민, 친절, 영웅적 행동이 미주신경의 활동을 늘릴 수 있다는 점을 고려해야 한다. 이런 행위들(심지어 보통의 친절한 태도)이 매우 중요한 항염증 효과와 함께 전반적으로 건강에 도움을 준다는 뜻이니 말이다.

물론, 친절이 건강을 전부 보장한다는 말은 아니다. 상식적으로도 말이 안 된다. 우리는 친절한 사람이 병을 얻고, 마음씨가 고약한 사람이 오래 사는 경우를 숱하게 보았다. 그렇지만 같은 조건에서라면 의심할 여지 없이, 친절한 태도는 신체적으로나 정신적으로나 불친절한 태도보다는 우리를 더 건강하게 만들 수 있다. 그러나 각자의 삶이 같은 조건이기란 쉽지 않으므로, 딱 부러지게 장담할 수는 없다.

그렇더라도 친절하게 살아야 한다. 친절은 우리 자신과 다른 사람들에게도 좋은 결과를 가져올 것이 분명하니까 말이다.

06

마음을
챙기는
친절

○

잠깐 인생 이야기를 해보자. 간혹 자신이 다른 사람을 다 안다고 생각할 때가 있지는 않은가? 타인의 인스타그램 계정을 보거나, 그들이 커피를 주문하는 방식을 보고 말이다.

자, 현실 점검 시간이다. 모든 사람에게는 저마다 사정이 있다. 이 점이 정말 중요하다. '친절해라. 그 사람이 어떤 일을 겪고 있는지 모른다'라는 경구가 그저 유행하는 티셔츠 디자인이나 벽걸이에 들어가는 인용구에 그치지 않고, 정말로 금과옥조라고 하는 이유가 여기에 있다.

사람들을 저마다 한 권의 책이라고 생각해 보자. 표지만 보고 판단하기 쉬운 그런 책을 말하는 게 아니라(우리 모두 그런 잘못을 저지를 때가 있기는 하지만), 한 사람 한 사람의 인생에는 모두 굴곡진 줄거리, 가슴 따뜻한 순간, 건너뛰고 싶은 몇몇 장으로 가득 찬 이야기가 있다는 의미다. 어떤 사람은 골치 아픈 과거와 씨름하고 있고, 어떤 사람은 현재와 곡예를 벌이고 있을 수도 있다. 심지어

131

겉보기에는 동화처럼 아름다워 보이는 삶이라도, 동화에서 종종 등장하는 지하 감옥이 숨어 있을 수 있다는 것이다.

사실 우리 대부분은 진정한 감정을 숨기는 데 이골이 나 있다. 그 부분에서는 연기상을 받은 배우급이다. 사회적 분위기나 체면 때문이겠지만, 우리 중 많은 이들이 속으로는 겁이 날 때도 용감한 얼굴을 내보인다. 항상 기운이 넘치는 쾌활한 직장 동료가 있다고? 어쩌면 그 사람은 매일 힘든 밤을 보내고 있는지도 모른다. 늘 옆에 있어주는 친구는? 그 친구도 실은 누군가가 자기 옆에 있어주기를 바랄지도 모른다.

그러므로 우리 모두 조금 더 친절해지면, 잠깐 멈춰서 모든 사람이 서로 싸움을 벌이는 모습을 한 번만 생각해 보면, 세상은 좀 더 우호적인 곳이 될 수 있다. 상대를 비난하는 트윗은 줄고 '넌 할 수 있어'라고 격려하는 분위기가 확산할 수도 있다.

모두 무언가와 씨름하고 있다. 모든 이는 자신만의 전쟁을 치르거나 침묵 속에 숨는다. 그러나 우리가 친절 쪽으로 기울면 누군가의 하루는 좀 더 밝아지고, 나아가 세상은 조금 더 가까워지고, 많이 아늑해진다. 우리 모두 조금만 더 친절해지면 말이다.

그 사람이 무엇과 씨름하는지 아무도 모른다

어느 날 아침, 나는 부모님을 태우고 아버지의 방사선 치료 병원으로 차를 몰았다. 병원까지는 60킬로미터 정도의 거리였는데, 그날따라 내가 늦게 움직인 걸 알기라도 하듯 온갖 일이 계속해서 일어났다. 누구나 그런 경우를 겪었을 것이다. 아무리 애써도 안 좋은 일들이 기어코 일어나는 경우 말이다.

아버지는 서두르지 않는 걸 불안해하셨다. 사실 내가 부모님을 태우러 간 건 아침 9시 정각이었지만, 아버지는 늘 그랬듯이 한 시간 전부터 재킷과 모자를 갖춰 입고 거실에서 기다리고 있었다. 뇌종양의 영향 때문이었다.

그러니까 정확히는 그날 내가 늦었다기보다 30~40분 더 일찍 도착하지 않았다는 게 맞다. 그러나 아버지에게는 '최소한 30분 미리'가 중요했기 때문에 나는 자신에게 화가 났다. 사실 그날은 부모님 댁으로 가면서 유독 이런저런 생각으로 마음이 복잡했고, 늦을 걱정에다 아버지의 상태에 대한 걱정까지 겹쳐서 온전히 운전에 집중하지 못했던 것 같다. 집 근처에 와서 작은 교차로를 돌았는데, 바로 앞에 서 있던 차와 거의 부딪칠 뻔했다. 그 차도 나도 급히 브레이크를 밟아서 사고는 피했지만, 100퍼센트 내 잘못이었다.

그런데 상대편 운전자는 미소를 지으며 손을 흔들어 주었다. 친절하고 따뜻한 미소였다. 그의 손짓은 '괜찮아요. 어서 가세요!' 라고 말하고 있었다. 나도 마주 웃으며 손을 흔들었다.

그 뒤로 100미터 정도 지나갔을 때 눈물이 솟구쳤다. 나는 그 사람이 경적을 빵빵 울리며 욕설을 퍼붓겠구나 싶었다. 요즘 도로에서 자주 보는 풍경이니 달리 생각할 도리가 없었다.

하지만 정말로 그랬다면 나는 그날 무너졌을 것이다. 적어도 그날은 그랬다. 그동안 나는 세상에 내 모습을 드러내고 살았다.

내 책의 독자들, 강연을 들으러 오는 청중, 소셜 미디어 영상의 구독자들은 모두 멀쩡한 내 겉모습을 보았지만, 정작 나의 내면은 위태로웠다.

그 운전자가 내게 보여준 건 친절이었다. 지나칠 정도로 친절했다. 그래서 감정이 복받친 것이다. 늦으면 어떻게 하나, 하는 스트레스가 순식간에 녹아내렸다. 그의 친절한 행동 하나로 아버지에 대한 걱정도 어느덧 사라졌거나, 적어도 누그러졌다. 지금도 교차로에서 손을 흔들어 준 그 운전자는 자기가 한 행동의 결과를 알지 못할 것이다. 자기가 한 행동이 내게 어떤 의미가 되었는지, 내가 그때 어떤 상태였는지 그가 어떻게 알겠는가?

이것이 친절이 작동하는 방식이다. 우리는 다른 사람의 인생에서 일어나는 일을 결코 알 수 없다. 또 자신이 베푼 친절이 다른 사람들에게 얼마나 중요한지도 거의 알지 못한다. 물론 모든 사람이 고통을 겪고 있다고 생각할 필요는 없다. 이유가 어떻든 아주 이기적으로 구는 사람들도 분명히 있다. 그렇지만 그런 사람들 때문에 모든 사람이 이기적이거나 적대적인 의도를 가졌다고 가정할 필요는 없다. 몇 사람의 '제멋대로인 행위'에 너무 신경 쓸 필요가 없다는 것이다. 그런 사고방식은 인생에서 정말로 힘겨운 고비를 넘어가는 사람들, 하루하루를 버티기 위해 용감한 얼굴을 하려고 노력하는 대부분의 선량한 사람들을 잘못 판단하게 되기 때문이다. 모르니까 더 친절해야 한다는 건 바로 이런 이야기다.

통계적으로도, 우리가 매일 만나는 사람 중에는 그들이 세상에 내보이는 얼굴이 어떻든 간에, 알게 모르게 악전고투를 '치르는 중'인 사람들이 많다. 2023년에 16개국의 3만 명을 대상으로 실시된 설문 조사에 따르면, 현재 자신의 삶이 아주 좋다고 응답한 사람은 23퍼센트였고, 35퍼센트는 '그냥저냥 산다'고 응답했으며, 28퍼센트는 점점 안 좋아진다고 했고, 13퍼센트는 악전고투하고 있다고 응답했다.

다른 사람들에게서 부당한 대우를 받고 그걸 다른 사람들에게 되돌려주는 방식으로 부당함을 고착시키면, 삶을 하향곡선으로 만드는 것에 지나지 않는다. 내가 나쁜 대우를 받았다고 해서 다른 사람도 그렇게 대해야 한다는 생각은 그만두어야 한다.

나도 이해한다. 인생은 때로 엉망진창이다. 그것도 아주 많이. 그러나 그럴 때일수록 다른 사람의 인생이 조금은 덜 엉망이 될 수 있도록 돕는 건 어떨까? 그 사람들이 어떤 상태인지 우리도 아니까.

남을 깎아내리면서 이길 필요는 없다

세상이 오르락내리락하는 롤러코스터 같을 때가 있다. 친절이 평화와 행복의 안정을 향해 가는 최선의 길처럼 보이지 않을 때도 많다. 사람들이 친절을 꺼리는 이유도 바로 이런 것 때문이라고 생각할 수 있다. 그러나 나는 그보다 친절을 시도하는 상황에서 벌어지는 일들에 대해 경험이 부족한 것이 더 큰 원인이라고 여긴다.

알다시피, 우리가 경험한 친절에는 변화의 힘이 있지만 문제는

135

좋은 사회적 본보기가 많지 않다는 것이다. 우리가 자주 보거나 읽는 것은 서로 헐뜯는 정치인과 유명인들의 가십, 그리고 부정적인 뉴스들이다. 이런 것들이 전 세계에서 매일 일어나는 사랑과 친절의 사례를 보이지 않게 덮어버린다. 게다가 솔직히 말해 여러분과 나를 포함해 온 세상 사람들이 모두 언제라도 '분노 모드'로 바뀔 준비가 되어 있는 것처럼 보일 때도 있다.

그렇지만 나는 진심으로 여기에 한 방울, 저기에 한 방울 친절을 떨어뜨리면 그것만으로도 세상이 달라질 수 있다고 믿는다. 그래서 더욱, 우리가 유명인이나 정치인을 비판하고 비난하기 전에 잠깐 멈추고 그 사람의 입장을 한 번쯤 생각해 보자고 말하고 싶다. 그 사람과 똑같은 상황에 놓인다면 우리는 과연 어떻게 반응할까?

모든 사람에게 면죄부를 주거나 잘못에 대해서도 눈을 감자는 게 아니다. 다만 '세상에, 어떻게 저럴 수가 있죠?'라고 하는 것과 노골적으로 악의에 찬 욕설을 퍼붓고는 '아니면 말고' 식으로 회피하는 것은 엄연히 다르다는 것이다.

TV에서 정치 논쟁이 벌어지면 간혹 너무 흥분하는 사람들이 있어서, 마치 학교 운동장에서 벌어지는 싸움을 구경하는 기분인가 싶을 때가 있다. '어서 해봐, 너희들 왕년에는 놀이터에서 꽤 잘나갔지?'라고 외치는 듯한 사람들 말이다.

나는 특정 정치인을 비방하는 광고를 볼 때마다 그 정치인을 지지하지 않는데도 기분이 상하곤 한다. 분명히 다른 사람을 모욕하지 않고도 자기가 돋보일 방법이 있을 텐데 싶어서 말이다. 찾아보면 우리 아이들에게 보여줄 수 있는 더 나은 방법이 반드시 있을 것 같아서.

의견이 다르다고 해서 서로를 깎아내릴 필요는 없다. 소리를 지르는 대신 '그 사람들이 왜 그러는지는 알지만 나는 달라요'라고 말해보면 어떨까? 좋은 태도를 흐트리지 않고 유지하는 것이다. 그런 식으로 친절을 갖추면 분명 다른 사람들도 따라 할 수 있는 모범이 될 것이다.

그래도 계속 상대방이 공격적으로 나온다면? 내 입장을 유지하면서 품위 있는 태도를 보여야 한다. 결국 바르고 넓은 길로 갈 때 언제나 더 기분이 좋으니까 말이다.

문제는 '인생에서는 승리해야 한다. 그리고 승리를 위해서는 친절을 뒤로 미뤄야 할 때가 있다'라고 우리가 배웠다는 것이다. 그러나 그건 전혀 사실이 아니다. 우리는 친절하면서도 인생에서 승리할 수 있다.

어떻게 해야 친절하면서 승리할까?

이제 다른 사람들을 희생제물로 바치지 않고도 인생이라는 게임에서 승리하는 방법을 이야기하기 전에, 일단 몇 가지 생각해 보자.

1. 승리한다는 건 결국 뭘까?

승리를 다시 정의하는 것부터 시작해야 한다. 다른 사람을 이기는 것이 성공이라고 볼 필요는 없다는 것이다. 다른 사람의 성공을 도우면서 자신도 성공할 수도 있다. 성공이란 다른 사람들과 손을 잡고 함께 결승선에 도달하는 것이라고 생각할 수 있다. 사람들이 말하는 것처럼 팀워크를 통해 꿈을 실현하고, 그럼으로써 온 세상을 더 밝은 곳으로 만들 수 있다.

2. 그들의 입장이 되어보기

공감을 실천하는 것이다. 다른 사람이 왜 그러는지 이해하려고 노력해 보자. 그러면 여정이 훨씬 더 재미있고 훨씬 덜 고생스러울 것이다.

3. 말을 잘해야 한다

정직은 금이지만, 정직하면서 친절하다면 백금, 즉 플래티넘이다. 더 잘 듣고, 진심으로 대화하며, 모든 사람에게는 저마다의 사연이 있다는 걸 기억해야 한다.

4. 때와 장소를 잘 선택해야 한다

의견이 다르다고 매번 한밤의 결투를 해야 하는 건 아니다. 때로는 의견의 불일치를 받아들이고, 시간이 지난 뒤에 커피 한 잔 나누는 것도 방법이다.

5. 계속 선물을 줄 수 있어야 한다

늘 '나한테 무슨 이득이 있어?'라고 물을 게 아니라 주변에 조

06 마음을 챙기는 친절

금씩이라도 기쁨을 나눠줄 방법을 생각해 보자. '내가 뭘 줄 수 있을까? 어떻게 하면 도울 수 있지?' 하고 말이다.

6. 변화해야 한다

세상이 달라지기를 원한다면, 직장이나 사는 동네가 더 친절해지기를 바라면, 나부터 시작해야 한다. 스스로 자신이 추구하는 친절과 성실의 롤모델이 되는 것이다. 그러면 다른 사람들도 따라 할 것이고, 어느새 친절이 새로운 유행이 될 것이다.

7. 트로피보다 우정이 먼저다

하늘의 별이 반짝이는 건 사실이지만 우정의 불빛은 평생 빛난다. 인간관계를 희생해 가면서 승리한다면 이기고도 공허한 결과가 될 수 있으며, 좋은 유대관계를 유지하면 미래에 더 많은 기회를 만들 수 있다.

8. 원칙을 지켜야 한다(온화한 방식으로)

윤리적 신념을 굽히면서까지 얻은 승리는 끝내 길을 잃을 수 있다. 어느 한 가지를 이뤄내는 것보다 묵묵히 자신의 길을 가는 것이 길게 보면 더 가치 있는 일이다.

9. 승자는 한 명보다 두 명인 게 낫다

(한 사람의 이득이 다른 사람의 손실인) 제로섬 사고방식을 버리자. 모두가 승리의 파이를 한 조각씩 얻을 수 있는 해결책을 찾아보

자. 파이를 싫어하는 사람은 없다.

10. 응원단이 되자

다른 사람이 빛나는 순간에 축하의 꽃가루를 뿌려줄 수 있는 사람이 되자. 훨씬 재미있을 뿐 아니라 모두에게 뿌려줄 만큼 꽃가루는 넉넉하다.

11. 지금까지 자신이 받았던 축복을 생각하라

지금 여기까지 오는 동안 나를 도와주었던 사람들을 한 사람한 사람 기억하는 시간을 가져본다.

12. 앗! 그게 아니었네…

마지막으로, 우리는 모두 때때로 잘못을 저지른다는 걸 기억하자. 인정하고, 웃어넘기고, 바로잡으면 된다. 그리고 계속해 나가는 것이다. 우리의 춤은 계속되어야 하니까.

간단히 말해, 이기는 건 좋은 일이다. 그러나 너그러운 마음으로 이겨야 인생에서 진정 승리하는 것이다.

아이들에게 친절을 설명하는 방법

조금 다른 이야기를 하나 하겠다. 내가 쓴 책 중에 《친절의 작은 책The Little Book of Kindness》이라는 책이 있다. 성인 대상의 도서였지만, 책의 크기가 작고 친절에 관한 사실과 개념을 설명하는 다채로운 삽화가 많아서 의외로 아이들도 많이 읽었다. 책을 쓸 때는 생각하지 못한 일이었다.

이 책을 읽고 아주 어린 아이들까지 부모에게 친절의 개념을 설명해 달라고 했다는 이야기를 전해 들었다. 그래서인지 몇 차례 학교에서 짧은 '친절 강연'을 했을 때, 자녀에게 친절의 개념에 대해 어떻게 설명하면 좋을지 묻는 부모들이 종종 있었다. 그래서 친절해야 하는 중요한 이유와 친절의 이점을 아이들에게 설명하는 방법을 안내하려고 한다.

여러 색깔의 크레용이 담긴 큰 상자가 하나 있다고 가정하고, 자녀에게 학교에서 매일 이 크레용을 친구들과 나눠 쓰기로 했다고 상상하도록 한다. 그런 다음 친구들과 나눠 쓰고, 친절하게 대했을 때 어떤 일들이 일어날지 설명해 주자.

1. 친구들이 웃는다

친절하게 대하는 건 누군가에게 행복의 작은 선물을 건네는 것과 마찬가지란다. 친절하게 대해서 상대가 웃는 모습을 본 적이 있다면, 그럴 때 내 기분도 같이 좋아진다는 걸 알 거야.

2. 친구를 사귀기가 쉬워진다

사람들은 항상 친절하고 친구들과 잘 나누는 아이 곁에 있고 싶어해. 친절은 자석 같거든. 우리는 모두 자기를 알아봐 주고 챙겨주

141

는 걸 좋아하잖아? 그러니까 친절한 사람에게 이끌리는 거지.

3. 베푼 만큼 돌려받는다

친절함은 부메랑과 약간 비슷하단다. 부메랑을 던지면 되돌아오지. 마찬가지로 다른 사람들에게 친절하게 대하면, 그 사람들도 네게 친절해질 수 있단다. 어쩌면 네가 깜박 잊고 점심을 가져오지 않은 날, 크레용을 같이 썼던 친구가 자기 점심을 나눠줄지도 몰라.

4. 기분이 좋아진다

다른 사람을 위해 좋은 일을 하면 마음속으로 행복한 느낌이 들지. 마치 네가 제일 좋아하는 아이스크림을 먹거나 너를 웃게 만드는 영화를 볼 때와 마찬가지야. 친절하게 행동하면 마음이 따뜻해지는데, 그건 바로 친절 때문에 행복 호르몬이 만들어지기 때문이란다.

5. 건강해진다

친절하게 행동할 때 몸에서 만들어지는 행복 호르몬은 멋진 일들을 많이 해. 뇌와 심장이 더 잘 활동하게 하고, 아플 때 빨리 낫는 데도 도움이 되거든.

6. 더 나은 세상이 된다

세상의 모든 사람이 매일 조금씩 더 친절해지기로 했다고 생각해 봐. 세상이 커다랗고 행복한 놀이공원으로 변하는 것과 비슷해. 거기선 모두가 서로서로 돌봐주겠지. 그러니까 친절은 크레용을 나눠 쓰는 것과 마찬가지란다. 친절은 학교든 어디든 네가 가는 곳을 더 밝고 행복한 장소로 만들어 줄 거야. 너에게도, 모든 사람에게도.

이 내용이 자녀들에게 친절을 설명하고 싶은 분들에게 조금이라도 도움이 되면 좋겠다.

감정적인 마음의 치유

"쿰 스키엔타 카리타스Cum Scienta Caritas"는 왕립가정의대학Royal College of General Practitioners의 모토로, 과학적 지식으로 측은지심을 실천한다는 의미다. 즉 마음을 담은 과학이라는 뜻이다!

앞서 말했지만, 이 책을 쓰기 얼마 전에 우리 아버지가 돌아가셨다. 나는 아버지가 떠나시면서까지 집필에 도움을 주셨기에 이 책을 쓸 수 있었다고 생각한다.

뇌종양이 발견되었을 때 아버지는 고작 78세였고, 아주 건강하셨다. 아버지는 친구인 제이크 아저씨와 함께 거의 매일 걸었는데, 일주일에 거의 50~65킬로미터를 소화해 냈다. 스코틀랜드 중부의 포스와 클라이드 운하를 따라 걸은 뒤 근처 마을에서 시원한맥주 한 잔을 마시며 마무리하는 게 그분들의 일과였다. 마을 술집

143

에 모이는 사람들은 더러 두 분을 잭과 빅터라는 친근한 별명으로 부르기도 했다. 은퇴한 남자 둘의 삶을 보여주는 인기 코미디 프로그램 〈스틸 게임Still Game〉의 주인공들을 본떠 지은 별명이었다.

그러다 아버지의 다리가 불편해져서 병원에 갔는데, 스캔 결과 7센티미터 크기의 종양이 발견된 게 시작이었다. 어머니와 세 여동생, 그리고 나까지 온 식구가 아버지를 모시고 외과를 찾아갔다. 젊은 의사 한 명은 아버지의 연세를 고려했을 때 수술은 위험하다고 했지만, 신경외과 자문의사이자 에든버러대학교 컴패셔네이트 이니셔티브Compassionate Initiative의 창립자 중 한 명인 폴 브레넌은 수술을 하자고 제안했다.

그는 아버지를 똑바로 쳐다보면서 건강에 대한 아버지의 자부심을 일깨웠다. "당신은 평범한 78세 노인이 아니잖아요."

결과적으로 수술은 잘 됐지만, 종양의 위치가 좋지 않아서 완전히 치료되지는 않았다. 아버지는 계속해서 방사선 치료와 화학요법까지 받아야 했다. 힘든 시간이었지만, 덕분에 우리는 아버지와 좀 더 소중한 시간을 함께 보낼 수 있었다.

아버지는 절대로 낙담하지 않았다. 병의 예후에 대해 듣고서도 '지금까지 잘 살아왔어'라는 듯한 태도를 보이셨다. 나는 어땠냐고? 솔직히 힘들었다. 한순간 한순간이 쓰라리듯 고통스러웠다. 그러나 그때의 추억만은 내게 소중하게 간직되어 있다.

그 무렵 나는 심오한 깨달음을 하나 얻었다. 의사와 간호사들의 친절과 공감은 그저 '그들이 하는 일' 정도가 아니었다. 아버지에게는 그것이 치료 자체만큼이나 절실했다. 정서적 지지가 얼마나 강한 치유의 힘을 발휘하는지, 정말 놀라울 정도였다. 인생에서는 때로 진정한 가치를 이해하기 전에 눈으로 먼저 확인하게 될 때가 있는데, 내게는 그때가 그랬다.

아버지는 의료진에게 "내 아들은 박사라오"라고 말하곤 했다. 그러면 나는 내 학위가 유기화학 분야이며, 의학이 아니라고 덧붙이곤 했다. 그러나 아버지는 기회가 있을 때마다 그 얘기를 하면서 기분이 좋아지셨고, 그것이 아버지가 대화를 시작하는 방법이었다. 의료진들은 한결같이 아버지에게 아주 친절했는데, 사실 아버지는 호감 가는 사람이었다.

아주 작은 일에도 보살핌은 얼마나 중요한지 모른다. 조카가 문에 손가락이 끼어 다쳤을 때, 피가 나지 않는데도 밴드를 붙여준 적이 있었다. 할머니(우리 어머니)가 밴드를 붙여주자, 조카의 통증은 순식간에 가라앉았다. 의사인 한 친구의 말처럼 때로는 환자의 이야기를 들어주는 게 최고의 약이 될 수 있다. 말하자면 연결이 중요하다는 것이다.

이런 사실은 연구를 통해서도 알 수 있다. 공감을 잘 해주는 의사의 환자들이 더 빨리 회복하거나 더 좋은 예후를 보였다. 흔한 감기든 암처럼 더 심각한 질병이든 상관없이, 공감이 커다란 역할을 한 것이다.

연구 결과, 감기 증상이 있는 환자들의 경우 공감 지수가 높은 의사들에게 치료받았을 때 거의 50퍼센트 가까이 더 빨리 회복되었으며, 전립선암 환자들을 대상으로 한 관찰에서도 공감 지수가 높은 의사에게 치료받은 환자들이 공감 지수가 낮은 의사에게 치료받은 환자들과 비교하여 3개월 후 혈액 내 주요 암 파괴세포(자연살해세포)의 수치가 더 높은 것으로 밝혀졌다.

그러니까 우리의 정신에는 사랑, 공감, 자비, 친절 같은 것이 슈퍼푸드나 마찬가지다. 이런 감정적 지지는 정서적으로 더 기분 좋게 만들어 줄 뿐만 아니라 신체 건강까지 끌어올려 준다. "사랑이 최고의 명약이다"라는 옛말처럼 말이다. 효과가 별로인 것 같다고? 음, 그럴 때는 복용량을 늘려보시길.

때때로 세상을 바꾸는 데 작은 친절 하나면 충분할 때가 있다. 친절과 같은 가치는 종종 별것 아닌 걸로 여겨지곤 하지만, 사실 이런 것들의 힘이야말로 측정할 수 없을 정도로 크다.

꼭 파리를 잡아야 할까?

어느 날 작은 파리 한 마리가 화장실 세면대에 들러붙어 있는 걸 보았다. 내가 손을 씻는 동안 녀석에게 물이 튄 모양이었다. 파리는 움직여 보려고 애썼지만, 물이 장막처럼 에워싸 날개가 세면대 도자기에 붙어 꼼짝하지 못했다.

파리를 잡아서 밖으로 꺼내주려 했지만, 날개가 너무 얇아서 찢어질 것 같았다. 나는 화장지를 한 장 꺼내 아주 조심스럽게 파리 주변의 물기를 흡수했다. 그러고는 화장지를 잘게 찢어서 아주 조금씩 파리에게 더 가까이 다가가며 물기를 찍어 흡수했고, 마지막에는 날개 윗부분에 아주 살짝 화장지를 찍어 최대한 물기를 없

앴다. 그러는 동안 입으로도 살살 불어서 물기가 더 잘 마르도록
했다.

파리 주변이 거의 다 마르자, 마침내 파리를 도자기에서 떼어
낼 수 있을 것 같았다. 나는 이번에도 화장지 하나를 아주 작게 찢
어서 매우 조심스럽게 아래쪽으로 휴지를 넣어 파리를 건져 올렸
다. 날개 아래쪽은 여전히 젖어 있었지만, 적어도 날개가 손상되
지는 않은 것 같았다.

나는 날개가 잘 마르도록 몇 분이나 휴지 위로 살살 입바람을
불었다. 그러나 파리는 움직이지 않았다. 탈진했거나, 날개가 붙
어 있던 상태에서 공황에 빠져 죽었는지도 몰랐다. 게다가 거대한
인간이 계속 이렇게 저렇게 건드렸으니.

나는 파리를 위해 기도했다. 내가 도우려고 그랬다는 말이 정
신을 통해 전달되기를 바랐다. 그러면서 손을 오므려 파리 위쪽을
몇 분 정도 덮어주었다. 그러면 치유의 에너지와 온기가 내 손에
서 파리에게 전해질 것 같았다. 바보 같은 소리로 들릴 거라는 건
알지만, 때로는 본능적으로 어떻게 해야 할지 느껴질 때가 있는
법이다.

결국 내 노력은 헛수고였고 파리가 살아날 길은 없겠다고 생각
했을 때, 갑자기 녀석이 움직였다. 곧 빠르게 종이 위를 가로질렀
는데, 그 작은 다리가 빛처럼 내달렸다. 그러고는 몇 번 지그재그
를 그리더니 곧장 종이에서 날아올라 사라졌다.

그래, 인사할 필요 없어. 고맙기는 뭘.

147

선행을 통해 좋은 기운을

기분이 너무 우울해서 온몸이 회색 페인트 통 안에 잠긴 것 같은 날이 있는가? 커피를 마실 생각조차 하지 못할 정도로 가라앉아서 좀비가 된 것 같은 기분이 드는 날 말이다. 자, 그런 우울한 날에 색채를 입힐 수 있는 마법에 가까운 트릭이 하나 있다. 이쯤 되면 내가 뭘 이야기하는지 알 것이다. 맞다. 누군가를 도와주면 된다.

여러분이 무슨 생각을 하는지 안다. '오늘 너무 힘든데, 굳이 나가서 다른 사람을 위해서 뭔가를 더 하라고?' 물론 그런 생각이 들겠지만 잠깐만 더 들어주기 바란다. 무리하라는 것이 아니라, 고개를 돌리는 것만으로도 마법이 일어날 수 있다는 말이다.

당연히, 쉬운 일은 아닐 것이다. 친절하게 행동하는 것이 공원 산책처럼 쉽기만 한 일은 아니다. 특히 난관에 부딪혔다거나 세상이 암울해 보일 때는 더 어렵다. 그러나 그런 순간일수록 오히려 훨씬 더 친절이 필요하다. 친절은 '이봐, 힘들지? 그렇지만 희망의 빛이 여기 있어'라면서 우주가 건네오는 말과 같기 때문이다.

누군가에게 문을 잡아주고, 다정한 칭찬을 건네거나 혹은 진심 어린 미소를 짓는 정도의 짧은 순간은 멋진 일을 만들어 낸다. 마음이 조금 가벼워지고, 머리 위에 드리운 먹구름이 걷히기 시작한다.

때로는 자신을 북돋는 가장 좋은 방법은 다른 사람을 북돋아 주는 것이기 때문이다.

최고의 날이 아닌 날에는

오랜 시간에 걸쳐 내가 터득한 것은 다른 사람에게 지금 당장 필요한 걸 살피는 데 관심을 두면, 자신으로부터 벗어날 수 있다는 것이다. 자신의 고통, 고생, 도전에 거리를 둘 수 있다.

그 순간 마음이 풀어지는 느낌 한 숟가락, 다른 사람을 돕는 것에서 비롯되는 따뜻함과 만족감 1회 분량이 주어지는데, 다시 말하지만 이게 바로 자연이 우리에게 주는 보상이다. 누군가를 도울 때 느낄 수 있는 따뜻하고 포근한 느낌, 즉 '헬퍼스 하이'의 근원이다.

나도 아주 힘든 날을 보낸 적이 있다. 구구절절 말하지는 않겠지만 마음이 소용돌이쳤다고만 해두자. 그날 나는 같은 일을 되풀이하고 또 되풀이하면서 마음속으로 사람들과 대화했다. 아마 여러분도 비슷한 상황을 겪어봤을 것이다.

그러다가 길바닥에 누워 있는 노인을 보았다. 사람이 길에 누워 있으니 무슨 큰일이 난 게 아닌가 싶어 너무 놀랐다. 그래서 나는 얼른 다가가 그분을 일으켰다. 이야기를 들어보니 상점 몇 군데에서 포장도로로 이어지는 계단에서 넘어졌다는 것이었다. 나는 그분이 괜찮은지 확인하고 다치지 않았는지, 혹시 어디로 데려다 드려야 할지도 물어보았다. 그분은 잠깐 놀랐을 뿐이라며 나를 안심시키고는, 감사하다고 인사한 뒤 옷의 먼지를 떨더니 근처의 상점을 향해 걸어갔다. 그게 다였다.

놀랍게도 그러는 동안 조금 전까지 내가 무슨 걱정을 하고 있었는지는 하나도 생각나지 않았다. 심지어 그런 일들은 별것 아닌

149

것처럼 여겨지기도 했다.

실제로 내 문제는 내가 마음속에 품고 있던 것만큼 큰 문제가 아니었다. 아마 우리가 고민하는 수많은 다른 문제도 마찬가지일 것이다. 물론 상황이 그렇지 않았다면 더 좋았겠지만 나보다 훨씬 더 힘든 삶을 살아가면서도 웃음을 잃지 않는, 숱하게 많은 이들에 비하면 내 사정은 그리 나쁘지 않았다.

길바닥에 쓰러진 사람을 도와주면서 나는 정신을 차리고 머릿속을 장악하고 있던 생각에서 벗어났다. 오늘이 최고의 날은 아니라고 생각할 때 친절의 역할이 바로 이것이다. 우리가 끙끙 앓던 골칫거리를 내려놓고, 다른 사람의 문제로 초점을 옮기게 하는 것이다. 게다가 때로는 사물에 대한 다른 관점을 보여주기도 한다.

분명히 여러분도 이런 경험을 해봤을 것이다. 장담하건대, 이런 경험을 통해 새로운 관점을 지니고 되돌아보면 아까 회의에서 터무니없는 억지를 쓴 것이 내 동료만은 아니었다는 걸, 그러니까 나도 똑같았다는 걸 깨달은 적이 적어도 한 번 이상은 있었을 것이다.

부디 친절하기를. 친절은 틀리는 일이 거의 없다.

망나니가 되지 않기 위한 친절한 가이드

역사의 어느 페이지를 봐도 망나니처럼 구는 걸 좋다고 노래하는 서사시는 단 한 줄도 없다. 그러나 친절에 대해서는 다르다. 기억할 수 없는 아주 오랜 옛날부터 온갖 이야기와 노래 가사, 음률에서 친절은 한결같이 사랑받는 주인공이었다.

망나니처럼 구는 건 수고롭다. 눈알을 굴리며 헐뜯는 말을 해야 하니 얼마나 진이 빠지는가. 친절하게 대하는 건 어떤가? 누워서 떡 먹기다. 떡을 싫어하는 사람이 있나?

사실은 우리 모두 때때로 망나니가 된다. '사람들을 판단하지 마라. 그들이 어떤 일을 겪고 있는지 모른다'라는 말은 우리에게도 적용된다. 나름대로 최선의 의도로 행동하며 결연한 의지를 가지고 친절하고자 하는 '친절 파수꾼'들조차 휘몰아치는 고통 앞에서는 태도가 흔들리기 마련이다.

하루는 동네 우체국에 운전해서 갈 일이 있었다. 거리는 1.2킬로미터밖에 되지 않았지만, 그날은 시간이 촉박했다. 주차 공간도 부족할 게 뻔했다. 그래도 몇 바퀴 돌다 보면 한 자리 정도는 비게 될 거라고 생각했다.

처음에는 우체국 앞 도로변의 빈 공간으로 들어가려고 시도했다. 꽤 공간이 넉넉해서 차 두 대 정도는 어렵지 않게 세울 만했다. 차 한 대가 후진해 들어가려 하길래 먼저 들어가시라고, 내가 나중에 들어가 세우겠다는 신호를 보냈다.

그런데 그 차가 너무 애매한 위치에 세워졌고, 내 차를 들여놓을 자리가 남아 있지 않았다. 그래도 나는 어떻게든 주차를 해보려고 후진을 시도했다. 그 무렵 내가 사는 집의 주차에도 문제가 있어서 평소보다 좀 날카로워져 있었다. 집 근처의 주차장은 차를 겨우 몇 대밖에 세우지 못할 정도로 작았는데, 방문객들이 차 두

대를 세울 자리의 중간에 차를 걸쳐놓는 일들이 많아서, 나를 포함해 주민들이 스트레스를 받고 있었던 것이다.

그래서 나도 모르게 망나니 같은 태도가 좀 나왔던 것 같다. 미니 쿠퍼인 내 조그만 차 한 대 세울 공간을 안 남겨놓다니, 하는 마음이었다. 그 운전자는 내가 차를 이리저리 구불구불 움직여 가며 주차해 보려고 애쓰는 걸 한참 쳐다보더니 마침내, 마지못해 자기 차를 눈곱만치 움직여 자리를 조금 마련해 주었다. 그런 뒤에야 나도 어찌어찌 차를 세웠다. 여유 공간이 없는 것치고는 절묘하게 주차를 했던 것이다. 아무튼 3점 방향 전환three-point turn(좁은 공간에서 차를 전진, 후진, 다시 전진하여 방향을 돌리는 방법-옮긴이)을 일곱 번밖에 하지 않았으니까.

나는 그 사람의 차 안을 들여다보았다. 좌석 위로 머리 꼭대기만 보였다. 그를 향해 좀 화난 얼굴로 손을 들어 보였다. 나는 친절하게 행동하고 싶은 마음과 일부 무례한 사람들의 행동에 대해 생기는 반감을 드러내고 싶은 마음 사이에서 잠시 갈등했다. 나는 진심으로 내가 쓰는 글의 내용처럼 살려고 노력하지만, 나도 인간인지라 감정이 잘 다스려지지 않을 때가 있다.

결국 나는 자제하기로 하고, 어깨를 으쓱여 보이는 정도로 그쳤다. 물론 그것만으로도 차 주인이 키 2미터에 레슬링 선수처럼 근육질인 사람이라는 게 밝혀지면 괜히 그랬다면서 바로 후회할 정도이기는 했다.

그런데 정작 차 주인의 키는 2미터가 아니었다. 그는 근육은커녕 지팡이를 짚으면서 차에서 내리는 데만 3분 넘게 걸리는 노쇠

한 어르신이었다.

너무 죄송했다. 그분도 분명 우리 아버지처럼 매사에 자신감이 떨어져 힘들어하실 거였다. 뇌종양 진단을 받기 전에 아버지가 주차를 그런 식으로 했던 게 생각났다. 알게 모르게 자신감이 조금씩 떨어지면서 아버지도 두 주차구획 중간에 차를 대는 일이 이따금 있었고, 그런 식으로 평소보다 더 공간 여유를 두면서도 속도는 더 느렸다.

갑자기 주차 문제가 사소하게 느껴졌다. 앞에서도 말했지만, 우리는 누가 무슨 일을 겪고 있는지 결코 알지 못한다. 누군가 무례하게 보인다고 해서 그 사람이 정말로 무례한지는 알 수 없다. 정말로 무례한 사람일 수도 있지만, 대개는 그렇지 않다. 사람들 대부분은 많은 것들을 마음에 품고 살아가며, 그중 많은 수는 각자 인생의 책에서 아주 힘겨운 페이지를 지나고 있다. 주차를 제대로 하거나 그렇지 않거나의 문제가 지금 그 사람을 사로잡은 가장 중요한 문제가 아닐 수도 있다는 것이다. 아무리 그 순간 나한테는 주차가 제일 큰 문제라고 해도 말이다. 상대방의 상황이 어떤지는 알 도리가 없다.

그러므로 여유를 갖고 사람을 대하자. 그가 주차를 어떻게 하든, 어떤 삶을 살든, 옷을 어떻게 입든 비난하는 말은 줄이고, "기운 내. 아주 잘하고 있어!" 하고 응원하는 말을 더 많이 해주자.

덧붙여 말하면, 내 경험상 친절이 자신에게로 되돌아오듯이, 망나니 같은 행동도 부메랑처럼 되돌아온다.

153

진심으로 친절해야 할 몇 가지 이유

친절한 사람들은 우주에서 내려온 초콜릿 상자 같다는 생각이 들 때가 있다. 이들은 그야말로 달콤하고, 벨벳처럼 부드러우며, 연한 속을 지니고 있기도 하다. 또한 한결같이 마음을 따뜻하게 해준다. 모두가 좋아하는 초콜릿처럼.

그러나 친절은 달콤한 감각이나 건강한 행복 호르몬 한 잔을 뛰어넘는다. 어느 정도인가 하면, 친절이 우리 사회에 퍼져나가면 마법이 일어난다.

1. 우정의 부스터

친절은 관계의 접착제와 같다. 사람들 사이의 신뢰와 존중, 서로에 대한 보호 등을 북돋아 준다.

2. 공동체의 구축자

친절이 마을 공동체의 연대를 강화하고, 모두 함께 잘 지낼 수 있게 도와주는 마법의 지팡이라고 생각해 보자. 이웃들이 어느덧 '우리는 함께야'라는 분위기 속에서 긴밀하게 연결된 공동체로 바뀔 것이다.

3. 화해의 조정자

친절은 장벽을 허물고, 감정적 상처를 치유하며, 모든 계층의 사람들이 서로를 이해하도록 돕는 슈퍼히어로에 가깝다. 가족끼리의 사정이든 더 큰 사회적 문제든, 친절한 말 몇 마디가 논쟁을 가라앉힐 수 있다.

4. 신뢰의 구축자

친절은 신뢰를 구축한다. 시간이 지나면서 차츰 서로의 의도가 진실하다는 것을 알게 되므로, 자연히 신뢰가 발전한다.

5. 포용성의 촉진자

친절은 출신이 어디든, 종교가 뭐든 상관하지 않고 모두를 파티에 초대하는 것이다. 누구에게나 "안녕하세요. 여러분은 모두 최고예요!"라고 말하는 것이다.

6. 파급 효과의 창조자

친절한 행동 하나가 도미노 효과를 일으킬 수 있다. 모든 사람이 자기도 모르게 친절한 분위기에 사로잡혀 그렇게 행동하게 된다.

정리하자면 여기에 조금, 저기에 조금씩 친절을 더하면 모든 사람의 하루가 조금 더 밝아질 수 있다는 것이다.

괴롭힘 물리치기

친절은 늘 옳고 좋다. 그런데 괴롭힘을 당하는 사람이 나라면? 자

155

신에게 상처를 주는 사람에게까지 친절하기가 어려운 것은 당연하다. 나 역시 상황에 상관없이 무조건 똑같이 친절하게 굴라는 것은 아니다.

물론 그럴 때도 친절할 수는 있겠지만, 그러지 못할 때도 있다는 것이다. 그때는 자기 자신에게 친절해야 한다. 일단 그 자리를 벗어나고, 그것도 힘들면 도움을 요청해야 한다. 이것이 바로 '자기 친절'이다. 자기 친절에 대해서는 다음 장에서 더 자세히 설명하기로 하고, 지금은 괴롭힘이 발생하는 상황만 살펴보자.

나도 경험해 봐서 알지만, 괴롭힘을 당하면 아픈 상처가 건드려진다. 당하는 사람 입장에서는 자신을 괴롭히는 사람이 '인간의 탈을 쓴 늑대' 같아서 욕하고 싶은 마음이 든다. 그런데 으르렁대며 날카로운 이빨을 드러내는 그들의 겉모습 뒤에 종종 상처 입은 어린 강아지가 숨어 있을 때가 있다.

그렇다면 우리도 맞서서 같이 발톱을 세우는 것보다는 다른 방법으로 접근을 시도해 보는 게 어떨까? 다시 말하지만 괴롭히는 상대에게 공감하기는 쉽지 않다. 솔직히, 괴롭힘을 당한 상태에서 그 순간에는 자신을 괴롭힌 못돼 먹은 녀석에게 "저런, 안됐네"라는 말을 하고 싶을 것이다. 그러나 넷플릭스에서 정주행하기로 마음먹은 시리즈처럼, 첫 화를 보고 전체 줄거리를 알기는 어렵다. 괴롭힘도 이렇듯 좀 더 부드러운 시각으로 찬찬히 들여다봐야 한다.

연민의 힘

나는 고등학교 마지막 해에 괴롭힘을 많이 당했다. 가해자들은 남을 괴롭힐 것처럼 보이는 아이들이 아니었다. 대부분 중산층의 평범한 17~18세 소년 소녀들이었다. 그 아이들은 나에게 신체적 폭력보다는 주로 정신적 폭력을 가했다.

나는 점심시간이나 자유시간에 강당에 숨어 있곤 했다. 강당은 학교 행사에만 사용되는 곳이어서 대체로 비어 있었다. 그렇다 보니 혼자 울고 싶을 때는 그만한 데가 없었다. 거기서 나는 강하고, 용기 있으며, 아무도 건드리지 못하는 사람이 되어 아무도 다시는 내게 함부로 할 수 없는 강한 존재가 되기를 꿈꿨다.

한두 번은 나도 맞서보려 했지만, 그중 한 명이 특히 무섭게 위협하는 바람에 그러지 못했다. 하필 무리 중 유일하게 몸집이 크고 거칠어 보이는 외모를 가진 아이였다.

어느 날, 나는 점심시간이 끝날 때쯤 화학 수업을 기다리면서 커다란 창을 통해 밖을 물끄러미 바라보고 있었다. 나도 모르게 창 쪽으로 얼굴을 가져가면서 밖의 풍경을 바라보고 있는데 갑자기 그 아이가 손바닥으로 내 뒤통수를 후려쳤다. 얼마나 세게 쳤는지 나는 얼굴을 유리에 심하게 부딪히고 말았다. 코가 부러지는 것 같은 충격이었다.

나의 방어 본능은 "야! 너 지금 뭐 하는 거야?"라고 따지며 대드는 것이었다. 그러나 곧 내가 어떻게 감히 그 녀석에게 맞설 수 있겠느냐는 생각이 들었다. '내가 감히? 정말로 얼굴이 뭉개지고 싶어?' 그러자, 녀석이 내 얼굴을 이미 다치게 했지만, 더는 문제를 키우지 않는 게 낫겠다는 생각이 들었다. 참자고 생각하면서 어떻게 해야 참을 수 있을까 궁리하다가, 나는 연민으로 돌아섰다. 자기연민이 아니라, 그런 식으로 타인에게 상처를 주며 살아가는 그 아이들에 대한 연민이었다.

이 책은 친절에 대한 책이지만, 흔히 말하는 연민과 친절은 엄밀히 다르다. 그러나 시작할 수 있는 지점도 필요하다. 상처와 분노에서 한 걸음 물러설 수 있는 곳에서 시작해야 하기 때문이다. 감정의 사다리가 있다면 연민은 가장 아래의 단계다. 친절, 공감, 행복으로 가려면 더 위의 단계로 올라가야 한다. 그런데 나쁜 취급을 받은 상태에서는 대개 이런 단계로 나아가기가 불가능하다.

가장 어두운 곳까지 가라앉을 때, 우리는 우리를 지탱해 줄 무언가에 맹목적으로 매달리게 된다. 그때는 동아줄이 되어준 것이 연민이었다.

그리고 연민은 시간이 지나면서, 그리고 올리브 가지에 자라는 잎처럼 공감과 측은지심으로 발전했다. 그건 내가 점점 성숙해졌기 때문이다. 내가 그 아이들의 삶을 알지 못한다는 걸 깨달았다. 집에서의 생활이 어떤지, 어떤 압박감에 시달리고 있었을지 말이다. 결국 상처를 받은 사람들이 상처를 주는 법이니까.

10년쯤 지난 어느 날, 한 술집에서 그 무리 중의 한 명과 우연히 마주쳤다. 그는 내게 차가운 태도를 보였다. 나는 예전에 그를 포함해 함께 다니던 무리의 아이들이 괴롭혀서 아주 힘들었다고 말했다. 그는 자기들이 그랬던 것은 당시에 내가 멍청했기 때문이라며 변명했다.

그런 말은 자신이 잘못했다는 것을 알면서도 그 잘못과 마주할 준비가 되지 않았을 때 사람들이 사용하는 일반적인 방어법이다. 다시 한번 상대를 공격해서 스스로 자기 행동을 정당화하고, 상대방의 잘못에 원인이 있다고 책임을 전가하고 싶은 것이다.

나는 얼른 연민을 불러냈다. '당시의 일들은 결코 내 문제가 아니었다. 너희들은 자신의 문젯거리를 처리하기 위해 누군가를 표적으로 삼았던 것뿐이다'라고 생각했다. 그런 생각으로 그를 바라보자 연민이 빠르게 측은지심으로 변했다. 나는 빙그레 웃었다. 그가 한 말을 무시해서가 아니라 내 안에서 측은지심이 그렇게 빨리 생겨났다는 사실에 안도했기 때문이었다.

나는 오래전에 그들을 모두 용서했다. 사람은 누구나 나중에 후회할 행동을 하고 산다. 그러지 말걸, 하고 후회하는 말이나 행동이 없는 사람이 있을까? 우리는 모두 부족한 존재이기 때문이다. 그리고 나는 누구든 자기 삶에서 최선을 다하려고 노력한다고 생각한다. 지식이나 과거의 경험이 허락하는 한, 또한 각자가 처한 압박과 제약 속에서 말이다.

보복. 복수. 이는 그동안 우리가 힘의 척도로 여겨온 것들이다. 그러나 복수는 힘이 아니다. '무력'하다는 기분을 이기고 힘이 있다고 느끼고 싶어서 하는 '시도'에 지나지 않는다.

진정한 힘은 복수를 추구하는 데 있지 않다. 누구를 때려눕히면 잠깐은 승리의 기분을 느낄 수 있겠지만, 흔들리지 않는 진정한 힘은 측은지심에 있다. 즉 다른 사람의 고통을 이해하며 상처

159

를 딛고 일어서는 것이 진짜 힘이다. 가장 어두운 측면과 마주했을 때조차 우리가 공유하는 인간성의 아름다움을 받아들이는 것이다.

측은지심은 무한하며, 언제나 유효하다. 우리가 찾기만 한다면 말이다. 측은지심을 찾는 데에는 연민이 도움이 될 것이다. 한 번이라도 그 힘을 경험하면, 보복이나 다른 사람을 공격하는 방법이 얼마나 약한 것인지 알 수 있다.

친절한 것은 약한 것이 아니다

친절하게 대하면 약해서 그렇다고 생각하는 이상한 믿음이 곳곳에 있다. 혼란스러울 수 있으니 짚고 넘어가야 할 것 같다.

많은 이들이 강하다는 것을 온갖 남성적인 것, 금욕적인 것들을 뭉뚱그려 놓은 어떤 것이라고 생각한다. 남성성의 이미지는 지배력, 자기주장, 감정 억제와 같은 특성을 강조하는 방향으로 흘러왔다. 그래서 친절, 측은지심, 취약성 같은 특성은 남자답지 않다거나 약하다고 생각하는 사람들이 있다. 나는 친절을 '소녀적인' 특성으로 치부하며 그런 모습을 드러내지 않으려는 남자들을 좀 안다. '진짜 남자'는 감정을 드러내지 않는다는 주장인데, 이 남자들은 친절한 행동을 영화의 우는 장면과 동급 정도로 취급한다. 그야말로 '아니올시다'다.

심지어 '친절이 소녀적이며 나약하다'라는 믿음의 근원을 빅토리아 시대로까지 끌어올리는 사람들마저 있다. 그 시절에는 친절을 여성적인 것으로 여겼다. 빅토리아 시대의 여성이 '가정의 천사'로 여겨졌던 걸 생각해 보면 알 것이다. 그러므로 남성이 너무 친절하면 남성적 우월성, 즉 위엄을 잃을 수 있다고 걱정했던 것도 사실이다.

하지만 근거 없는 생각이다. 진화론적으로도 근거가 없다. 진화론의 아버지 찰스 다윈은 친절한 사람이 나약하다는 취지로 말한 적이 전혀 없다. 덧붙이자면 '적자생존'이라는 말도 영국의 박식가인 허버트 스펜서가 한 말이며 찰스 다윈이 만든 말이 아니다.

다윈의 이야기는 측은지심을 가지고 협동하는 것이 인간의 특성이라는 것이었다. 천성적으로 지닌 동정과 협업의 특성이 우리의 진화적 생존에 필수라는 것이다. 예부터 인간이 팀워크로 꿈을 이루어 온 것도 바로 이런 특성 때문이다.

적자생존에 대해서도 많은 오해가 있다. 많은 이들이 가장 힘세고, 빠르며, 똑똑하고, 강력한 권력을 휘두르며, 심지어 가장 무자비하기까지 해야 세상에서 살아남기에 더 적합하다는 의미로 이 말을 오해한다. 그리고 그런 존재들이 필요한 모든 도구를 가지는 것처럼 오해하지만, 사실 이 말은 적응하고 맞추어 가야 한다는 의미다. 이는 또한 우리가 사는 현대 사회에서 신체적인 힘이 아니라 공감과 친절에 훨씬 더 가깝다.

그래도 우리 내부 깊숙한 곳에서부터 생물학적인 본능이 '나부터!'라고 주장할 때가 있지 않느냐고 반문할 수는 있을 것이다. 물론 그건 사실일 수 있다. 기본적인 생물학적 수준에서 때때로 공

161

격성이나 지배력을 보이는 것은 진화적 과거에 뿌리를 둔 보호 본능이다. 두려움이나 스트레스의 순간에는 인간 본성의 공격적인 부분이 드러날 수도 있다는 것이다. 그러나 지금은 석기시대가 아니고, 중세도 아니다.

옛날 옛적 왕과 통치자들은 단호해야 했다. 그들은 '더 큰 선을 위해' 또는 권력을 유지하기 위해 감정을 배제한 힘든 결정을 내려야 했다. 친절하게 굴다가는 자칫 경쟁자에게 얕보일 수 있다고 생각했을 것이다. 그러나 지금은 21세기다.

어떤 사람들은 리처드 도킨스의 책 《이기적 유전자The Selfish Gene》의 제목을 잘못 해석하기도 한다. 그러나 이 또한 우리가 우리 자신만 챙긴다는 뜻이 아니다. 이 책의 제목은 그야말로 생존 기계와 같은 유전자의 작동 방식을 가리키는 것이다. 의식과 이성을 지닌 '인간'과 유전자를 혼동해서는 안 된다. 이렇게 생각하면 된다. '유전자는 이기적일 수 있지만, 그것들로 형성된 인간이라는 종은 친절하고 배려하는 성향을 지니고 있다'라고. 우리는 절대로 이기적인 종이 아니다. 앞서 말했듯 친절이 우리의 천성이다.

사람들이 친절을 일종의 약함이라고 생각하는 이유가 하나 더 있다. '상처받은 사람이 다른 사람을 상처 입힌다'라는 생각의 다른 버전이라고 할 수 있는데, 친절을 행하기 위해 자신의 약점을 드러내기보다는 친절 자체가 약해빠졌다는 생각을 고수하는 게 낫다고 여기는 것이다. 자신에게 어떤 자질이 부족할 때, 그걸 인정하는 것보다는 그 자질 자체를 깎아내리는 게 더 편하기 때문이다.

친절은 나약한 것이며 세상을 살아가려면 더 '강력한 도구'가 필요하다는 의식은 생각보다 만연해 있다. 그렇지만 간디, 로자 파크스Rosa Parks(미국의 시민운동가-옮긴이), 마틴 루서 킹, 말랄라 유사프자이Malala Yousafzai(파키스탄의 시민운동가. 최연소 노벨평화상 수상자-옮긴이), 헬렌 켈러, 넬슨 만델라 같은 인물들은 우리에게 모범을 보여주었다. 그들은 측은지심과 친절, 비폭력을 강력한 도구로 삼아 세상을 변화시켰다.

분노나 공격으로 반응하는 것보다 친절하고, 새겨듣고, 인내하는 데 더 큰 힘이 필요할 때가 있다. 이것이 21세기에 우리가 힘을 생각해야 하는 방식이다.

친절하면 호구가 된다고?

다음 장으로 넘어가기 전에 '친절에는 힘이 있다'라는 생각에 대해 몇 마디 더하고 싶다. 우리가 그 부분에 점점 동의하는 것 같으니 말이다.

친절하면 호구 취급을 받기 쉽다고 생각하는 사람들이 있다. 그런 오해를 불식하기 위해 다시 정리해 드린다.

친절은 우리에게 강력한 힘이 될 수 있다. 또 친절은 넌지시 건드려 주는 효과를 발휘하여 누군가의 하루를 바꿀 수도 있고, 흐린 하늘에 한 줄기 작은 햇살이 되기도 한다. 그렇지만 우리가 호의로 내준 반짝이는 망토를 사람들이 함부로 밟고 다니도록 허락하는 것이 친절은 아니다.

알다시피, 친절은 다른 사람에게 무조건 상냥하기만 한 것이 아니라 정의의 편에 서서 예의와 존중을 갖추고 사람들을 대하는 것이다. 미소 띤 얼굴로, 그렇지만 단호하게 "이봐, 그건 멋지지 않아"라고 말하는 것이다. 친절은 자신과 다른 이들의 경계를 이해하는 것이다. 그러면서 우리가 주변 분위기에 맞추어 가고 있다는 신호를 보내는 것이다. 다른 사람들이 만드는 분위기를 깨는 게 아니라 더 고조시키는 선택을 했다고 표현하는 것이다.

잊지 말아야 할 것은 우리가 스스로에게도 친절해야 한다는 점이다. 그렇다! 온종일 다른 사람에게 사랑과 친절을 베푸느라 깜박 잊고 정작 자신을 돌보지 않으면 곧 에너지가 바닥날 것이다. 그런 상황을 바라는 사람이 있을까?

자기에게 친절하다는 건 쉬어야 할 때를 알고, 접시가 가득 찼을 때 '이제 그만'이라고 말하며, 일이 엉망으로 꼬였을 때도 스스로 등을 토닥여 주는 것이다(일이 모조리 엉망이 된 경험을 해보지 않은 사람은 없을 테니 말이다!). 친절이라는 배지를 자랑스럽게 달되, 그 온기를 자기 자신에게도 나누어 주는 걸 잊으면 안 된다.

왜냐하면 큰 그림에서 보면 우리는 모두 더 친절한 세상에서 살고 싶기 때문이다. 우리끼리 하는 말이지만, 세상은 우리 같은 슈퍼히어로를 좀 더 원할 것이다. 할 수 없다. 망토를 좀 더 흔들어 반짝이는 친절 가루를 뿌릴 수밖에.

"부디 친절하기를.

친절은 틀리는 일이 거의 없다."

07

자기에게
친절해야 하는
이유

○

　　'신경 쓰기'의 역설에 대해 들어본 적 있는지? 여러분 중에는 남이 무슨 말을 하든, 무슨 행동을 하든 신경 쓰지 않는다는 의미로 '그게 뭔데?'라고 대답하는 분도 있을 것이다. 그리고 그게 맞는 말일 수도 있다. 내 할 일만 하겠다는 것. 이 말은 달리 생각하면 자기의 정신 건강을 우선시해서, 자신에게만 관심을 가지겠다는 것이다. 다른 것에 신경 쓰지 않고 자기에게 관심을 기울이는 것, 이것을 '자기 친절'이라고 한다. 한편으로는 관심을 두지 않으면서, 다른 한편으로는 관심을 가지는 것 말이다. 즉 어떤 대상에 관심을 기울이는지의 차이일 뿐이다.

　　어느 날, 나는 친구와 이 책에 관해 이야기를 나누고 있었다. 친구는 그날 운이 나빴는데, 이렇게 이야기했다.

　　"인생이 엉망진창이라는 생각으로 발버둥치고 있는데, 뭔가 화나는 일까지 생기면 과연 친절할 수 있을까? 마지막 순간에라도 생각이 나면 다행이지. 사는 게 힘들고, 고통스러운 일까지 겪게

167

되면 다른 사람의 인생에 관심을 가지는 게 쉽지 않아."

"그래, 그래. 알겠어. 친절하면 자기한테 좋다는 거지. 빌어먹을 관심 갖기 같으니라고. 그런데 지금 당장은 난 아무 것에도 관심을 안 가져."

"오케이. 어떻게 해야 그 관심을 기울이는 지점까지 갈 수 있어? 어떻게 해야 친절해질 수 있냐고! 그럼, 반대로 내가 도움이 필요한 사람이 된다면 어떻게 하지?"

내가 대답했다.

"해답은, 아니면 해답의 출발점은 손을 내미는 걸 거야. 네가 지금 하는 거. 그걸 자기 친절이라고 해. 그동안 네가 그렇게 힘든 시간을 보내는 줄 몰랐거든."

그러나 친구는 그 순간 자기가 손을 내밀어 도움을 청했다는 것을 인정하지 않았다. 친구에게 전화해서 고민을 털어놓는 일반적인 형태가 아니라는 이유였다.

"물론 방법은 달라. 그래도 도움을 청한다는 면에서는 마찬가지야"라고 내가 말했다. "너는 지금 네 정신 건강을 우선시하고 있는 거야."

삶이 무겁고 기운 없이 축축 처질 때도, 어떤 식으로든 손을 내미는 것은 도움이 된다. '기분이 나아지는 사다리'가 있다면 손을 내미는 것은 첫 번째 발판에 올라서는 일이기 때문이다. 그리고 그것이 바로 '자기 자신에게 친절하기'다. 여기서는 자기에게 도움이 필요하다는 사실을 인식하는 것이 중요하다. 사다리의 높은 곳으로 올라가고 싶다면 일단 첫 단계에 발을 올려놓는 것에서부터 시작해야 한다. 또한 누군가에게 털어놓는 것이 적당한 시작 방법이다.

물론 앞 장에서 말한 것처럼 다른 단계에 발을 올려 다른 사람을 도울 수도 있다. 그러나 때로는 그 단계가 너무 높게 느껴질 때가 있다. 자신을 먼저 돌봐야 하는 시점도 있을 수 있는 것이다.

한때 우울증으로 고생한 적이 있었다. 연구개발 부서에서 일할 때였다. 그때까지 나는 늘 긍정적인 사람이었고 모든 일에서 밝은 면을 찾아내며, 다른 사람들을 격려하는 사람이었다. 그래서 더욱 누구에게도 말하지 못하고 혼자서 끙끙 앓았다.

그러면서 상태는 점점 더 심각해졌다. 도저히 견디기가 힘들어 오후 4시에 퇴근해 버리곤 했다. 차를 몰고 곧바로 집으로 돌아가 방문을 걸어 잠그고 바닥에 누워 우는 게 일상이었다. 대화하는 것도 어려워서 친구들도 멀리했다. 우울은 우습게도 걱정할수록 더 침묵에 빠져드는 습성이 있다. 나는 아예 외출을 하지 않게 되었다. 그러면 압박감이 최소한 하나는 줄어드는 느낌이었다.

뭔가 문제가 있다는 걸 감지한 어머니는 일정한 간격으로 연락하셨다. 그때마다 나는 짐짓 밝은 목소리로 모든 게 괜찮다고 말씀드렸다. 그러던 어느 일요일, 어머니가 전화했을 때 마침내 나는 기분이 어떤지 털어놓았다. 나도 모르게 울음이 터져 나왔다.

어머니는 우울을 많이 겪어본 사람이었다. 곧바로 '엄마 모드'에 돌입한 어머니는 내게 일단 집으로 오라고 했다. 나는 400킬로미터 가까이 차를 몰아 본가로 향했다. 이튿날 아침 회사에 전화

169

해서 1주일 병가를 내고는 어머니, 아버지와 내내 시간을 보냈다. 그러면서 말문이 트였다. 소파에 앉아 텔레비전을 보는 게 일과였지만 부모님 곁이라서 편안했다.

속을 털어놓고 나니 기분이 나아졌다. 안도감이 들었으며, 더는 혼자서 겪어내야 할 일이 아닌 것 같았다. 그게 회복의 시작이었다. 누군가와 이야기하는 것. 내 경우에는 그 대상이 부모님이었다. 특히 어머니와 이야기를 많이 했다. 두 분의 역할은 달랐다. 어머니와는 이야기를 나누고 생각과 아이디어를 주고받았다. 아버지는 그냥 거기 계셔주는 걸로 좋았다. 마치 애착 이불처럼. 나는 늘 아버지가 소파에 앉아 계시는 것만으로도 안정감을 느꼈고, 실제로 편안해졌다. 무엇보다 마음이 열리기 시작했다.

그렇다고 다음 날, 기적적으로 내 삶에 햇빛이 비쳐 들지는 '않았다.' 정상적인 생활로 곧바로 되돌아간 것은 아니었다. 사실은 정상적인 게 뭔지 잊어버린 기분이었다. 무겁고 어두운 기분이 아니었던 때를 기억하기도 힘들었다.

시간이 좀 걸렸다. 솔직히 말해 5~6개월 정도 걸렸던 것 같다. 괜찮은 날이 며칠, 안 좋은 날이 며칠, 그런 식으로 날이 흐르다가 괜찮은 날이 조금 더 길어졌다. 오르락내리락하기는 했지만 조금씩 위로 나아가기 시작했다. 이때의 경험 덕분에 나는 직장을 그만두고 지금처럼 작가이자 강연자의 삶을 택하게 되었다. 결과적으로 훨씬 더 보람 있는 직업을 찾게 된 셈이다.

그때 나는 인생에서 똥 같은 일이 일어날 수 있고, 그렇더라도 꽃을 향해 방향을 바꿀 기회가 주어진다는 걸 배웠다. 똥통에 아주 깊이 빠져 있을 때는 꽃향기를 찾아내기 어려울 수 있지만, 도움을 청하고 그 사람과 함께 그곳을 벗어나면 마침내 꽃이 만발한 정원으로 가는 길을 찾을 수 있다.

힘들 때는 누군가에게 털어놓아야만 한다

어머니 아버지와 이야기한 것이 내게 아주 긍정적인 영향을 주었기 때문에, 정신 건강 문제로 고통스러울 때 누군가에게 털어놓는 일의 장점에 대해서 몇 가지 더 이야기하고 싶다. 속을 털어놓는 일의 좋은 점은 아주 많지만, 그중 몇 가지를 소개하겠다.

1. 확인

감정과 생각을 공유하면 다른 사람들이 우리의 경험을 확인할 수 있게 된다. 고립감을 느끼거나 아무도 내가 겪는 일을 이해하지 못한다고 생각할 때, 다른 사람의 인정은 매우 중요해진다.

2. 관점

걱정거리에 관해 의논하면 새로운 관점이 생길 수 있다. 문젯거리들로 곤경에 빠져 있을 때는 더 큰 그림이나 다른 각도로 보기 어려울 수 있는데, 자신만의 관점을 가진 타인이 우리가 가지지 못한 통찰력이나 대안적인 관점을 제공할 수도 있다.

171

3. 해소

감정을 표현하는 행위 자체로 치료가 될 수 있다. 가슴의 응어리를 풀어주기 때문이다. 감정과 경험을 말로 풀어놓으면 가슴에 맺힌 것들을 분명하게 인식하여 처리할 수 있게 도와준다. 나 역시 그랬다.

4. 사고의 구조화

감정과 경험을 소리 내어 털어놓고 의논하면 사고를 구조화하는 데 도움이 되며, 더 잘 이해하고 문제를 해결할 수 있게 이끌어준다.

5. 고립감 해소

정신 건강에 문제가 생기면 친구들과 멀어졌을 때처럼 고립감이나 고독감을 느낄 수 있다. 그러나 누군가와 대화하면 고립감을 해소하고 연결된 느낌을 가지는 데 도움이 된다.

6. 조언과 안내

대화를 이어가다 보면 대처할 수 있는 전략, 자원 또는 특정한 문제의 잠재적 해법에 대한 조언이나 안내를 받을 수도 있다. 우리와 대화를 나누는 사람(들) 역시 아주 힘든 시간을 지나왔다는 것을 알게 될 수도 있고, 그 시기를 헤쳐나오면서 그들이 배운 것을 우리에게 전해줄 수도 있다.

7. 안도감

마음속에 든 것들을 풀어놓거나 단순히 '가슴의 응어리를 드러내는 것'만으로도 안도감을 느낄 수 있다. 감정이나 걱정거리를 붙잡고 있는 것은 스트레스가 될 뿐이며, 그것에 대해 이야기하는 것은 밸브를 열어 압력을 낮추는 것이나 마찬가지다.

8. 뇌와 신체의 화학

다른 사람과의 상호 작용, 특히 긍정적이거나 지지를 받는 환경에서의 상호 작용은 옥시토신 같은 특정 신경펩티드, 즉 친절 호르몬을 분비하도록 만들 수 있다. 이는 유대감, 안전성, 연결감을 높이고 혈압을 낮추는 데 도움을 주며, 음식을 소화하고 치유 속도를 높이는 데 도움을 준다. 이뿐만 아니라 앞서 말한 다른 많은 것들에도 도움을 준다.

9. 책임감의 공유

때로는 다른 사람이 우리의 고통을 알고 있으며 우리를 도우려고 한다는 사실을 아는 것만으로도 부담을 조금 덜어낼 수 있다. 혼자 겪는 것이 아니라는 기분이 되는 것이다.

10. 격려

우호적인 태도로 우리 말을 들어주는 사람은 격려와 희망을 줄 수 있으며, 이는 힘든 시기를 넘기는 데 아주 귀중한 자산이 된다.

11. 위해 방지

자해나 자살을 생각하고 있는 사람이 있다면 대화가 꼭 필요하며, 전문적인 도움이나 즉각적인 지원을 받을 수 있도록 안내해줄 수 있다.

12. 피드백 루프

정신 건강에 관해 이야기하면 피드백을 받을 수 있다. 경험과 대처 방법, 진행 상황에 대해 의논하면서 피드백을 받다보면 앞으로 나아갈 경로를 평가하고 그때그때 필요에 따라 조정하는 데도 도움을 받을 수 있다. 그러다 보면 언젠가는 우리도 다른 사람에게서 배운 것을 누군가에게 전해줄 수 있을지, 누가 알겠는가?

또 하나 기억할 것은 치료사나 상담사 등 훈련받은 전문가들과 대화하는 방법이 분명 있다는 것이다. 친구나 가족과의 대화도 유익하지만 전문가들과 대화하면 개인에게 꼭 필요한 특별한 안내나 대처법, 그 외의 치료 방법들도 얻을 수 있다.

그리고 여러분이 담장 이쪽에 있다면, 즉 누군가가 여러분에게 도움의 손길을 청한 상황이라면 지금 그 자리에, 그러니까 힘들어하는 사람 곁에 그저 있어주는 것만으로도 친절한 행동이 된다. 굳이 특별한 해법을 줘야만 하는 것은 아니다. 힘든 사람들도 반드시 모든 문제를 해결해 달라고 찾아오는 것이 아니다. "힘내" 따위의 소리를 듣고 싶어서 찾아오는 게 아닐 경우도 많다. 때때로 사람들은 단지 우리가 거기 있다는 걸 확인하고 싶어하며, 그냥 기대어 울 수 있는 안전한 어깨를 찾아오는 것이다.

자기 안부

오늘 여러분의 안부를 아무도 물어봐 주지 않았다면 내가 해드리
겠다.

"오늘 기분이 어떤가요?"

우리는 종종 다른 사람들에게 이런 안부 인사를 하지만 자기
내면을 향해서 하는 일은 드물다. 그러나 복잡다단한 삶과 끊임없
는 기계음들, 그리고 끝없이 늘어나기만 하는 정신 노동의 목록
속에서 우리에게 절실한 것은 때때로 멈추는 일이다.

마음을 소중한 친구처럼 대한다고 상상해 보자. 친한 친구와
몇 주 동안이나 연락 한 번 안 하는 일은 거의 없을 것이다. 그런데
왜 유독 자신에게는 그렇게 하는 걸까? 이제라도 자신의 정신 건
강과 '티 타임'을 잠깐씩 가지는 게 어떨까? 또 그걸 습관으로 만드
는 건 어떨까. 차 한 잔을 앞에 두고 자기 마음과 편안하게 대화를
나누는 것을 머릿속에 그려보자. '안녕, 뇌야. 우리 오늘 기분은 어
때?'

물론 잘 갖추어진 의식을 치르는 것처럼 이런 시간을 가지라는
건 아니다. 우아한 명상 쿠션이나 요가 매트가 필요한 것도 아니
다(물론 원한다면 그렇게 해도 된다). 허브차와 풍경 소리를 배경에 깔
지 않아도 된다. 그저 잠시 멈추어 자신의 감정을 헤아리는 것만

175

으로도 충분하다. 자신의 정신 건강을 향해 살짝 고개를 끄덕이며 인사를 건네는 것이다.

혹시, 때로는 내면의 대화를 통해서 세상 모든 것이 무지개와 유니콘처럼 아름답고 환상적이지는 않다는 사실이 드러나 버린다는 사실을 알고 있는지? 그래도 상관없다. 하늘에서 달갑지 않은 일들이 우수수 떨어지는 흐린 날씨면 어떤가. 다 괜찮다. 그걸 인식하는 것이 첫 번째 단계이고, 우리가 진정으로 느끼는 것을 인식하는 데에는 힘이 깃들어 있기 때문이다.

이게 바로 '자기 연민'이다. 자기 연민은 정신 건강에 좋다. 실제로 토론토대학교 응용심리학 및 인간발달학과 연구자들은 마음 챙김과 자기 연민을 함께 실천하면 우울증 증상이 크게 줄어든다는 것을 보여주었다. 광범위한 불안 장애와 우울증 진단을 받은 사람들이 대부분인 참가자들을 두 그룹으로 나누어 마음 챙김과 자기 연민을 실천한 78명을 대조군 87명과 비교하는 무작위 대조 실험을 실시했다. 4주 동안의 매일 수행 후 나타난 결과는 마음 챙김과 자기 연민을 실천한 사람들이 그렇지 않은 사람들에 비해 우울증 증상이 훨씬 줄어들었다는 것이었다.

자기 연민에서 중요한 것은 스스로를 판단하거나 나무라지 않고 자신의 마음을 소중한 친구처럼 대하는 것이다. 친구는 나무라지 않는다. 그저 들어주고, 공감해 주고, 때로는 편안한 침묵 속에 그냥 곁에 있어준다.

그러므로 일상을 살아가면서, 마감과 집안일에 쫓기다가도 잠깐 멈춰보자. 기쁨조차도 잠시 내려놓자. 숨을 들이쉬고, 내쉬고,

멈춤 속으로 들어가는 것이다. 우리의 마음은 다정한 보살핌을 좀 받아도 된다. 그럴 자격이 있다. 그러고 나면 '마음의 티 타임' 뒤에 좀 더 가벼운 느낌으로 걸어 나올 수 있을 것이다.

자기 친절이란 뭘까?

나는 이 장을 자기 친절의 한 가지 형태, 즉 '누군가에게 말하기'로 시작했다. 그러나 우리가 자신에게 친절하게 하는 방법은 아주 다양하다. 인생은 다른 사람들에게 친절한 것과 자신에게 친절한 것 사이의 가장 알맞은 지점, 즉 균형을 찾는 과정이다.

자기 친절은 사람마다 다르게 적용된다. 사람마다 맥락과 기분, 삶에서 현재 어느 지점에 있는지, 그리고 발생하는 여러 가지 상황이 모두 다르기 때문이다. 그러나 근본적으로는 각자 삶의 맥락에서 자기 친절이 웰빙에 도움이 되며 자기 자신과 긍정적인 유대관계를 구축한다는 점에서는 일치한다. 아래는 자기 친절의 몇 가지 형태다.

1. '아니'라고 말하기

자기 친절은 '아니'라고 말하거나 그 자리에서 떠나는 것을 의미할 수도 있다. 굳이 단호하게 '아니요'라고 말할 필요는 없다. '지금은 안 되겠어요'라거나 심지어 '나중에 다시 볼게요'라고 눙칠 수도 있다. 부드러운 '아니요'도 거절이라는 점에서는 마찬가지다.

'아니요'에는 방에서 나가는 것, 대화를 그만두는 것, 심지어 관계를 끊는 것까지 모두 포함될 수 있다.

2. 시간을 갖기

자기 친절은 자신을 위해 시간을 내는 것, 자신에게 중요한 일을 하는 것이기도 하다. 아니면 그냥 쉬는 것일 수도 있다.

3. 자신에게 한턱내기

어떤 식으로든 자신에게 뭔가를 베푸는 것도 자기 친절을 실천하는 방법이다. 새 옷, 새 신발, 머리 손질, 당일 여행, 사우나도 좋고 따뜻한 목욕이나 책, 와인 한 잔 정도로도 충분하다.

4. 소셜 미디어 디톡스

소셜 미디어 계정을 없애는 것도 자기 친절이 될 수 있다. SNS가 스트레스의 원인이라면 더욱 그렇다. 아니면 스트레스를 주는 사람을 차단하는 것도 한 가지 방법이다.

5. 자기를 측은지심으로 대하기

자기 친절은 다른 사람이 잘못했을 때 자기가 어떻게 하는지 생각해 보고, 그런 식으로 똑같이 부드럽게 자기를 대하는 것이다. 자기에게 너그러워지는 것이다. 우리는 모두 잘못할 때가 있으니 말이다.

6. 긍정적인 자기 대화

자기 친절은 자기에 대해 긍정적인 방식으로 말하는 것이다. '난 정말 바보 같아'라고 말하는 대신 '지금 최선을 다하고 있어', '지금은 배우는 중이고, 나는 그게 좋아' 또는 '이봐, 나는 평범한 사람이야'라고 말하는 것이다.

7. 건강한 경계 설정

자기 친절에는 시간이나 에너지를 할당하는 방법이나 사람들이 자기를 대하는 방식에 선을 긋는 일이 포함될 수 있다. 이렇게 하면 정신적·신체적 건강을 보호할 수 있는 안전 공간을 확보할 수 있고, 더 건강한 몸과 마음으로 주변 사람들과 유익한 관계를 형성하게 된다.

8. 자기를 용서하기

말했듯이 모든 사람은 잘못을 저지르고, 실수도 한다. 따라서 자기 친절은 자기가 한 말이나 행동을 인정하고, 봐주기로 하는 것이다. 주변의 친한 사람들이 실수에 대해 조언을 구하면 이야기해 주는 것처럼, 자기한테도 넘어가 주는 것이다.

9. 장점에 집중하기

자기 친절은 스스로의 약점만 들여다보지 않고 자기가 잘하는 것, 즉 장점을 칭찬하는 것이다.

10. 정신 건강 돌보기

자신의 정신 건강을 지원하는 것도 자기 친절이 될 수 있다. 자신의 정신 건강을 스스로 지원하기로 마음먹으면 효과와 강도가 두 배로 커진다.

열 번째 항목 '정신 건강 돌보기'에 대해 한 가지 덧붙인다. 나는 내 정신 건강을 지원하는 방법으로 테니스를 친다. 테니스는 물론 신체 건강에도 좋은 운동이지만, 그래서라기보다 나는 재미있어서 한다. 즐기면서 테니스를 하면 자신감에 도움이 되기 때문이다.

나는 우리 동네 테니스 클럽의 수석 코치인 마크 워커에게 매주 레슨을 받는데, 덕분에 모든 게 점점 나아지는 기분이다. 이 기분은 내가 한 선택, 내가 실천하는 행동과 연결되어 있어서, 내가 잘해나가고 있다는 생각이 들게 한다. 또한 내게 확장과 향상의 감각을 부여해, 고양감도 느끼게 한다. 이것이 내 정신 건강을 돌보는 방식이다. 중요한 건 정신 건강을 지원한다는 의도가 분명해야 자기 친절이 될 수 있다는 점이다.

결론은 즐길 수 있는 일, 또는 자신에게 의미 있는 무언가를 해야 자기 친절이라고 할 수 있으며, 여기서 핵심은 '의도적으로'라는 것이다.

자기와 만나다

우리가 아무리 바빠도 소중한 사람을 위한 시간은 어떻게든 낼 수 있다. 생각해 보면 그래왔지 않은가? 마찬가지로, 아무리 바빠도 자기를 위한 시간을 내는 것, 이것이 바로 자기 친절이다.

나는 필요하다고 느낄 때마다 '자기와의 미팅'이라는 시간을 마련해 일기 또는 일정표에 적어둔다. 그 시간은 30분이 될 수도 있고 한 시간이 될 수도 있으며, 때로는 하루 종일이 될 수도 있다. 그 시간에는 책을 읽거나 산책을 하고, 영화 한 편이나 〈스타트렉〉 에피소드를 몇 화 정도 보기도 한다.

이렇게 기록하는 건 내 무의식에게 '자기와의 만남' 시간을 마련하는 게 중요하다는 메시지를 전하는 것이다. 나는 '내 시간'을 다른 누구와 만나는 것 못지않게 중요하게 여긴다.

자기에게 친절하면 왜 미안한 마음이 생길까?

자신에게 친절한 건 좋지만 바쁠 때나 약속이 있을 때, 먼저 해야 할 다른 일이 있을 때는 어떻게 할까? 충분히 나올 수 있는 질문이고 나도 자주 겪는 일이다. 그러나 흔히 말하는 것처럼, 빈 컵에서 음료가 나오지는 않는다. 즉 반드시 자기 친절을 위한 건강한 균형 지점을 찾아야 한다는 것이다.

우리는 '내 시간'을 좀 가지는 것에 대해서 왜 그렇게 죄책감을 느끼는 걸까? 자기를 돌보면서(다른 말로 자기 친절) 기분이 좋아야 하는데, 왜 끝에 가서는 미안한 마음이 되기 일쑤일까? 그 몇 가지 이유를 이해하여 원인을 해소해 보기로 하자. 그러면 우리 자신에

181

게 좀 더 마음 편히 친절해질 수 있을 것이다. 몇 가지 이유를 보자.

1. 오래된 전통

많은 문화권에서 '나보다는 남을 먼저 생각하라'고 가르친다. 또 이타심, 희생, 봉사와 같은 가치가 미덕으로 존중받는다. 그렇다 보니, 자신을 위해 뭔가 하거나 별일 없이 소파에 누워 쉬는 건 잘못하는 일이라는 느낌이 드는 것이다.

2. 자기 돌봄이 뭔지조차 모른다

어떤 사람들은 어디서부터 시작해야 할지 모르기도 하고, 하루 종일 초콜릿을 먹으면서 넷플릭스를 보는 것이 자기 돌봄이라고 생각하는 사람들도 있다(그게 잘못됐다는 건 아니다). 그러나 최상의, 가장 건강한 자기가 되는 것(정신적으로나 신체적으로 모두)이 자기 돌봄의 핵심이다. 그래야 다른 사람들에게도 친절해질 수 있다.

3. 자기 돌봄 vs. 호화로운 여가

자기 돌봄이 반드시 온천 여행 같은 걸 의미하지는 않는다. 흔히 하는 오해가 이런 것이다. 물론 온천도 좋지만, 때로는 좋은 책을 읽거나 공원을 걷는 것만으로도 충분한 자기 돌봄이 된다.

4. 다른 사람이 어떻게 생각할지 걱정된다

당연하다. 누가 게으르다는 평판을 듣고 싶을까? 그러나 게으름과 재충전은 다르다는 것을 명심하자.

5. 끝이 없는 할 일의 목록

현실적으로 생각해 보자. 우리는 늘 할 일이 태산이다. 그렇지 않은가? 나도 마찬가지다. 휴식할 시간에도 뭔가 생산적인 일을 해야 한다는 느낌이 들곤 한다. 하지만 그러다 번 아웃이라도 된다면 할 일이 더 늘어날 뿐이다.

6. 자기를 평가하는 데 유난히 엄격하다

늘 슈퍼맨이나 원더우먼이 되려고 애쓰다 보면 잠깐의 평화를 누리기도 어렵다. 그러나 아무리 슈퍼히어로라도 휴식은 필요하다.

7. 오래된 습관은 쉽게 없어지지 않는다

어린 시절, 자기의 요구가 늘 뒤로 밀리거나 받아들여지지 않는 환경에서 자랐다면 자기를 우선하는 것이 낯설게 느껴질 수도 있다. 그러면 정신 건강을 위해 노력하는 차원에서 의도적으로 자기를 돌보는 것 자체가 힘들 수 있다.

8. 필요한 존재로서의 욕구

누군가에게 필요한 존재가 되는 건 기분 좋은 일이다. 그래서 어떤 사람들은 다른 사람들에게 꼭 필요한 존재가 되는 것에서 자신의 가치를 찾는다. 그런 사람은 자기를 위한 시간을 가지면 다른 사람들의 삶에서 자기의 가치나 의미가 줄어들 거라고 생각한다. 그러나 자기를 돌보는 것은 다른 사람을 도울 수 있는 힘을 채우는 것이기도 하다.

183

9. 일자리에 대한 걱정

일부 직장 문화, 특히 고용 안정이 우려되는 곳에서는 (당연한 권리라 해도) 휴가를 내는 것을 사치로 여기거나 일에 최선을 다하지 않는다는 신호로 받아들일 수도 있다. 그렇지만 우리 모두 가끔은 숨을 돌려야 한다.

10. 잘못된 이타주의

마지막으로, 더 많이 베풀수록 더 나은 사람이 된다는 생각, 즉 자신을 충전할 겨를도 없이 계속 내주며 희생하는 게 미덕이라는 생각 때문이다. 그러나 에너지가 바닥난 채로 달린다면 언제까지 남을 도울 수 있을까?

위의 항목들을 나열한 이유는 다음번에 거품 목욕을 하거나 낮잠을 청할 때 죄책감을 느낀다면 그러지 않아도 된다고 말하고 싶어서다. 괜찮기만 한 게 아니라 사실은 아주 필요한 일이다! '자기 돌봄은 이기적인 게 아니라 균형 있는 삶의 필수 요소다'라는 생각을 내면화하는 것이 중요하다.

비가 오지 않으면 꽃도 피지 않는다

자기 친절은 매일 행복하지 않다고 해서 실패한 인생은 아니라는 걸 인정하는 것이기도 하다. 요즘 사회에서는 끊임없이 행복하지 않다면 인생에서 실패한 것이라고 생각하게 만드는 은근한 압력이 존재한다. 성공과 행복이 같다고 보는 것이다. 그러나 작은 비밀을 하나 알려주면, '그건 다 헛소리다.'

비가 한바탕 쏟아진 뒤 바깥에 서 있어본 적이 있을 것이다. 무어라고 표현하기 힘든 상쾌함이 공기를 채우고, 세상 모든 것이 깨끗하고 밝아 보이며, 운이 좋으면 무지개를 볼 수 있는, 그런 순간 말이다. 비가 내리지 않으면 그런 마법 같은 순간은 맞을 수 없다. 비가 내리지 않으면 무지개도 없다. 비가 오지 않으면 꽃도 피지 않는다!

인생도 다르지 않다. 흐린 날이 있고, 감정적으로 뇌우가 쏟아지는 날이 있고, 물에 젖은 통나무가 된 것 같은 느낌이 드는 날도 있다. 이 모든 것이 성장의 한 과정이다. 감정과 고난이 휘몰아치는 한가운데서 종종 명료함, 이해, 개화의 가장 빛나는 순간이 찾아오기도 하는 것이다. 우리 인생 최고의 교훈이 가장 격렬한 삶의 폭우에서 비롯된다니, 이럴 수가!

성공적이고 의미 있는 삶을 살려면 24시간 내내 행복해야 할까? 절대 그렇지 않다. 행복은 인생이라는 복잡한 초상화를 그리는 커다란 팔레트에서 하나의 감정일 뿐이다. 가라앉거나, 혼란스럽거나, 불확실한 감정을 느껴도 괜찮다. 우산이 필요한 날도 있고, 구명보트가 필요한 날도 있을 수 있다. 다 괜찮다.

꽃이 자라려면 햇볕과 비가 모두 필요하듯, 진정으로 꽃을 피우기 위해서는 다양한 경험이 필요하다는 걸 기억하고, 다음에 몸과 마음이 좋지 않을 때는 이렇게 되뇌어 보자. '이 또한 지나갈 것

185

이고, 비가 온 뒤에야 꽃이 핀다.' 그리고 고개를 들고, 활기차게 지내면 된다.

우리 삶에는 특별히 쓸만한 기술이 하나 있는데, 그건 무슨 일이 일어나든 괜찮다고 받아들이는 것이다. 물론 모든 사람에게 다 유용한 것은 아니고, 나 역시 '모든 일'이 다 괜찮지는 않다. 그렇지만 전부는 아니어도 꽤 많은 일들을 괜찮게 여길 수 있으면, 사물을 받아들이고 사람들을 있는 그대로 받아들이기만 하면 무조건 도움이 된다. 더구나 일단 익숙해지면 스트레스, 짜증, 불쾌감과 좌절감이 단번에 사라진다는 점에서 이는 마치 요술 지팡이 같은 효과를 발휘한다.

물론 인생에는 수많은 일이 일어나며, 무슨 일이 일어나느냐에 따라 받아들이는 것도 그때그때 달라질 수 있다. 그렇다면 길이 막혀서 약속 시간에 15분 늦을 것이 확실한 경우는 어디에 해당할까? 어제 보내놓은 중요한 이메일에 답장이 안 오는 건? 식탁에 토마토소스가 묻은 건?

그러니까, 이런 일들로 세상이 끝나지는 않는다. '괜찮아. 별일 아니야'라고 넘길 수 있어야 할 정도의 일이고 점점 더, 그럴 수 있도록 노력하면 된다. 그동안 괜찮지 않았던 일들, 화가 나거나 좌절감을 느꼈던 일상의 일들을 괜찮다고 여기는 데 점점 더 익숙해지도록 하라. 조금만 진정하면 그것이 곧 정신적 자기 돌봄이 된다. 원하는 걸 위해 노력하되, '오늘 무슨 일이 일어나든 나는 괜찮아'라는 생각을 정신적 배경으로 삼을 수 있다는 것이다.

지금 당장은 믿지 않을지도 모르지만, 삶에서 이를 사용하게 되는 순간이 오면 이 방법이 꽤 쓸모 있으며 훈련해 둘 만한 사고 방식이라는 걸 깨닫게 될 것이다. 인생의 칠판에 쓰여 있는 유일한 행복 공식은 아니어도, 많은 경우에 효과가 있을 것이다. '비가 와서 비 맞은 생쥐 꼴로 젖어버리겠지만, 그래도 난 괜찮아.' '방금 승진했어, 최고야! 그렇지만 뭐, 별일 아니지.' 이렇게 좋은 일이든 나쁜 일이든 긍정적으로 받아들이면 된다. 즉 일어나는 일에 저항이 덜하도록 도와주는 작은 마음가짐이라고 생각하면 된다. 좋은 일을 축하하지 말라는 것이 아니라, 기뻐하며 맥주 한 잔 마시고, 원래 자리로 돌아오라는 것이다.

올라갔다 내려갔다 하는 기복이 있는 건 정상이다. 오르내림은 인간의 경험과 정신의 깊은 곳에 기록되어 있다. 우리는 밀고 당기는 걸 기본으로 여긴다. 바다의 조수, 호흡의 들숨과 날숨, 심장 박동, 밤과 낮처럼 모든 것들은 순환한다. 우리는 들고 남, 오르내림의 순환 속에서 진화해 왔다. 따라서 삶의 모든 측면이 그렇게 돌아간다는 걸 이미 알고 있다. 때로 성공에 앞서 일이 엉망이 되어버리는 것도 그런 이유다.

그러므로 일이 잘못되는 걸 두려워할 필요는 없다. 안 좋은 일이 생기는 건 지극히 정상이므로 환영해 주면 된다. 어차피 지나갈 일이고, 다음에 올 좋은 일의 물결을 만들어 주는 일이기 때문이다.

인생에서 비에 젖어도 화낼 필요가 없다. 곧 다시 태양이 환하게 비칠 것이기 때문이다. 그게 태양의 일이니까. 비가 오지 않으면 꽃도 피지 않으니까 말이다!

이 부분을 쓰기 시작할 무렵 아버지가 떠올랐다. 아버지는 힘들게 뇌종양을 앓다가 끝내 세상을 떠나셨는데, 아버지 당신께서도 그랬겠지만 한 번도 혼자였던 적이 없는 어머니에게도 특별히 힘든 일이었다. 그렇지만 시간이 약이고, 태양은 다시 떠오른다.

아버지가 돌아가시기 한 달 전쯤, 어머니에게 휴식 시간을 드리기 위해 밤에 아버지 곁을 지킨 적이 있었다. 그때 아버지에게 어린 시절 얘기를 들려달라고 했더니 축구를 하던 이야기를 들려주셨다.

아버지의 팀은 크로이 지역의 홀리크로스 축구팀이었는데, 1962년에 존 톰슨 메모리얼 트로피John Thomson Memorial Trophy(경기 중 상대 선수와의 우연한 충돌로 사망한 스코틀랜드의 국가대표 존 톰슨 John Thomson을 기리는 축구 대회-옮긴이)를 차지했다고 한다. 이는 아버지가 활동하던 등급에서는 스코틀랜드 컵에 해당하는 대회였다. 아버지는 결승전에서 골을 넣었고, 결승까지 올라가는 여러 경기에서도 여러 번 골을 넣었다. 그날 밤 아버지는 종양 때문에 잠깐씩 정신이 흐려지기도 했지만 대체로 또렷한 정신으로 이야기를 해주셨고, 자신의 활약을 자랑스러워하기도 하셨다.

아버지는 위층으로 올라가 그 영광스런 트로피를 가져와 내게 건네며, "이제 네 거란다"라고 말씀하셨다. 나는 금세 그걸 알아보았다. 그건 누나 레슬리와 내가 어릴 때 함께 가지고 놀던 장난감이었다. 바닥이 없는 건 우리가 깨뜨렸기 때문이고, 누나와 내가 서로 절대 깨뜨리지 않았다고 잡아뗐던 기억이 났다. 내 생각에는 누나가 범인이지만, 내가 그랬을 수도 있다. 이렇든 저렇든, 지나간 일이다.

지금 나는 그 컵을 보물처럼 여긴다. 컵이 깨졌다는 사실까지다 소중하다. 그것은 우리 가족의 삶이었고, 나에게는 더없이 특별한 것이다.

1년쯤 지나자, 우리 가족의 삶도 점점 일상으로 돌아갔다. 아버지가 우리 곁에 안 계신 것에도 제법 익숙해졌다. 그리고 내 책상에는 존 톰슨 메모리얼 트로피가 놓여 있다.

비가 내리지 않으면 꽃도 피지 않는다.

자기 수용

몇 년 전에《나는 나를 사랑한다 I Heart Me : The Science of Self-Love》라는 책을 썼다. 출판사와 책을 읽은 사람들은 몰랐겠지만 나는 자기애, 또는 자존감 문제로 어려움을 겪고 있었다(나는 자기 자신의 자격, 가치에 대한 내적 감각이라는 측면에서 자기애와 자존감을 혼용하는 편이다). 그럴 때 책을 쓰게 되어 카타르시스와 치유를 얻었고, 그때의 경험으로 나는 여러 면에서 달라졌다.

내가 깨달은 것 중 하나는 인생에서 여러 문제와 어려움을 겪으며 힘들어한다고 해서, 그 자체가 문제는 아니라는 것이다. 그런 일들을 겪는 건 우리가 인간이라는 의미다. 누구에게나 안 좋은 일은 일어난다. 그런데도 우리 중 많은 이들은 지나치게, 자기만 빼고 다른 사람들 대부분이 잘살고 있다고 생각한다. 우리는 다른 사람들과 너무 많이 비교한다.

'내가 존만큼만 돈을 쉽게 벌 수 있다면 좋겠다', '우리 집이 클

189

레어네처럼 컸으면 좋겠다', '나도 에이미처럼, 먹어도 살이 안 찌면 좋겠다', '내 인생이 피트의 인생처럼 잘 풀렸으면 좋겠다!'

이 부분에서 아주 중요한 생각 하나를 여러분과 나누려 한다. 삶을 우주라는 거대한 극장에서 펼쳐지는 연극이라고 생각하고, 우리가 그 연극에서 각자의 배역을 맡은 배우라고 상상해 보자. 그런데 우리가 제인의 의상이나 엠마의 억양을 훔치는 데 열중한다면 어떻게 될까? 연극에 대혼란이 일어나지 않을까? 아마 자기 대사를 망치는 것으로 끝나지 않고, 다른 사람들 모두의 고유한 캐릭터를 엉망으로 만드는 결과가 될 것이다.

그것은 선인장에서 장미꽃을 피우겠다고 억지를 쓰는 것이나 마찬가지다. 무엇보다 손가락이 찔려 피가 날 테고, 다음으로 가시투성이 친구 선인장이 제대로 존재하지 않으면 사막 특유의 분위기는 어디서 찾느냐는 문제가 생긴다.

전설적인 재치꾼 오스카 와일드는 이렇게 말했다. "너 자신이 돼라. 다른 사람들은 벌써 다 자기가 됐다." 그는 이미 알고 있었던 것 같다. 자기만의 반짝이는 본질이 있는데 다른 사람의 그림자를 쫓으며 하루를 보내는 건 아무런 이점이 없다는 것을. 그건 마치 별처럼 밝게 빛나면서도 달이 되고 싶어하는 것과 마찬가지다.

나는 빛나는 별이 아니라고? 물론 우리는 모두 의심과 그림자를 지니고 있다. 그래서 시시때때로 교활한 생각이 우리에게 속삭인다. '그 정도로는 안 돼'라거나 '넌 좀 더 아무개처럼 될 필요가 있어' 같은 것들이다. 그러나 모두가 이런 꾐에 넘어간다면 우리는 언젠가 복제인간의 세상에서 살게 될지도 모른다. 솔직히, 누가 봐도 엉터리 SF 영화에나 나올 법한 이야기다.

인생은 너무 짧고, 다른 사람의 신발을 무리하게 신고 다니기에 우리는 너무 괜찮은 사람이다. 그 신발이 내 발에 작다면 더욱 그렇다. 그러므로 자신이 별나다면 별난 부분을 인정하고, 잘하는 부분이 있다면 스스로 칭찬하자. 그리고 기억해 두자. 세상에는 우리 같은 풍미를 지닌 사람들이 필요하다. 우리가 가진 풍미를 두루 퍼뜨려 삶을 조금 더 진하고 매콤하고 유쾌하게 만드는 것이다! 지금처럼 멋지게 지내면 된다. 자기답게!

우리를 좋아해 주지 않는다고? 어쩌라고!

꽤 중요한 또 하나의 개념에 관해서도 이야기해 보자. 바로 모든 사람이 우리를 좋아할 필요는 없다는 것이다. 물론 나도 이 말이 치기 어린 반항처럼 들리기 쉽다는 걸 안다. 그래도 들어보시길.

모두가 극찬해 마지않는 신발 한 켤레를 신어봤는데, 발에 안 맞았다고 하자. 발가락이 끼고, 뒤꿈치가 까지고, 걸을 때마다 신발이 아니라 고문 기계처럼 고통스럽기만 하다. 이쯤 되면 세상 모두가 좋아하는 신발이라 해도 나와는 맞지 않는 것이다. 모두의 마음에 들고 싶어하는 것도 마찬가지다. 불편하고, 부자연스럽고, 좀 아프기도 하고.

이제 제일 좋아하는 운동화를 신는다고 하자. 낡았지만 맞춘 것처럼 딱 맞는 운동화 말이다. 이 운동화를 신으면 아무것도 거

191

리낄 게 없다는 느낌이 든다. 허세도 없고, 필터도 필요 없고, 그냥 순수한, 진짜 우리 자신이 된다. 편안해지는 것이다.

정말이지 삶은 인기 투표(물론 고등학교 시절이 영원히 끝나지 않을 것 같은 때도 있긴 하다)로 결정되는 것이 아니다. 모든 이에게 사랑받으려고 애쓰다 보면 우리를 우리답게 만드는 특성과 자질을 간과하기 쉽다.

현실은 이렇다. 어떤 사람은 우리를 좋아하고, 어떤 사람은 우러러보며, 어떤 사람은 그렇지 않다. 원래 그렇다. 지극히 괜찮다. 누군가 우리를 있는 그대로 좋아하지 않는다면, 그건 우리의 가치가 낮아서가 아니라 그 사람들의 관점이 그렇기 때문이다. 그런 사람들은 신경 쓰지 말고 우리를 북돋워 주고 지지해 주는 관계를 우선하면 된다.

우리가 자신을 있는 그대로 받아들이면, 그때부터 우리는 진짜 우리를 인정하고 사랑해 주는 사람들 쪽으로 자연스럽게 끌리게 된다. 이 사람들이 바로 우리의 동족이다. 우리의 농담을 이해하고, 별난 부분까지 아무렇지 않게 품어주며, 우리가 애써 꾸미기를 바라지 않는 사람들. 이런 관계가 백 번의 열의 없는 유대관계보다 훨씬 더 가치 있다.

그러므로 우리는 우리다우면 된다. 자신만의 고유한 깃발을 높이 들어 올리는 것이다. 그러면 우리 편인 사람들이 그 깃발을 보고서 똑같이 특유한 자신의 깃발을 바람에 펄럭이며 다가올 것이다. 그렇게 해서 함께 모인다면, 누구 못지않은 다채로운 행렬을 만들어 나갈 수 있다.

자기 친절은 맹렬할 수 있다

이쯤에서 앞으로 우리에게 도움이 될 몹시 중요한 사항을 말하고 싶다. 그것은 우리 사회에서 이야기하는 친절에는 종종 부드러움, 온화함, 심지어 약간은 연약함의 이미지까지 있다는 것이다. 친절이라고 하면 섬세한 꽃을 가꾸거나 새끼 새에게 따뜻하고 달콤한 말을 속삭이는 것 같은 느낌을 떠올리게 된다. 그러나 여기엔 반전이 있다. 적어도 자기 친절은, 매우 맹렬할 수 있다는 점이다.

자신에 대해 극심하게 비판적이게 되는 날들을 생각해 보자. 커피를 엎질렀거나, 오타 때문에 뜻이 완전히 정반대가 된 메일을 보냈거나, 마감을 못 지켰거나 하는 날 말이다. 그럴 때 자신에게 조금 더 너그러워도 될 텐데, 우리는 자주 '제대로, 하는 게, 하나도, 없잖아!'라는 이름의 토끼굴로 깊숙이 들어가 버린다.

이런 내적 혼란의 소용돌이 속에서 자기 친절은 사자처럼 울부짖는다. '그만! 인간이니까 그럴 수 있어. 넌 최선을 다했다고!'라는 우레 같은 고함으로 온갖 의심을 가라앉힌다. 바로 이것이 맹렬한 자기 친절이다.

몇 주 동안 밤을 새우거나 일을 마저 끝내려고 식사를 거르는 등 자기를 너무 혹사한 적이 더러 있을 것이다. 그럴 때 자기 친절은 '괜찮아. 좀 쉬어' 같은 부드러운 말이 아니라 '그만! 넌 휴식과 돌봄을 받을 자격이 있다고!'라고 격하게 외칠 수 있다. 또는 펄펄 뛰면서 큰소리로 '더 이상은 안 된다고!'라고 부르짖거나. 말하자면 긍정적인 결의를 압착 드릴로 바위에 새기는 것처럼, 강력하게 밀어붙인다.

자기에게 맹렬하게 친절하다는 건 형이나 오빠, 언니, 누나 등 손위 형제자매가 어린 동생을 보호하는 것처럼 행동하는 것이다. 누구에게든, 특히 자신의 내적 비판자가 괴롭히도록 내버려두지 않겠다는 결의가 있어야 한다. 이것은 지금보다 더 많이 하라고 압박하고 더 열심히 하도록 떠미는 사회적 압력에 맞서는 일이다. 그러면서 이렇게 말하는 것이다. "나는 나 자신을 너무 소중히 여겨서 의심하는 스스로를 포함해서 어떤 것이나 그 누구도 나를 끌어내리도록 내버려두지 않는다고!"

이제부터는 자기 친절을 생각할 때 상냥한 손길을 내미는 부드러운 돌봄을 떠올리지 마시길. 타오르는 불꽃, 거센 파도처럼 강렬하게 주장하는 자연의 힘을 그려보기 바란다.

'충분해. 나는 충분히 해내고 있어. 나는 친절을 받을 자격이 있어, 특히 나 자신에게는.'

그리고 기억하기를. 부드럽든 맹렬하든, 자기 친절은 강한 힘을 발휘한다. 그러니 그 힘을 받아들이고, 더욱 키우고, 포효하라.

딱 알맞은 지점

다른 사람에게 친절하게 대하는 것과 자신에게 친절한 것 사이에는 균형, 즉 알맞은 지점이 있다. 때로는 별것 아닌 것처럼 여겨지기도 하지만 이 균형이 아주 절실할 때가 있다. 그건 맛있는 디저트를 위한 완벽한 요리법을 발견하는 것과도 같다. 너무 지나치지 않고 딱 알맞게 단맛을 내는 디저트 말이다. 인생도 약간 비슷하다.

케이크를 만든다고 상상해 보자. 다른 사람들에게 친절하다는 건 케이크의 맛을 좋게 하는 온갖 훌륭한 재료, 즉 밀가루, 설탕, 달걀을 넣고, 거기에 바닐라를 추가하여 풍미를 더하는 것과 같다. 친구 옆에 있으면서 도움의 손길을 내밀고, 어디서든 긍정의 기운을 퍼뜨리는 것도 마찬가지다. 케이크 반죽처럼, 다른 사람에게 친절하면 즐거운 삶의 토대가 만들어진다.

그러나 거기에 자기를 섞는 걸 잊으면 안 된다. 자신에게 친절하다는 것은 바로 케이크를 제대로 구울 기회를 주는 것과 같다. 자기를 소중히 여기고, 자신의 요구에 귀를 기울이고, 온도를 맞추듯이 자기 연민을 실천해야 한다. 오븐에서 케이크를 구우면서 너무 익어버리거나 덜 익지 않도록 확인하는 것과 마찬가지다. 자신을 소홀히 하면 결국 지쳐버리거나 제대로 평가받지 못할 수 있기 때문이다.

삶의 위대한 요리법에서는 친절을 넉넉히 뿌려야 한다는 걸 꼭 기억하자. 외부를 향해서도 그렇지만 자기 내부를 향해서도 마찬가지다. 그리고 마음이 가벼워지고 영혼이 양식을 얻으며, 우리의 행동이 세상에 선의의 물결을 일으키는 적절한 지점을 찾아야 한다. 왜냐하면 균형 잡힌 삶이야말로 잘 사는 삶이기 때문이다. 완벽하게 구워진 케이크의 풍미가 즐거움을 주는 것과 똑같이 말이다.

'아니요'의 부드러운 힘

앞에서도 이야기했지만, 자기 친절은 때로는 '아니요'라고 말하는 것이기도 하다. 한번 떠올려 보자. 편안한 저녁, 포근한 잠옷이 기다리고 있다. 게다가 옆에는 얼른 읽고 싶어 조바심이 나는, 새로 산 책이 놓여 있다. 그런데 딱 그 순간에 핸드폰 진동이 울리며 메시지가 뜬다. '근처에서 한잔 어때? 나올래?'

다들 이런 경험이 있을 것이다. 다른 사람의 요구에 부응하고 싶은 마음과 자신이 원하는 일을 선택하고 싶은 마음 사이에서 균형을 맞추느라 줄타기하는 느낌. 때로는 일단 '그래'라고 대답해야 할 것 같기도 하다. 좋은 친구라면 그래야 하는 것 아닌가?

하지만 우리는 지금 우리가 몰랐던 '아니요'의 저력에 대해 이야기하고 있다. 그중에서도 그저 '아니요'라고 말하는 게 아니라 친절이 깃든, 상냥하고 부드러운 '아니요' 말이다. 자기 자신과 상대방, 모두에게 전하는 '아니요.'

이제 독자 여러분도 자기에 대한 친절이란 것이 단순히 거품 목욕이나 초콜릿이 전부가 아니라(물론 그런 것도 아주 좋은 방법이다)는 것에는 모두 동의할 거라고 생각한다. 자기 친절은 우리의 경계, 필요, 한계를 인식하는 것과 관련이 있다. 그건 우리가 가진 컵에 다른 사람들에게 나누어 줄 물을 계속 채우는 일이기도 하다.

오해하지 마시길. 나는 지금 '예'라고 말하는 것, 또는 자발적 포용을 반대하는 캠페인을 벌이자는 게 아니다. 그저 때로는 자신을 1순위로 해도 괜찮다는 것이다. 결과적으로 초대를 거절하거나 기간을 좀 미루게 된다 해도 말이다. 앞으로는 그런 결정을 할 때, '아니요'라고 대답해도 치명적인 결정타를 던지는 게 아니라는 사실을 기억하라는 것이다. 그저 자신을 돌보고 자기 친절을 실천하고 있을 뿐이라는 것, 그래서 그때의 '아니요'는 깃털처럼 부드럽고 상냥한 일깨움일 뿐이라는 것을.

그러므로 부드러운 '아니요'는 자기 친절의 한 형태다. 이 점이 중요하다. 자기를 우선시해도 된다는 말이기 때문이다. 다음번에 '아니요'라고 대답하면서 친절을 살짝 곁들이기만 하면 된다. 그게 하루 종일 자신을 위해서 하는 가장 달콤한 일이 될 수도 있으므로.

자기희생은 항상 친절한 행동일까?

'알맞은 지점'에 대해 더 이야기해 보자. 좋아하는 의자에 앉아 따뜻한 머그잔을 손에 들고 소설책의 책장을 넘기고 있다고 상상해 보자. 액션으로 가득 찬 장면과 눈물겨운 장면들에 이어 남녀 주인공이 대의를 위해 모든 걸 희생하는 장면이 등장한다. 늘 그렇듯 자신보다 남을 우선시하는 사람들은 감동을 자아낸다. 그렇지만 잠깐 생각해 보자. 자기희생은 '언제나' 친절한 행동일까?

남을 돕고, 북돋아 주고, 보호하려는 본능은 인간 본성의 가장 아름다운 면모 중 하나다. 그리고 자기희생은 보통 사랑과 친절에서 우러나오는 행동이다. 그러나 반대로도 생각해 볼 필요가 있다.

촛불을 예로 들면, 초에 불을 붙이면 주변으로 빛과 온기가 퍼지지만, 너무 빨리 타버리면 금세 소진되어 방이 어두워진다. 그 방에서 식사 중인 사람들이 있다면 무척 난감할 것이다. 마찬가지로 우리가 자신의 요구와 안녕을 계속 소홀히 한다면, 다른 이들에게 나누어 줄 빛이 거의 남지 않는다는 걸 깨닫는 순간이 온다.

우리 자신을 과도하게 확장하면 소진과 분노가 일어나고, 진정으로 배려할 수 있는 능력이 감소할 수 있다. 특히 자신의 이타적인 모습에 집착하는 것은 때로는 인정 욕구 때문이거나 자신의 욕구를 정면으로 대하기 싫은 심리에서 비롯되는 경우도 있다. 그러므로 자기희생이 의식적인 선택이 아니라 강박적인 행동이라는 느낌이 든다면 잠시 멈춰 되돌아봐야 할 때다.

게다가 지속적인 자기희생은 의도치 않게 자신이 사랑하는 사람들에게 잘못된 메시지를 전할 수도 있다. 은연중에 본인들의 안녕이 희생해 주는 이의 안녕보다 더 중요하다고 생각하게 되는 것이다. 이는 다시 그들에게 죄책감을 안겨주거나 자신을 소홀히 하는 게 맞는 일이라고 전하는 결과가 되어버린다.

자기희생은 분명히 아름답고 친절한 행동이지만, 균형을 맞추는 게 반드시 필요하다. 즉 다른 사람들을 진심으로 돌보기 위해서는 스스로를 돌봐야 한다는 것이다. 다음에 다른 사람을 위해 좀 더 애써야겠다는 생각이 들면 '혹시 내 에너지가 다 떨어진 건 아닐까?'라고 자문해 보자. '그렇다'라는 대답이 돌아오면 다른 사람에게 나누어 주기 전에 먼저 내 컵에 물을 채워야 할 시점인지도 모른다. 건배!

친절은 무한하지만, 우리의 에너지는 유한하다

친절이 보편적인 특성이며 전 우주만큼 넓고 크다고 생각하는 것은 이제 비밀이 아니다. 우주에는 경계가 없고 우리 내면의 친절도 마찬가지다. 그러나 반전이 있다. 친절은 끝이 없지만 우리 개개인의 에너지는 핸드폰 배터리 같아서, 방전된다는 사실이다. 아무리 최신형의 고급 모델을 가지고 있어도 충전은 필수다.

물론 세상에 우리의 선한 마음을 비처럼 뿌리는 건 정말 멋진 일이다. 그걸 부정하는 것이 아니다. 나 역시 친절의 팀워크를 응원한다. 다른 이에게 문을 잡아주고, 칭찬해 주며, 새벽에 격려 문자를 보내 친구를 응원하는 행동을 물론 지지한다. 그러나 다시 말하지만, 슈퍼히어로로라고 해도 충전이 필요하다[네, 피터 파커Peter Parker(영화 〈스파이더맨〉 속 주인공 슈퍼히어로로의 진짜 이름–옮긴이), 당신 말이 맞아요)]. 이 균형을 마음에 새겨야 한다.

무엇보다, 비축량을 보충하지 않고 계속해서 내주기만 하면 고갈되고 소진되거나 심하면 화가 치밀어오를 수도 있다. 주전자로 물을 따라주는 상황과 마찬가지다. 한 번씩 물을 다시 채우지 않으면 마지막 몇 방울을 털어내면서 물이 다 어디로 갔는지 궁금해질 것이다.

게다가 기운이 바닥나면 의도하지 않았더라도 친절의 질이 확 떨어질 수 있다. 진심 어린 사랑 대신 건성으로 미소를 지을 수도 있고, 귀담아듣지 않고 한쪽 귀만 열어놓고 있을 수도 있다. 더 심하게는, 속으로는 내일 저녁 장 볼 품목들을 생각하면서 상대의 말을 대충 흘려들을 수도 있다.

　해결책은 자신에게도 친절해야 한다는 걸 기억하는 것이다. 산책, 독서, 커피 마시기, 명상 등을 하는 게 좋으며, 그냥 낮잠을 자도 괜찮다. 원하는 방법으로 에너지의 잔을 다시 채우면 된다. 자신의 한계를 정하는 건 절대로 부끄러운 일이 아니다. 이기적인 게 아니라, 자기 관리를 하는 것이다.

　그렇게 자신의 에너지를 보존하고 활력을 되찾으면 우리가 행하는 친절은 진정하고, 깊으며, 영원한 흐름으로 이어질 수 있다. 친절은 무한하지만, 충분히 휴식한 마음에서 우러나온 신선한 친절이 그중에서도 가장 좋기 때문이다.

다른 사람의 행동이 우리를 변화시키게 두지 않는다

화창한 날, 맛있는 아이스크림콘 하나를 들고 있다고 하자. 막 첫 입을 대려는 순간, 갑자기 뭔가가 툭, 떨어진다. 머리 위로 새 한 마리가 볼일을 본 것이 하필 여러분의 아이스크림에 떨어진 것이다. 제 딴에는 아이스크림이 제일 적당한 장소라고 결정한 모양이다(실제로 오늘 아침에 개와 산책하던 중에 새똥이 아슬아슬하게 내 얼굴을 비껴가는 일이 있었다). 어쩌면 여러분은 이렇게 생각할지도 모른다. '됐어! 이 세상에서 새가 제일 싫어! 이제 나는 죽을 때까지 실내에서만 식사할 거야!' 그러나 이렇게 되면 버릇없는 새 한 마리가 화창한 날의 기분을 좌우하도록 놔두겠다는 뜻이 된다.

누군가 우리에게 함부로 굴었을 때도 비슷하다. 당연히 머리에 먹구름이 낀 기분이 들 것이다. 그러나 타인의 불친절한 말이나 행동으로 우리의 본질이 바뀐다면, 그건 우리를 화나게 한 그 사람에게 우리를 제어할 수 있는 리모컨을 넘겨주는 것이나 마찬가지다. 우리는 정말 자기가 우두머리인 것처럼 구는 사람, 끝없이 불평만 하는 사람, 또는 이기적인 사람이 그런 힘을 갖기를 원할까?

말하기는 쉬워도 실천하기는 어렵다는 건 알고 있다. 그러나 현관 매트처럼, 밟아도 참으라는 게 아니다. 자신의 편이 되는 자기 친절은 고귀한 일이다. 불친절한 사람에게 되갚기 위해 똑같은 사람으로 변하는 건, 함부로 볼일을 본 새가 이기는 시나리오다. 따라서 누군가 우리의 길에 비를 뿌리려고 하면 아이스크림을 떠올리자. 햇빛을 즐기고, 아이스크림을 잘 가리고, 무슨 일이 생길지 혹시 모르니 작은 냅킨 한 장(또는 넉넉한 너그러움)은 지니고 다니자. 부디 기분 좋게 지내기를! 우리처럼 멋진 사람들이 새 한 마리(아니면 불평가들) 때문에 하루를 망치면 되겠는가.

'겸손'은 '작음'을 의미하지 않는다

겸손은 누구나 좋아할 만한 자질이므로 많은 이들이 받아들이고 싶어한다. 문제는 겸손에 관한 생각이 좀 엉켜 있다는 것이다. 겸손을 어떻게 표현해도, 그 사람이 위축되어야 한다는 뜻이 되지는 않는다. 한 친구는 자기는 작아져야 한다는 말을 들으며 자랐다고 한다. 그게 미덕이라고 배웠다는 것이다(어린 시절에 배운 단순한 생각을 어른이 될 때까지 지닌다는 게 재미있다. 생각은 고착된다. 사과 씨를 먹어도 사과나무가 내 몸에서 자라지 않는다는 걸 스스로 깨달은 것은 놀랍게도 30대가 되어서였다).

생각해 보자. 우리는 일을 뛰어나게 처리하면서도 겸손하고, 친절하며, 차분할 수 있다. 그런데도 우리 중 많은 이들이 '얌전한 사람이 땅을 물려받는다'와 같은 생각에 사로잡혀 있다. 자기를 깎아내려야 겸손하다고 믿는 것이다. 아니, 그렇지 않다.

겸손하다는 건 '네, 저는 이걸 잘합니다. 그러나 여전히 배워야 할 것들이 있습니다'와 같은 태도다. 자신을 비하하거나 부족한 사람처럼 행동하는 게 아니라, 진실하고 진정성 있게 행동하는 것이다. 더 솔직히 말하면 힘 있는 움직임이라고 할 수 있다. 스스로 작은 존재인 것처럼 행동하는 건 '저는 모자란 존재입니다'와 비슷한 분위기를 자아낸다. 겸손은 좋은 특성이지만 자신을 홀대하는 건 겸손이 아니다.

부처의 말씀 중에 이런 게 있다. "한 마디의 진실한 말이 천 마디 거짓말보다 훨씬 멋지다."

표현은 조금 다를 수 있지만 대략 그런 의미다. 부처가 정확히 뭐라고 표현했는지는 모르지만, 진실과 가식을 비교한 게 아닐까 싶다. 자기에게 친절한 것이 진실이다. 겸손을 받아들이되 움츠러들고 물러서지 말라는 것이다. 다시 말하면, 알맞은 지점을 찾으라는 것이다. 성공을 충분히 자축하라. 멍청이 짓만 하지 않으면 된다.

작은 것들이 중요하다

다음 장으로 넘어가기 전에, 기분을 나아지게 하는 데 도움이 되는 일반적인 삶의 조언을 몇 가지 언급하고자 한다. 첫째는 우리가 줌아웃하여 인생을 바라보면 자칫 큰 것들에 매몰되기 쉽다는 것이다. 주요 이정표라든지 큰 결정, 결정적인 '아하!'의 순간 같은 일들이다. 그러나 정말 중요한 것은 그런 것들이 아니다.

이 책을 작업하는 동안 이 문제를 생각하다가 첫 번째 책이 출간되었던 날을 떠올렸다. 책을 내는 일 자체는 정말 흥분되는 사건이었지만, 내게는 그에 앞서 수백만 개쯤 되는 중요한 순간들이 있었다. 노트북을 끼고 앉아 몇 달이고 한밤중까지 글을 썼던 일(한동안은 이 일만 했으니까), 양초, 진한 커피, 내 파트너와 가족이 해준 지원, 초고에 대해 친구들로부터 피드백을 받았던 일, 편집하느라 보낸 날들, 좋았던 일, 나빴던 일, 편집자들의 거절, 카페에서의 글쓰기, 맑은 날 공원에서의 글쓰기, 그 외에도 말로 이루 표현하기 힘든 일이 있었다.

인생에서는 커 보이는 일들에 집중하기 쉽지만 가장 중요한 건 작은 것들이다. 이것들이 실제로 우리가 되돌아보거나 놓치고 나서 후회하게 되는 일들이다.

이를테면 일상생활에서 겪는 작은 몸짓들이 그렇다. 친구가 가볍게 등을 두드려 준다거나, 스쳐 지나가는 사람들과 미소를 나눈다거나, 누군가 우리의 머리 모양이나 외투가 마음에 든다고 말해주거나, 가족에게서 평범하게 안부 전화가 온다거나 하는 일들 말이다. 별것 아닌 것 같아도 이런 것들이 쌓여 우리 마음의 온기가 되고, 추억이 된다.

우리의 하루를 만드는 건 가장 작은 것들이다. 아침에 깨어났을 때 커피를 내리는 향기(적어도 나한테는 그렇다), 새들의 아침 콘서트, 제일 좋아하는 낡은 책의 감촉과 냄새, 일어날 시간이라고 알려주려고 뛰어와서 얼굴을 핥는 반려견 등등.

좀 전에 마지막 문장을 쓰고 있을 때도 우리 집 강아지 데이지가 옆에 와서 살짝 낑낑거렸는데, 그건 '아빠, 배를 문질러 주세요'라고 말하는 녀석만의 방식이다. 당연히 배를 문질러 줬다. 아마도 녀석은 내가 자기 생각을 하는 걸 느꼈던 게 아닐까 싶다. 이런 세세한 것들이 우리의 판에 박힌 일상에 색채와 기쁨을 더해 준다.

작은 순간들을 정말 집중해서 보면 세상이 조금 다르게 보이기 시작한다. 나 역시 내 삶과 함께 살아가는 사람들에게 더 감사하는 마음이 되었다. 큰일만 신경 쓰며 살 때는 저화질의 낮은 해상도로 보다가 갑자기 고화질 HD로 세상을 보는 느낌이 든다. 이렇듯 보통은 그냥 지나치곤 했던 세상의 작은 경이로움에 관심을 기울이면 삶이 더 풍부하고 재미있어진다.

결론은, 큰 사건에 스포트라이트가 비치는 건 당연하고 그만큼 중요하기도 하겠지만 삶을 진정으로 아름답게 만드는 건 바로 일상의 사소한 일들이라는 것을 잊지 말자는 것이다. 이 작은 일들이 우리가 함께한다는 걸 일깨워 주고, 평범해 보이는 것들 속에 아름다움이 있다는 걸 상기시켜 준다.

그러니 당장 지금부터라도 작은 것들을 조금 더 소중히 여기기
로 하자.

08

친절 리더십

약 50년 동안 건설업에 종사했던 우리 아버지는 일흔에 은퇴하시기 직전까지 전임으로 근무하셨다.

은퇴 후 몇 년이 지나 아버지는 나와 파트너가 함께 사들인 오래된 주택을 개조하는 일을 도와주셨다. 그 집은 우리가 갖게 된 첫 부동산이었다. 그때 몇 달 동안 함께 일한 것이 아버지와의 가장 좋은 추억 중 하나가 되었다. 나는 꼭 아버지의 견습생이 된 것 같았다. 그럴 만한 것이, 그전까지 나는 뭘 만들어 봤던 경험이 고작 플러그를 연결하고(아주 서툴게), 전구 몇 번 갈아 끼운 게 전부였기 때문이다. 그래서 매일 아버지에게 건축과 목수 일을 배웠던 그 시간이 내게는 가장 보람된 경험으로 남았다.

그때 아버지는 은퇴하기 몇 년 전에 직장에서 있었던 사건 하나를 이야기해 주셨다. 아버지는 평생에 걸쳐 콘크리트 마감 일을 하셨고, 쇼핑몰과 상점의 바닥을 깔고 평탄화 작업을 하는 것도 아버지의 일이었다. 한번은 아버지의 회사가 새로운 상점을 짓던

207

중에 지하수 관이 파열되는 사고가 일어났다. 금방이라도 도로로 물이 흘러나와 시내 중심가의 교통에 차질을 빚을 상황이 오자, 사람들은 패닉에 빠지기 시작했다. 그야말로 재앙이 닥칠 상황이었다.

그 소란 통에 아버지는 어떻게든 해봐야겠다고 생각하고, 즉시 구멍으로 내려가 쇠지레로 수도관을 밀어 물줄기를 어느 정도 막았다. 그러자 여전히 물이 스며 나오기는 했지만 수압이 조금 줄어들었다.

아버지는 바닥에 깔려고 만들었던 콘크리트를 일부 가져다가 파열된 수도관 윗부분을 때웠다. 콘크리트의 원래 용도와는 달랐지만 어쩔 수 없었다. 두껍게 얹힌 콘크리트는 금세 파열을 막았고, 분출하던 물도 멎었다. 모두가 안도했다. 임무 완성! 아버지는 온몸이 젖은 채 자기 자리로 돌아갔고, 교대가 끝날 때까지 일했다.

이튿날, 회사의 CEO가 현장에 나타났다. 그는 자기를 소개하면서 아버지에게 악수를 청했다. 약 50킬로미터 떨어진 본사에서 아버지에게 직접 감사의 말을 전하려고 왔던 것이다. 그는 아버지의 수습 덕분에 회사가 많은 수고를 덜었다고 고마워했다.

아버지는 어깨를 으쓱이며 "별것 아닙니다"라고 말했다. 그러나 CEO는 용기와 빠른 판단이 필요한 상황에서 큰일을 해내셨다고 힘주어 말하면서 진심으로 감사를 전했다. 또 아버지에게 사진을 같이 찍어도 되는지, 그 사진을 회사의 사보에 실어도 되겠는지도 물었다.

두 사람은 잠시 더 이야기를 나눴다. CEO는 아버지가 현재 어떤 일을 하며, 회사에 들어와서 어떤 일을 얼마나 오래 했는지 등을 물었고, 가족에 대해서도 물었다. 아버지는 아내와 세 딸이 모두 국민건강보험에서 일했으며, 아들은 박사라고 대답했다(앞에서도 말했지만 아버지는 항상 그렇게 말씀하셨다).

평생 블루칼라 노동자였던 아버지는 당신이 '그냥 일꾼'으로 느껴지지 않은 건 그때가 처음이라고 말씀하셨다. 사실 뚜렷하게 드러내진 않았지만, 아버지가 다녔던 모든 회사에서는 블루칼라와 화이트칼라 사이에 차별이 있었다. 대놓고 드러내지 않았을 뿐, 말하는 걸 들으면 블루칼라 노동자들이 화이트칼라 노동자들보다 열등하며, 중요성이나 가치가 떨어진다는 걸 은연중에 드러내는 게 느껴졌다고 했다. 블루칼라 노동자들은 확실히 더 소모품 같은 대우를 받았다. 실수하면 그 자리에서 바로 문책을 들었고, 이유가 뭐든 간에 몇 번 교대를 놓치면 순식간에 해고되었다. 아버지에게는 아들인 내가 고학력에 박사 학위를 지닌 과학자이며 책을 쓰는 작가이기도 하다는 사실이, 우리 가족이 품격을 갖추고 있다는 상징처럼 여겨진 것이 아닐까 싶다. 사람들에게 아들이 박사라고 말할 때 자부심이 가득했던 건 그런 이유였을 것이다.

CEO가 찾아왔을 때, 아버지는 자기가 중요한 사람이라는 느낌을 받았다. 존경과 감사, 가치를 인정받았다고 느낀 것이다. 아버지에게는 그런 것들이 무척 중요했다. 아버지가 '최고 윗사람'이라고 부르는 누군가가 '몸소' 찾아와 감사 인사를 한 것이 아버지에게는 그야말로 감명 깊은 일이었다.

아버지는 조용하고 겸손한 사람이었다. 수도관 파열 사건이 있고 10년이 지날 때까지도 아버지는 그 이야기를 거의 아무에게도 하지 않았다. 나한테 이야기한 것도 같이 일을 하다보니 지나가는 말처럼 꺼냈을 뿐이고, 그 CEO가 친절했다는 것을 강조하기 위해서였지, 당신이 한 일을 과시하려는 게 아니었다. CEO가 감사를 표하기 위해 방문한 것에는 비용이 들지 않았지만, 그 친절의 영향은 매우 크고 오래갔다. 그 CEO의 행동은 내가 생각하는 친절의 '이끄는 힘'에 잘 들어맞는다. 우리도 그 사람 못지않게 친절에 앞장설 수 있다.

우리가 스스로 가치 있고, 존중받으며, 자신이 하는 일이 중요하다고 느낄 수 있도록 서로 돕는다고 상상해 보자. 서로가 서로에게 속하며 서로의 일부라고 느낄 수 있게 돕는다면, 서로 신뢰하고 신뢰를 배울 수 있게 돕는다면 어떨까? 시작은 거창하지 않다. 잊지 않고 감사 인사를 하는 것부터 시작하면 된다. 사람들의 요구와 믿음, 감정을 존중하는 것부터 할 수도 있다. 사람들의 말에 귀 기울이고 격려하는 일부터 시작하는 것이다. 이것이 집에서, 일터에서, 지역 사회에서, 전 세계에서 친절의 문화를 만들고 서로에게서 최선을 끌어내는 출발점이다.

할 수 있을 때 다른 사람들을 응원해 주자. 그것이 당사자에게는 얼마나 큰 의미가 되는지 모른다. 친절에는 비용이 들지 않는다. 겉보기에 작은 행동 하나, 또는 단순한 격려의 말은 사소해 보일 수 있지만, 그날 그런 친절이 절실했던 사람에게는 너무나 큰 의미일 수 있다.

안전하다고 느끼는 문화에서는 우리의 친구나 동료들이 더 활발하게 활동하고, 제한적이거나 두려움을 느끼는 문화에서 미처 시도하지 못했던 창의성과 내적 자원을 마음껏 활용하게 된다. 어떤 사업, 어떤 조직에서든 이는 창의적이고 예상치 못한 해결책으로 이어진다.

그렇다고 해서 직위가 높은 사람이 나서서 우리가 모두 더 친절해져야 한다고 선언할 때까지 기다릴 필요는 없다. 어디에서 시작해도 상관없다. 친절은 전염성이 아주 강하다. 비록 작은 행동을 실천하는 것이라 해도, 시작하기만 하면 빠르게 퍼져 큰 변화를 일으킬 수 있는 것이 바로 친절이다.

친절 리더십, 생각보다 쉽다

어느 회사의 행사에서 친절과 정신 건강에 관한 강연을 한 적이 있다. 강연 후에 그 회사의 임원과 잠깐 이야기를 나눴는데, 그는 앞서 이야기한 아버지와의 일화를 듣고는 자기도 정말로 친절한 리더가 되고 싶었다고 말했다. 문제는 그가 뭘 어떻게 해야 할지를 정확히 모른다는 것이었다.

그는 "리더라면 그런 건 이미 알고 있어야 하지 않을까요?"라면서 동료들에게 물어보기는 좀 민망했다고 말했다. 팀원들 앞에서 자기가 모른다는 사실을 보여주고 싶겠느냐는 것이었다. 그렇게 말하는 그는 아주 따뜻하고 진실해 보였다. 어쩌면 그는 자기도 모르는 사이에 이미 친절한 리더가 되어 있는지도 모른다.

211

"기본적으로 친절은 사람을 대하는 방식이니까요." 나는 그에게 말했다. "일하는 동안 사람들에게 잘 대해주신다면 친절 리더십을 실천하고 계신 겁니다."

내가 보기에는 리더 역할을 하는 많은 이들이 이미 자신도 모르게 친절 리더십을 실천하고 있다(물론 제대로 된 방향으로 나아가도록 넌지시 자극을 줘야 할 사람들도 있다). 우리 삶 전반에서 친절은 맥락만 다를 뿐, 규칙은 한결같기 때문이다.

이 장에서 제시하는 가이드라인은 기업이나 조직에서 일하는 사람들뿐만 아니라 사랑하는 사람, 친구, 가족과 상호작용하는 방식에도 똑같이 적용할 수 있다.

우리가 배의 키를 잡는 선장이라고 생각해 보자[배가 마음에 들지 않으면 엔터프라이즈호(영화 〈스타트렉〉에 나오는 우주선-옮긴이) 같은 우주선이라고 생각해도 된다]. 선장에게는 선택권이 있다. 우리는 거칠고, 마구 소리를 지르면서 이리저리 호통치며 명령을 내리는 선장이 될 수도 있고, 사람들의 말에 귀 기울이며, 지지하고, 존중하며, 영감을 불러일으키는 친절하고 친근한 선장이 될 수도 있다. 어떤 승무원이 더 열심히 일할까? 두말할 것 없이, 친절한 선장과 일하는 승무원이다.

우리 모두 알고 있듯이, 친절 리더십을 발휘한다고 해서 얼간이나 호구가 되지는 않는다. 물론 리더십에는 때때로 단호한 결단이 필요할 때가 있다. 사람들이 원하지 않거나 동의하지 않는 일을 이끌어야 할 때도 있다. 그러나 공감, 경청, 정직, 존중으로 소통하면서 함께 일해달라고 청하면 충분히 친절하게 사람들을 이

끌 수 있다.

아래는 친절 리더십의 몇 가지 팁이다.

1. 적극적으로 경청하기

친절은 귀를 기울이는 것에서 시작한다. 핸드폰을 쳐다보거나 이메일을 읽으면서 '그래요'라고 대답만 하는 게 아니라 정말로 경청해야 한다는 뜻이다. 숨겨진 메시지를 이해하고 공감하며 반응해야 한다는 것이다.

2. 감사 인사하기

감사하다고 말하는 건 기본 아니냐고 하겠지만, 얼마나 많은 사람이 이 말을 잊고 하지 않는지 알면 놀랄 것이다. '고맙습니다'라는 간단한 말은 황금과도 같다. 누군가는 이 말 한마디에 자기가 중요한 일을 하고 있다는 느낌을 받는다. 우리는 모두 한 번씩은 감사하다는 말을 들어야 한다. '고맙습니다'는 누군가의 하루를 바꿀 수 있기 때문이다.

3. 파괴적이지 않게, 건설적으로

피드백은 중요하다. 그러나 피드백의 방식은 건설적일 수도 있지만, 파괴적일 수도 있다. '이건 안 돼요'와 '이렇게 하니까 좋네요! 이 부분만 조금 수정할 수 있을까요?' 사이에는 서로 다른 세상 같은 차이가 있다.

4. 열린 문, 열린 마음

'오픈 도어' 정책이 훌륭한 만큼 '오픈 하트', 즉 마음을 여는 것도 아주 중요하다. 팀원이나 우리를 믿고 따르는 사람들이 언제든, 어떤 이야기든 할 수 있게 해주는 것이다. 내 박사과정 지도교수님이 바로 이런 지도법을 보이셨는데, 그 결과는 엄청난 차이로 나타났다. 창의력이 촉진되어 우리 연구실이 훌륭한 성과를 이룰 수 있었던 것이다.

5. 작은 행동, 큰 영향

주변 사람들의 생일을 기억하는 일, 누가 기분이 좋지 않은지 확인하는 일, 성과의 크기에 상관없이 진심으로 축하해 주는 일과 같은 작은 행동이 중요하다.

6. 진심으로 해야 한다

사람들은 1킬로미터 밖에서도 가짜 친절을 알아맞힌다. 친절하기로 마음먹었으면 진심으로 해야 한다. 자연에서의 '캐치-22'를 기억하자.

7. 성장을 격려하라

이것은 기회를 만들어 내고, 실수를 학습 과정으로 이해하며, 팀이 발전할 수 있는 자원을 제공하는 것을 의미한다.

8. 친절은 전염된다

친절에 앞장서면 팀, 부서, 나아가 회사 전체로 퍼져나가는 분위기를 만들 수 있다. 그러면 우리가 미처 알아차리기도 전에 전체 승무원(배나 우주선에서)이 꽃가루를 뿌리듯 다들 친절을 퍼뜨리고 있을 것이다.

9. 약한 모습을 감추지 마라

마지막으로, 항상 모든 답을 알고 있는 것처럼 행동하지 않아도 된다. 모르면 모른다고 말하면 된다. 심지어, 친절한 리더가 되기 위해 노력하고 있으니 조금만 더 인내심을 가지고 기다려 달라고 팀원들에게 털어놓아도 된다. 솔직하게 약한 모습을 보여주면 사람들은 오히려 경계를 허물고 편안하게 대한다. 사람들 대부분은 상대의 약점을 이용하려 하지 않는다. 자신들도 있는 그대로를 보여줄 수 있어서 오히려 더 함께 일하기를 바랄 것이다.

덧붙여, 친절은 리더십의 한 형태가 아니라 삶의 방식이다. 배의 선장으로서 친절이 단지 행동에 그치지 않고 습관처럼 몸에 밴 세상 쪽으로 방향을 잡고 나아가는 것이다. 안전한 항해를 기원한다! (아니면 무사히 우주 속으로 발진하기를!)

친절한 회사가 될 수 있는 몇 가지 방법

친절과 비즈니스, 기관, 가정 또는 핵심 공동체가 결합할 수 있는
지도 궁금한 사람이 있을 텐데, 친절은 그대로이고 맥락만 바뀐다
는 것을 기억하면 된다. 친절은 모든 사람의 건강에 좋으며, 긍정
적인 환경을 만들어 준다. 고객 만족을 높이며(우리가 교류하는 사
람들이 그 교류를 즐길 테니까), 고용 유지(우리가 속한 팀, 커뮤니티, 공동
체의 사람들이 계속 머무르고 싶어 할 것이므로)에도 효과가 좋고, 전반
적으로 조직의 성공에 도움이 된다. 그러니 친절하지 않을 이유가
없다. 하지만 실제적인 차원에서 기업이나 다른 조직에 친절을 도
입하려면 어떻게 해야 할까?

아래의 제안 중 일부는 여러분의 직장에 완벽하게 적합할 수도
있고, 부분적으로는 그렇지 않기도 할 것이다. 심지어 어떤 것은
창의적인 아이디어에 도움이 될지도 모른다. 그렇지만, 다들 알다
시피 두루 적용할 수 있게 만들어진 포괄적인 정책이 항상 효과를
보는 건 아니다. 각각의 리더, 팀, 부서나 그룹은 각기 다른 제약과
맥락 속에서 업무를 수행한다. '업무는 친절하게'라는 결정은 대개
는 옳지만 회사나 공동체의 팀, 부서 또는 과마다 다른 모습을 띨
수 있다는 생각도 해야 한다.

우선, 리더는 리더십을 발휘해야 한다. '모범을 보여라'라는 말
을 들어봤을 것이다. 리더십이 분위기를 조성한다는 뜻이다. 상사
가 친절한 접근법을 몸소 실천하면 누구나 그 팀에 끼고 싶어한다.

다음으로는 친절 이니셔티브를 장려하는 것이다. 친절 위원회

나 TF를 결성하여 일터나 동호회에 친절하고 좋은 분위기를 불어넣을 방법을 찾아보는 것도 좋다. 재미있는 워크숍을 개최해서 친절 촉진 캠프처럼 운영하는 방법도 있다. 여기에서 공감이나 전통적이고 효과적인 의사소통 기법, 침착함을 유지하는 방법 등에 대해서 깊이 있게 다뤄 보는 것이다.

이미 존재하는 친절을 인정하는 것도 중요하다. 동료들의 추천이나 고객 피드백을 통해 특히 친절한 직원을 비롯해 그밖의 사람들도 인정하고 칭찬하는 시스템을 만들어 보길.

유연 근무제를 도입하는 등 팀원들에게 친절한 제도를 만드는 것도 좋은 방법이다. 솔직히 누구나 하루 정도는 잠옷 차림으로 지내야 하지 않나? 가끔은 소파에서 일하는 것이 치유 효과를 발휘할 수도 있다. '정신 건강의 날'을 정해서 직원들이 건강을 챙길 수 있도록 유급 휴가를 주는 것도 좋다. 또 개인적으로 어려운 상황의 직원들에게 상담과 지원을 제공하는 '버팀목' 시스템을 만들 수도 있다. 왜냐하면 인생은 굴곡이 있으며, 회사에서 매일 보는 팀원들이라 해도 상대방이 인생의 힘든 시기를 지나고 있다는 사실은 서로 알지 못할 수 있기 때문이다. 그럴 때를 대비해 평소에 팀원들에게 '우리는 함께'라는 메시지를 전해줄 수 있어야 한다.

다음으로는 일하는 동안 규칙적으로 쉬도록 하고, 직원들이 휴식할 수 있는 공간을 마련한다. 작은 휴게실을 만들어 편안한 소파와 차분한 음악을 틀어두면 모든 회사에 적격은 아닐지 몰라도 많은 회사에서 직원들의 기운을 회복시키는 역할을 할 수 있을 것이다.

또는 '마음 챙김 월요일', '친절 챙김 금요일', '요가 목요일' 같은 프로젝트를 시작해 보라. 이런 기회를 통해 연습해 두면 스트레스 상황에서 개인이 더 친절하게 대응하는 데 도움이 될 수 있다.

직원들은 자신의 일이 지역사회에 도움이 된다는 것을 느끼고 싶을 수 있다. '지역사회의 날'을 위한 동아리를 만드는 것도 좋겠다. 공원 청소, 학교 페인트칠 등의 봉사활동을 할 수 있다. 팀 빌딩team building(그룹의 일체화와 작업 효율 향상을 위한 조직 개발 기법의 하나―옮긴이) 수련회와 비슷한 면이 있지만 좀 더 마음이 담겨 있다고 보면 된다. 지역사회와 소통하면 목적의식을 키우고 업무의 한계를 넘어 친절을 전할 수 있다.

다양성과 포용성을 잊지 말고, 차이점을 이해하고 존중하는 것이 중요하다는 걸 강조한다. 모든 사람은 유일하고 특별한 존재이므로 누구나 환영받는다고 느끼게 해야 한다. 그렇게 하면 더 많이 모일수록 더 즐거워질 것이다.

신입사원들이 초기에 회사 생활에 도움을 받을 수 있도록 경력 직원들과 짝을 지어 멘토링을 제공할 수 있다. 그러면 소속감이 생기고, 회사의 문화를 받아들이는 것도 한결 쉬워질 것이다. 베테랑 선배들이 큰형이나 큰언니, 아니면 고교 동창 같은 존재가 되어주는 것이다.

회사에 큰 변화가 생겼을 때, 특히 그 변화가 직원들(또는 다른 그룹 구성원)에게 직접적인 영향을 미칠 때는 그 변동 사항을 더욱 투명하게 전달해야 한다. 그래야 존중과 신뢰를 쌓을 수 있다. 어떻게 보면 바닷속이 보이는, 바닥이 유리로 된 보트를 타고 여행하는 것과 비슷하다.

사규를 마지막으로 들여다본 게 언제였는지 떠올려 보자. 이제 마음속에서 닫아두었던 규칙에도 친절을 좀 뿌릴 때가 되었다. 회사의 정책을 검토하고, 정책에 친절과 공감의 가치가 충분히 반영되어 있는지 살펴보자. 그러면 어려운 상황에 놓인 직원들을 지원하는 정책을 새로 만들거나 보완할 수 있을 것이다.

사업을 하면서 친절하다는 것이 모든 사람에게 얕보이는 상태가 되는 건 아니라는 걸 기억하자. 비즈니스에서의 친절은 큰 마음으로, 진실하게, 좋은 분위기가 좋은 사업으로 연결된다는 것을 믿고 도전에 맞서는 것이다. 공감하는 마음으로 도전에 다가서고, 한결같은 성실함을 유지하며, 관계를 우선순위에 두는 것이다. 친절을 기반으로 쌓아 올린 사업은 관계들과 지역사회, 나아가 전 세계를 위해서 지속적인 가치를 만들어 낼 수 있다.

우리가 사는 세상은 조금만 친절을 더하면 훨씬 더 밝은 곳이 된다. 그러니 직장도 환하게 빛나도록 만들어 보자는 것이다.

친절한 사람이 사업에서 승리할 수 있을까?

착한 사람은 결국 뒤처진다고들 한다. 이 말은 친절하고 상냥한 사람은 극악무도한 사업가의 술책에 넘어가고, 끝내 실패한다는 뜻이다. 그런 말에는 승리하려면 무자비하고 공격적이어야 한다는 생각이 깔려 있다. 그러나 그건 전혀 사실이 아니라고 생각한다.

함께 일하고 싶은 동료의 유형을 잠깐 상상해 보자. 원칙을 무시하고, 뒷말을 일삼으며, 다른 사람을 밟고서 앞으로 나서는 사람일까, 아니면 항상 친절한 말을 건네고, 도움의 손길을 내밀며, 함께 이루어 내는 마음으로 일하는 사람일까? 아마도 대부분 후자를 택할 것이다. 또 나중에 자신의 존재감이 커지고 영향력이 높아지면, 둘 중 누구를 더 높은 자리에 추천할지도 생각해 보시라.

친절하다는 건 약하다는 게 아니다. 친절은 적극적으로 귀 기울이고, 협업을 북돋우며, 관계를 쌓아가는 것이다. 여기에 우리를 약하게 만드는 부분이 있다고? 내게는 지성과 강점만 보인다. 친절은 더 든든한 네트워크, 더 강력한 팀 역학, 그리고 긍정적인 조직과 지역사회의 문화를 향해 나아가는 길을 다져준다.

심지어 동네의 댄스 클럽이나 축구 모임, 퀴즈나 빙고 모임도 친절한 사람이 있으면 훨씬 더 즐겁다. 내가 다니는 동네의 테니스 클럽에서는 누구나 이기고 싶어하지만 공정하게 경기하고, 허물없이 농담을 주고받는다.

크게 성공한 기업들을 살펴봐도 거대한 규모와 혁신적인 제품 뒤에는 공감과 협력, 지역사회 참여 같은 가치들이 바탕을 이루고 있다는 걸 알 수 있다. 친절이 명백한 기업 가치로서 점점 더 많은 비즈니스의 중심을 차지하는 것이다.

팬데믹이 처음 발생했을 때, 대중 강연이 일제히 취소되면서 나는 엄청난 재정적 타격을 받았다. 어떻게 버텨야 할지 막막할 따름이었다. 그런데 영국에서 '정신 건강 인식 주간'의 주제가 '친절'로 정해졌다는 발표가 나오더니, 갑자기 온라인 강연 요청이 쏟아지기 시작했다. 정신 건강 인식 주간뿐 아니라 그 이후까지 여러 회사가 요청한, 친절에 대한 온라인 강연 일정으로 꽉 채워졌다. 그렇게 많은 회사에서 친절과 친절이 건강에 주는 이점, 환경에 따라 친절이 어떤 식으로 작동하는지 등을 배우고 싶어한다는 사실이 놀라웠다.

많은 이들이 회사의 이미지만 보고 그 회사를 판단한다. 그건 마치 가게에 들어가지 않고 유리창 밖에서만 안을 들여다보는 것과 같다. 그렇게 해서는 그 상점을 꾸며놓은 사람들을 파악할 수 없다. 요즘은 많은 조직, 클럽, 공동체들이 친절 문화를 만들기 위해 보이지 않는 곳에서 적극적으로 활동하고 있다. 현대의 소비자는 단순히 제품을 구매하는 게 아니라 그 브랜드의 정신, 스토리, 정직성 등을 종합적으로 판단하여 구매한다. 이것이 바로 우리의 지향성이다. 친절이 무대의 중심으로 더 나아가는 세상에서, 친절 배지를 더 많이 단 집단이나 조직과 함께 사업하기를 원하는 것이다.

더욱이 오늘날의 직원들은 단순한 급여 '이상'을 추구한다. 그들은 그저 수익만 생각하는 것이 아니라 함께 일하는 사람들, 나아가 지역사회를 생각하는 회사에서 일하고 싶어한다. 그리고 친절한 기업은 인재를 유치하고, 충성도를 높이며, 근로 의욕을 고취한다.

또한 친절은 혁신을 촉진한다. 사람들은 안전하다고 느끼고, 가치 있는 존재로 받아들여지며, 존중받는다고 느낄 때 아이디어를 공유하고, 리스크를 감수하고, 틀에서 벗어난 생각을 할 수 있다. 반대로 혹독한 환경은 종종 두려움을 주고 창의력을 떨어뜨리

221

거나, 정체하게 만드는 결과로 이어진다.

앞서도 말했지만 친절은 다른 사람들이 자신을 함부로 대하도록 방치하는 게 아니다. 공감 어린 행동을 하면서도 명확한 한계를 설정하고, 또렷하게 의사소통할 수 있다. 즉 친절한 사람은 자기 자신을 포함해 누구나 성장 가능성이 있고, 북돋아 주는 환경에서 가장 잘 성장한다는 것을 이해하는 사람이다.

그러므로 "착한 사람들은 결국 뒤처진다"라는 말을 들으면 다시 생각해 보기 바란다. 관계가 돈이며 협력이 왕인 비즈니스의 세계에서 친절은 소매에 숨긴 에이스 패가 될 수 있다. 결과적으로, 경주에서는 무조건 빠른 사람이나 강한 사람이 이기는 것이 아니라 진정한 인간적 연결의 힘을 아는 사람에 의해 승리가 결정된다.

착한 사람들을 위해 건배! 어쩌면 정말로 그들이야말로 내내 진정한 승리자였을 테니.

정치에서의 친절

친절한 사업에 이어 친절한 정치는 어떨까? 애초에 정치에서 친절하다는 게 가능하기는 할까?

일단 정치는 정책과 투표만을 의미하는 게 아니다. 또 정치 지도자와 정당만 관련되는 것도 아니다. 가족이나 직장 내에서도 정치는 이루어지므로 누구도 예외가 될 수 없다. 그리고 친절의 원칙은 정치에서도 똑같이 적용된다. 다시 말하지만, 맥락만 달라질 뿐이다.

현실 생활에는 거래와 타협, 의견 표명, 다른 사람의 입장을 지지하는 등의 일이 자주 일어난다. 사람이 살아가는 일에는 정치가 빠질 수 없다. 정치는 사람에 관한 일이고, 사람은 누구나 친절에 대한 기억을 간직한다. 그러므로 정치적 폭풍우에 휩쓸렸다고 느낄 때는 친절의 등대가 될 수 있도록 노력해 보자. 그리고 그 노력이 어떤 식으로 빛을 내 주변의 분위기와 풍경을 바꾸는지 지켜보자. 아무리 경쟁이 치열해도, 친절의 손길은 세상을 바꿀 수 있기 때문이다.

알맞은 어조

다음으로 넘어가기 전에 하나 더, 이메일에 관해 잠깐 이야기해 보자. 간혹 이메일을 읽거나 쓸 때 어조가 흐트러지고 긍정적인 의도가 퉁명스럽게 전달될 때가 없는지? 시간이 촉박해서 한 줄로 답장을 보낸 게 오해를 사거나, 도나와 미팅을 잡아줄 수 있는지 물어봤는데 그게 마이크에게는 요구처럼 받아들여지는 등의 일 말이다. 그건 이메일에는 실제로 마주할 때의 친근한 미소나 따뜻한 눈빛을 주고받는 것 같은 이점이 없기 때문이다. 대면하거나 전화 통화나 화상 통화를 해보면 그 차이를 쉽게 알 수 있다. 그에 비해 화면에 뜬 문장은 보기에 따라 언제든 문제가 될 수 있다.

223

수신자는 송신자가 자기에게 호감을 지닌 채 이메일을 썼는지, 자기를 중요한 존재로 여기는지 확인할 수 없다.

이메일에 미소를 표현하면 상냥한 분위기를 만드는 데 도움이 된다. 스마일 이모티콘을 쓰면 전문적인 느낌이 떨어진다고 생각하는 사람들이 있는데, 도대체 누가 그랬을까? 일단 스마일 이모티콘을 넣어보시라. 그것만으로 트렌드가 시작될 수도 있다. 상사도 사람이다. 또 누가 아는가? 그 상사에게 아이가 있으며, 그 집 거실은 알록달록한 장난감으로 발 디딜 데 없이 어질러져 있을지? 아니면 이메일에 스마일 이모티콘을 살짝 넣는 것이 그 상사의 취향을 저격할 수도 있고, 그날따라 기분이 좋지 않아서 찡그리고 있던 얼굴을 활짝 펴게 하는 활력제 역할을 할 수도 있다.

전문적이라는 것이 어째서 엄청나게 진지하고 근엄한 것을 의미하게 됐을까? 분명한 건 우리는 모두 인간이고, 친절은 인간의 천성이라는 것이다. 가끔 업무는 진지한 것을 잘 해내야 하는 부담감을 주지만, 이제는 인생의 캔버스에 친절을 좀 뿌려도 똑같은 성과를 이룰 수 있다는 걸 알게 됐다. 이제, 알고 실천할 때가 됐다.

"친절은 전염성이 아주 강하다.
비록 작은 행동을 실천하는 것이라 해도,
시작하기만 하면 빠르게 퍼져 큰 변화를
일으킬 수 있는 것이 바로 친절이다."

09

친절의
수수께끼

마크 트웨인은 친절이란 청각 장애인이 들을 수 있고, 시각 장애인이 볼 수 있는 언어라고 했다. 그리고 국경과 문화, 나이를 초월한다고도 했다.

이 말은 대체로 완전한 사실이다. 친절은 누군가의 얼굴에 미소를 띠게 하고, 하루를 더 밝게 만들며, 심지어 인생을 바꾸기도 한다. 그런데 '친절하게 대하기'가 듣기에는 아주 명료한 개념 같지만, 세상은 때때로 가장 친절한 선택이 최선인지 아닌지 판단하기 애매한 상황들을 우리에게 던져준다.

바른 말을 하거나 옳게 행동한다고 했는데, 결과가 애매하게 되어버린 경우를 누구나 겪었을 것이다. 누군가에게 친절하게 행동한 것이 정작 다른 사람을 기분 나쁘게 만든 경우도 그렇다. 한쪽에 친절한 것이 다른 쪽에게는 불친절하게 받아들여질 수 있기 때문이다. 부모의 양육에서도 마찬가지다. 아이들에게 당장 '친절' 하다는 건 하고 싶은 대로 하게 해주는 것인데, 아이가 마음대로

227

뜨거운 냄비를 만진다면, 당장의 친절은 아이에게 해를 입히는 결과가 된다.

때때로 친절은 거친 사랑, 또는 경계 설정처럼 보이기도 한다. 그럴 때의 친절은 물고기를 손에 쥐어주는 게 아니라 물고기를 잡는 법을 가르치는 것과 같다. 낚시를 가르치면 평생의 먹을거리를 보장할 수 있기 때문이다. 즉 어느 쪽이 더 친절한지는 보기에 따라 다르다는 것이다. 친구가 불법적인 일에 연루되어 있을 때, 쉬운 '친절'은 정면으로 부딪치는 것을 피하고 친구가 그런 행동을 계속하도록 놔두는 것이다. 물론 그만두기를 바라면서 말이다. 그렇지만 진정한 친절은 우정에 금이 갈 위험을 무릅쓰고 친구를 구하기 위해 어려운 대화를 시도하는 것이다.

모든 상황에서 어떻게 행동하는 것이 친절한 것인지, 공통의 답을 찾기는 어렵다. 우리가 사는 세상은 엄청나게 복잡하고, 때로는 우리가 친절하다고 느끼는 것이 상대방에게나 당면한 상황에 최선의 이익이 되지 않을 수도 있다. 솔직하게 한다고 한 일이 누군가의 감정을 상하게 할 때도 있고, 취약한 자존감에 손상을 입히거나, 정신 건강에 흠집을 내기도 한다. 반면에 너무 지나치다고 여길 만한 행동이 길게 보면 가장 친절한 행동이 될 경우도 있다.

성공적으로 친절을 해내는 비결은 공감, 이해, 인내심을 가지고 상황을 대하는 것이다. 스스로 이렇게 물어보자. '나는 지금 사랑과 관심, 진실한 배려로 행동하고 있는가?' '그렇다'라고 대답할 수 있다면 길이 뚜렷하게 보이지 않더라도 옳은 의도에서 파생된 것이므로 괜찮다. 게다가 그 자체가 친절의 한 형태이기도 하다.

친절의 형태는 우리가 처한 상황만큼 다양하고 다면적일 수 있다. 나는 우리가 열린 마음을 유지하려고 노력하면 결국 올바른 종류의 친절이 그 상황에 반영된다는 걸 알았다. 아무튼 친절은 정말 다채롭고, 다양한 어조를 지니며, 깊이와 강도도 각기 다르다. 이러한 친절의 다양함과 다면성을 고려하여, 친절이 필요하다면 언제 친절해야 하는지에 대한 몇 가지 까다로운 질문과 가끔은 골칫거리가 될 수도 있을 수수께끼를 소개한다.

1. '너무 친절'하다는 것이 성립할 수 있을까?

누구나 '친절은 멋지다', '친절이 대세다', '친절이 최고다'라는 말을 들어보았을 것이다. 정말이지 맞는 말이다. 당연하다. 친절한 영혼을 사랑하지 않을 사람이 있을까? 반면에 이런 까다로운 질문도 있을 수 있다. '너무' 친절하다는 게 성립할 수 있을까?

정확히 '넌 너무 친절해'라는 말을 자주 듣는다는 사람들을 많이 만났다. 주로 친구들에게, 다른 사람들한테 당하지 말라는 충고를 할 때 하는 말이다. 하지만 그건 누가, 어떤 상황에서 하는가에 따라 다르므로 딱 잘라 말하기는 어렵다. 어떤 사람들은 자유롭게 친절을 퍼뜨리고 그 외의 일은 전혀 생각하지 않는다. 친절이 몸에 밴 사람들이다. 그들은 본성에 따를 뿐이며 어떤 논쟁에도 끌려들지 않는다. 그들은 그저 친절이라는 꽃가루를 마음껏 뿌리는 것이다.

내게는 밝고 친절한 성품을 지닌 오랜 친구가 한 명 있다. 언젠

229

가 그 친구가 이제는 다른 사람이 불친절해도 거기에 휘둘리지 않겠다고 말한 적이 있다. 그 친구를 순진하다고 말하는 사람들도 있었는데, 그 친구는 그들이 냉소적이어서 그렇다고 생각한다. 또 시간이 지나면 자신의 마음을 있는 그대로 받아들이는 사람이 있을 거라고 믿는다. 그 친구는 자신의 선한 성품을 이용하려는 사람들이 있다는 사실, 그리고 때로는 선을 그어야 할 지점이 어디인지도 점차 알게 되었다고 했다. 그러니 경험이 스승인 셈이다. 하지만 다른 사람의 행동 때문에 우리가 변화되도록 내버려두면 안 된다.

나는 개인적으로 세상에 그 친구 같은 사람들이 더 많아지기를 바란다. 이들의 친절에는 조건이 없으며, 따뜻하고 진실하다.

물론 우리는 때때로 다른 사람의 삶과 요구에 너무 몰입하기도 한다. 그렇지만 자기를 돌봐야 할 시점을 깨닫고, '아니요'라고 거절할 때를 알 수 있도록 배워가면 된다. 그것이 균형을 찾는 삶의 기술이다. 타인을 도우려다가 너무 멀리 나갈 수도 있기 때문이다. 몇 년 전에 다른 친구 하나가 어떤 사람을 경제적으로 지원하다가 빚을 떠안은 일이 있었는데, 바로 그런 경우였다.

조금 더 신중하게 친절을 행해야 할 또 다른 이유도 있다. 여러분은 항상 친구 곁에 머물며 필요할 때마다 손을 내밀었을지도 모른다. 그렇지만 친구가 넘어지기 전에 '매번' 잡아주는 건 어린아이가 걸음마를 배울 때 절대 넘어지면 안 된다는 것이나 마찬가지다. 사람들은 가끔 자신이 초래한 결과를 정면으로 마주해야 하는데, 그건 사람마다 지닌 자기만의 리듬을 찾아야 하기 때문이다.

그렇다면 '너무' 친절하다는 것이 성립할 수 있을까? 친절은 전적으로 올바른 일이지만, 슈퍼히어로가 되는 것과 일을 너무 벌이는 것 사이에는 미세한 경계선이 있다. 그리고 그 경계선은 사람마다 다르다. 한 사람에게 옳은 일이 다른 사람에게도 똑같이 옳으란 법은 없다. 앞서 이야기한 적정 지점, 우리가 건강할 수 있는 지점을 찾는 것이 중요하다. 멋지고, 친절하고, 용감하되, 자기 자신도 잊지 말고 돌봐야 한다는 것이다.

2. 친절이 교묘한 속임수일 수 있을까?

이제 우리는 쌀쌀한 저녁의 따뜻한 코코아 한 잔처럼 친절이 위안이 될 수 있다는 걸 알았다. 우리가 생각하는 친절한 행동은 순수한 의도로 하는 것이다. 말하자면 이웃 어르신을 돕는다거나 친구의 고양이를 돌봐준다거나, 아니면 누군가의 셔츠 뒤에 라벨이 튀어나온 걸 알려준다든가 하는 일이다. 그런데 여기에도 이런 까다로운 질문이 나올 수 있디. 친절에 다른 속셈이 끼어들 수 있을까?

이 질문을 듣고 누군가 항의하기 전에 분명히 해두자. 친절이 '원래부터' 교활하다거나 기만적이라는 말이 아니다. 여러분 개개인이 숨은 의도를 지닌 채 친절을 행한다는 말도 절대 아니다. 그렇지만 조건 없는 친절은 없으며, 반드시 뭔가 꿍꿍이가 있을 거라고 생각하는 사람들이 분명 있기에, 굳이 이렇게 물은 것이다.

우리는 친절한 행동을 통해 심리적, 신체적 이득을 얻는다. 이제는 다들 알겠지만, 우리의 유전자는 친절함을 통해 이득을 얻도록 설계되어 있다. 그건 선한 행동에 대한 자연의 보상이다. 그렇다고 해서 우리가 이득을 얻기 위해 의식적으로 선행을 하는 것은 아니다. 우리는 보통 그저 상대방을 돕고 싶어서 그렇게 행동한다. 대부분의 친절에는 다른 의도가 없다고 생각한다.

요리사는 파이를 달콤하게 할 때도 설탕을 쓰지만 너무 짠 국물 맛을 감추는 데에도 설탕을 쓴다. 이처럼 친절은 진실할 수도 있지만 때로는 조금 전략적일 수도 있다. 경험과 직관의 힘이 있다면 그 차이를 구분할 수 있다. 아래는 이에 대한 몇 가지 생각이다.

진실한 친절 vs. 속셈이 있는 친절

전략적 친절이란 순수한 마음으로 친절한 것이 아니라 어떤 목적을 가지고 친절한 제스처를 취하는 것을 말한다. 전략적 친절은 투자와 비슷해서, 기대되는 수익이 있다. 여러분이 아는 사람들 중에도 누구보다 앞장서 호의를 베풀지만, 뭔가 다른 꿍꿍이가 있다는 느낌이 드는 사람이 한두 명쯤 있을 것이다. 월요일마다 빵을 가져와 나눠주고는 업무상 이동이 있거나 승진 시기가 되면 그 사실을 은근슬쩍 언급하는 동료라든지 말이다. 물론 그 사람에게 정말로 승진 자격이 있을 수도 있지만, 호의를 이용해 더 적합한 사람의 기회를 빼앗는 결과도 일어난다는 게 문제다. 다시 말하지만, 빵을 가져와 나누는 동료가 순수한 의도가 아니라고 단정할 수는 없다. 하지만 정말 친절을 베풀고 싶다면 승진 시기를 앞두고는 오해를 사지 않기 위해 자제할 필요도 있다는 것이다.

내 경험에, 진실한 친절은 대개 표시가 난다. 따뜻함이 전해지기 때문이다. 그런 친절은 자발적이고, 이타적이며, 보상을 바라지 않는다. 흩어진 서류를 주워주고는 감사의 커피 한 잔이라도 받기를 바라지 않는다.

친절의 세계를 항해하기

누군가가 친절을 행할 때 혹시 의도를 깔고 하는 게 아닌지 의심이 들기 시작하면 마치 지뢰밭을 지나가는 느낌이 들기도 한다. 그건 우리 모두가 각자 처한 환경이 다르기 때문이다. 누군가는 항상 진실한 친절에 둘러싸여 살아가기도 하지만, 그렇지 않은 사람도 있다. 두 가지 친절을 구분하는 건 주로 직관이다. 그런 면에서는 우리가 가진 최고의 자산은 직관일 수도 있다.

딱 봐도 선한 행동을 하는 사람, 아니면 적어도 친절하려고 노력하는 사람에게는 우리도 너그러워질 필요가 있다. 그런데 전략적 계산이 눈에 보이는 친절을 행하는 사람에게는 우리도 조금 인색한 시선을 보낼 수밖에 없다. 친절은 친절대로 받아들이되, 뭔가 조건이 달려 있는지 눈여겨보게 된다는 것이다. 이런 사람이 우리의 시간을 빼앗거나 정신 건강을 해친다는 생각이 들면 거절하는 법을 배워야 한다.

중요한 건 우리가 보는 관점이다. 우리가 어떻게 보느냐에 따라 진실한 친절이나 전략적인 친절, 모두 괜찮아지기 때문이다. 누구에게나 예정된 일정과 목적, 욕망이 있기 마련이고 그런 목표에 맞추어 선한 행위를 하는 것까지 '근본적으로' 잘못이라고 할 수는 없다. 하지만 가장 중요한 것은 그런 행동의 투명성과 진정

233

성이다. 만약 당신이 착한 행위를 할 때마다 보상을 바란다면, 그건 속임수의 영역으로 들어가는 것일 수도 있다.

핵심은 진심으로 친절한 행동을 하라는 것이다. 친절을 우선순위에 두라는 것이다. 목표를 달성하는 데 친절이 도움이 된다는 걸 배경으로 알아두는 건 괜찮지만, 적어도 '그 순간에'는 친절이 옳은 일이기 때문에 그렇게 행동해야 한다는 것이다. 그 행동의 결과가 어떻든 신경 쓰지 않고, 그 일로 이득이 생겨도 자연스럽게 그렇게 되도록 두어야 한다.

한마디로, 친절은 정말로 간단명료한 일이지만 보이는 것처럼 항상 단순하지만은 않다는 말이다. 또 친절이 속임수의 방편으로 사용될 수 있는 것도 맞지만, 순수하고 이타적으로 사랑을 나누는 수많은 사례를 잊어서도 안 된다. 간혹 속셈이 있는 친절을 경험했다고 해서 모든 사람이 그렇게 행동한다고 생각하지는 말자. 인생의 많은 것들이 그렇듯, 모든 건 균형과 진정성의 문제이니 말이다.

이제부터는 누군가 예상치 못하게 커피를 사주거나 평소보다 오래 문을 잡아준다면 거기에 감사하는 시간을 가져보는 게 어떨까? 그렇지만 승진 시기가 다가오면 동료가 빵을 건넬 때 그 행동을 눈여겨보는 것도 나쁘지 않을 것이다.

3. 더 큰 선을 위해서는 고통을 감수해야 할까?

"이게 다 너를 위한 거야"라는 말을 들으며 아주 불쾌한 일을 견뎌야 했던 경험이 있었는지? 아마 친구가 우격다짐으로 고강도의 실내 자전거 교실에 끌고 갔을 때나, 끔찍하게 쓴 약을 먹어야 했을 때가 그럴 것이다. 으웩! 그렇지만 그 결과 여러분은 좀 더 건강해졌거나 병에 걸리지 않은 걸 감사해하고 있을 것이다.

여기에는 '엄격한 사랑'이라는 개념이 있다. 교사가 자기 학생에게 시간 관리에 대해 교훈을 주고 싶어서 기한을 넘겨 제출한 과제를 받아주지 않거나, 이미 두 번이나 핸드폰을 망가뜨린 자녀에게 부모가 책임감을 길러주기 위해 새 핸드폰을 사주지 않는다든지 하는 것이 그런 예다. 이런 일은 학대가 아니라 상대를 성장시키고, 책임감과 독립성을 기르도록 하려는 것이다.

더 큰 차원의 사례로는 사회에서 소수의 고통을 감수하고 다수의 이익이라고 여겨지는 정책을 시행하는 경우를 들 수 있다. 세금도 마찬가지다. 힘들게 번 돈을 내놓는 일을 기뻐하며 환영하는 사람이 어디 있을까? 그렇지만 그 돈이 도로와 학교, 공공 서비스의 재원이 된다는 걸 모두가 받아들인다. 또한 사업체들은 때때로 다른 직원들이 계속 자녀를 부양하면서 생활할 수 있게 일부 인력을 감축하기도 한다.

여기서 잠깐, 더 큰 선을 위하는 것처럼 '보인다'고 해서 그 일이 도덕적으로 올바르다는 뜻은 아니다. 사실 도덕적인 면에서는 계산이 좀 필요하다. 한 사람의 '더 큰 선'이 다른 사람에게는 '생각할 가치도 없는 행동'이 될 수도 있기 때문이다. 결국 여기에서도 맥락이 가장 중요하다. 상황에 따라 다르다는 말이다. 어디에나 맞는 '전천후' 해답은 없다. 그저 이런 결정을 내릴 때는 측은지심과 반성, 윤리성을 충분히 고려하며 접근할 수밖에 없다.

정말 중요한 것은 고통이나 불편 뒤에 숨은 의도이고, 그 일이 더 큰 선을 위한 것이라는 보장이다. 솔직히 불필요한 고통을 좋아하는 사람은 없지만 더 큰 선을 위한 게 확실하다면 어느 정도의 고통을 참아낼 수 있기 때문이다. 영화 〈스파이더맨〉 속 주인공의 삼촌인 현명한 벤이 말한 것처럼 "위대한 힘에는 크나큰 책임이 따른다."

고통을 줄 수 있는 위치에 있는 사람은 아무리 위대한 목적을 위해서라 해도 공감과 이해, 장기적인 목표의 명확한 비전을 반드시 전제하고 그 일을 해야 한다. 약간의 일시적인 고통이 때로는 면역력을 높이거나 인생의 교훈이 되는 등 큰 이익으로 이어질 수 있지만, 당장의 편리함이나 잘못된 의도가 아니라 진정한 혜택 쪽으로 저울이 기울도록 하는 게 중요하다. 그리고 준비 단계에서부터 상처에 붙일 반창고나 위로의 포옹을 마련하는 것이 반드시 필요하다.

그러므로 다음번에 친구가 '더 큰 선'을 내세우며 실내 자전거 교실에 가자고 이끌 때는 몇 가지 철학적 고민으로 맞받아쳐 보기 바란다. 누가 알겠는가, 그걸로 고난도 다리 운동에서 벗어날 수 있을지?

4. 친절은 아무 차별이 없어야 할까?

몇 년 전에 친구들과 남미 여행을 한 적이 있다. 길거리에는 구걸하거나 자잘한 물건을 파는 어린아이들이 많았는데, 그중에는 팔이나 다리가 잘린 아이들도 있었다. 한 아이에게 돈을 조금 건네려 했더니, 친구가 내 손을 때렸다. 그는 여행을 많이 다녀봐서 세상 물정을 잘 알았다. 그 친구 얘기로는 범죄 조직이 어린아이들을 거리로 내보내 구걸을 시키기 때문에, 아이들을 가엾게 여긴 관광객들이 돈을 주고 아이들이 돈을 더 많이 받아갈수록 갱단의 착취가 더 심해진다는 것이다.

나는 고민했다. 갱단을 돕고 싶지는 않았지만, 그 어린 소녀가 정말로 가난에 시달리고 있으며 가족을 위해 돈이 필요하다면 어쩌나 싶었다. 그걸 어떻게 알겠는가? 이에 대한 답은 뭘까? 인생에서 우리가 확신할 수 있는 건 없다. 많은 경우 '알 수 없다'라는 걸 인정할 수 있을 뿐이다. 앞에서도 말했듯 우리는 누가 어떤 일을 겪고 있는지 모른다.

그렇다면 우리는 파티에서 꽃가루를 뿌리듯이 무작위로 친절을 뿌려야 할까, 아니면 조금 더 선택적으로 행동해야 할까? 어떤 사람들은 친절도 분별해서 실천해야 한다고 주장한다. (감정적 자원을 포함해) 세상의 자원은 유한하므로 정말로 받을 만한 사람, 즉 감사할 줄 알거나 친절하게 행동할 줄 아는 사람에게 우리의 선의가 도달해야 한다는 것이다. 이것은 수익을 내지 않을 주식에는 돈을 투자하지 않는다는 면에서 투자와 비슷한 개념이라고 할 수 있다.

반면에 '모두에게 친절을' 보내자고 주장하는 진영이 있다. 이 관점에서는 친절을 화폐처럼 거래 대상으로 보는 것이 아니라, 공유해야 할 보편적 에너지로 본다. 마치 햇빛처럼, 어디를 비출지 고르는 게 아니라 그냥 빛을 내는 것이다. 앞서 이야기한 친구처럼 다른 사람이 불친절해도 그녀는 자신의 친절한 본성을 바꾸지 않는 것이다.

이런 사람들은 친절한 행동은 받는 이의 반응에 상관없이 그 자체로 우리를 고양해 준다고 여긴다. 칙칙한 회색 구름에 꼭 필요한 분홍색을 더하듯, 집단의 의식에 진설 에너지를 더하는 것이다. 이 사람들에게 친절한 행동은 상대방이 그들에게 감사나 미소를 '빚지는' 게 아니라, 우주에 긍정적인 파장을 일으키는 일이다. 중요한 건 행동의 의도, 즉 그 행동에 숨겨진 생각이다.

그러나 이런 생각에 현실 세계의 실제 상황을 더해봐야 한다. 세계 최고의 선한 의도를 지녔다 해도 언제나, 모든 이에게 친절할 수는 없다. 그 친절을 이용하려는 사람을 만날 수도 있고, 그러다 지쳐서 아무것도 못 할 수도 있다. 그래서 친절에도 제한선이 중요하다는 것이다.

그렇다면 결론이 뭘까? 개인에 따라, 상황에 따라 다르다는 것이다. 누구든 어떤 날에는 '선별적 친절' 쪽으로 기울다가 다른 날에는 '세상 모든 곳에 친절 뿌리기'의 태도가 되기도 한다. 어떤 경우든 의도가 진실하고 자신에게 충실하면 된다. 또 자신의 에너지와 평온을 지켜야 하지만, 기본적인 인간의 예의를 버리면서까지 그렇게 하라는 건 아니다.

친구가 말렸지만 결국 나는 어린 소녀에게 돈을 조금 건넸다. 친구의 말도 일리가 있다고 생각해, 처음 생각했던 액수보다 좀 덜 주기는 했다. 그렇긴 하지만 친구가 잘못 생각했을 수도 있지 않을까? 어쨌든 소녀가 도움을 받을 기회를 빼앗고 싶지는 않았다. 측은지심으로 돈을 건네면서, 나는 내 행동의 결과를 알 수는 없겠지만 '내 선물의 에너지가 세상에 조그만 빛이 될 수 있기를'

바라는 기도를 올렸다.

의도가 진실하다면, 우리가 모두 연결된 이 세상 전체에 아주 조금이라도 친절의 기운을 더한다는 것이 변함없는 내 믿음이다.

5. 문화적 차이는 친절에 대한 인식에 어떤 영향을 미칠까?

좀 더 넓은 관점에서 친절의 문화적 인식에 관해 이야기해 보자. 나도 한두 번 느꼈던 일인데, 이를테면 여행 중에 뒷사람을 위해 문을 잡아주었을 때 어느 나라에서는 미소가 되돌아오지만, 또 다른 나라에서는 의아한 표정을 짓는 걸 보기도 한다는 이야기다. '다른 문화권의 친절 이해하기'라는 즐거운 미로에 오신 걸 환영한다!

이렇게 상상해 보자. 일본에서 누군가 짐을 들고 힘들어하는 모습을 보게 되었다. 우리 내면의 슈퍼히어로는 얼른 달려가 도움의 손길을 내밀라고 재촉한다. 그런데 잠깐! 일본에서는 남의 관심을 끌거나 도움을 받으면 마음의 빚이라고 여길 수도 있어서, 도와준다고 한 것이 자기 생각 같지 않게 받아들여질 때도 있다. 그래서 무턱대고 도와주면 상대가 당황하기만 할 수도 있다는 것이다. 이런!

다음 행선지는 우크라이나다. 그곳에서는 축하의 표시로 힘껏 등을 두드린다. 개인 공간을 신성시하다시피 하는 문화권의 사람이 그런 일을 겪으면 기절초풍할 일이지만, 우크라이나에서는 친구들 사이에서 애정을 표시하는 일반적인 몸짓이다.

이왕 세계를 여행하는 김에 중동에도 들르자. 이 지역에서는 손님에게 차나 커피를 대접하는 게 큰 존경을 표하는 예의이고, 따라서 음료를 거절하는 것이 무례한 행동이 될 수 있다. 하지만 '아니요'가 정말 아니라는 의미를 지니는 문화에서 온 사람이라면 음료를 거절하는 것이 그저 솔직하게 자기의 기호를 표현하는 것일 뿐이다. 선물을 주는 것도 마찬가지다. 프랑스에서는 다른 사람의 집을 방문할 때 와인을 한 병 선물하는 게 일반적인 예절이지만, 알코올이 금지된 무슬림 국가에서는 아주 큰 실수를 저지르는 결과가 된다.

같은 행동이 세상의 어디에서 이루어지느냐에 따라 친절하기도 하고, 중립적이기도 하며, 심지어 무례한 일이 되는 등 이리저리 지그재그로 넘나든다는 것은 흥미로울 수밖에 없다. 마치 각각의 문화마다 은밀한 신호 변경 체계를 가지고 있거나, 그때그때 비밀번호가 바뀌는 것 같기도 하다.

이런 문화적 물살을 헤쳐나가는 요령은 어떤 지역을 여행하기 전에 그곳의 문화를 미리 조사하는 것이다. 주의 깊게 관찰하고, 확신이 없을 때는 질문하고, 열린 마음과 정신으로 다가가면 된다. 일단 우리는 모두 자신이 아는 한 최선을 다하고 있다는 것을 기억하자. 그리고 다른 방법이 모두 실패해도 진심 어린 미소는 웬만해서는 실패하지 않으니 너무 걱정하지 말기를. 그리고 혼란스러운 여행자를 맞이하는 곳의 사람들이라면, 여행자들의 마음이 올바른 곳에 있다고 믿고 친절하게 대해주기를 당부한다.

6. 친절과 정의의 균형을 어떻게 맞출까?

이것은 좀 까다로운 문제다. 손님을 초대했는데, 그 사람이 새로 산 카펫에 붉은 포도주를 엎질렀다고 해보자(사실은 내가 친구네 소파에 붉은 포도주를 쏟은 적이 있는데, 그 생각만 하면 지금도 신경이 곤두선다). 앗, 우리 내면의 주전자에서 김이 모락모락 오르기 시작한다. 마음 한편에서는 상냥한 마음씨의 테디베어 같은 목소리가 속삭인다. '괜찮아, 실수였으니 괜찮다고 친구에게 이야기해.' 그러나 다른 한쪽에서는 판사 같은 엄한 목소리가 비틀린 미소를 띤 채 이렇게 말하라고 다그친다. '이 깔개, 엄청나게 비싸다고. 좀 더 조심했어야지!'

물론 이 상상은 좀 사소한 것이지만, 이를 통해 우리가 매일 친절과 정의 사이에서 어떻게 씨름하는지 더 큰 그림을 그려볼 수는 있다. 누군가 잘못을 했을 때, 특히 심각한 잘못이라면 다른 쪽 뺨을 내줄지, 아니면 망치를 집어 들지, 둘 사이에서 어떻게 결정할까? 여기에 대한 몇 가지 관점을 소개한다.

친절, 따뜻한 포옹으로 다가가는 것

친절은 누군가 실수했을 때에도 또 한 번 기회를 주고, 상대의 관점을 이해하고, 연민을 베푸는 것을 뜻한다. 사고는 언제든 일어날 수 있는데, 그럴 때 반대의 입장이라면 나도 여간 당혹스럽지 않을 것이다. 이 말은 물건보다는 관계를 우선시하려고 의식적으로 노력해야 한다는 뜻이다. 어린 시절 우리 집을 찾아온 손님이 실수로 집 안의 무언가를 망가뜨렸을 때 내가 배운 게 바로 이것이다.

용서는 치유다. 작은 용서도 마찬가지다. 원한은 벽돌로 가득 찬 배낭을 멘 것처럼 우리를 짓누를 수 있다. 솔직해지자. 세상에 완벽한 사람은 없다. 불완전한 사람들끼리 실수했을 때 약간의 친절을 바라는 건 당연하지 않을까?

정의, 공정한 심판

이제 우리의 친구, 정의를 기억할 시점이다. 정의의 지향점은 공정과 책임을 보장하는 것이다. 만약 모두가 포도주를 엎지르기만 하고 아무런 수습도 하지 않으면 우리는 얼룩진 카펫(그리고 소파)과 욕구 불만으로 포도주를 들이켜는 사람들로 가득 찬 세상에 살게 될 것이다. 정의는 이렇게 말한다. '이봐, 네가 엎질렀잖아. 적어도 치우는 것 정도는 도와야지!' 물론 정의가 늘 처벌을 말하는 건 아니다. 때로는 책임을 받아들이는 것도 정의다.

균형 찾기, 친절한 정의 또는 단순한 친절

여기서부터 까다로워진다. 누군가 심각한 실수를 저질렀다면 더러워진 카펫보다 훨씬 더 큰 위험을 초래할 수 있는데, 그럴 때는 용서하고 잊어버리는 것이 말처럼 쉽지 않다. 피해를 되돌릴 수 없고, 기억이 지워지지 않기 때문이다. 잘못을 저지른 사람에게 너그럽게 대하느라 정작 피해를 입은 사람이 받아야 할 친절을 빼앗는 결과가 될 수도 있다.

아마 진짜 질문은 우리가 중간 지점을 찾을 수 있는지, 그리고 그것이 상황에 따라 달라지는지일 것이다. 또한 어쩌면 그건 공감

을 계속하면서도 누군가에게 책임을 물을 수 있는지의 질문일 수
도 있다. '회복적 정의'를 생각해 보자. 회복적 정의는 단순히 처벌
을 하는 것이 아니라 치유와 보상에 초점을 맞춘다. 우리가 대우
받고 싶은 방식으로 다른 사람을 대하라는 오래된 지혜처럼, 친절
과 공정을 결합하는 것이다. 기억할 것은, 인생은 종종 단순명쾌
한 답으로 풀리지 않을 만큼 복잡하다는 것이다. 그러나 이 사건
을 다음번 저녁 식사 자리에서(포도주를 쏟은 사람이 참석하든 아니든)
대화의 물꼬를 트는 계기로 삼을 수는 있다.

결국 친절과 정의 사이에서 균형을 잡는 것은 개인적 여정이
며, 정답은 없다. 그러나 확실한 것은 균형 잡기에 익숙해지고 나
면, 우리는 누구나 안전하고 환영받는다고 느끼는 저녁 식사 자리
를 마련하는 데 한 걸음 더 가까워진다는 것이다. 그런 의미로 함
께 포도주 한 잔 어떨까?

7. 친절하기 vs. 세상을 변화시키기. 과연 선택은?

친절은 인간 행동에서 편안한 카디건과도 같다고 한다. 우리는
어린 시절부터 "좋은 말이 아니면 차라리 아무 말도 하지 마라"라
는 말을 들으며 자랐다. 그러나 정말로 '착한 카디건'에 빙의하여
계속해서 지퍼를 올리기만 하면 정작 큰 그림을 놓치는 일이 생길
수도 있지 않을까? 개인에 대한 친절에만 끊임없이 초점을 맞추
느라 사회적 불의에 맞서는 데 제동이 걸린다면?

한 가지 시나리오가 있다. 여러분은 가족 모임에 참석했다. 그
런데 내가 가장 좋아하던 밥 삼촌이 무심코 편견이 담긴 말을 해

버렸다. 이제 분위기가 깨질 수 있는 위험을 무릅쓰고 삼촌의 말에 반박할 것인가, 아니면 그냥 미소를 지으며 삼촌에게 파이를 한 조각 더 권할 것인가? 삼촌의 위험한 믿음을 묵인하는 결과가 되는데도?

분명히 할 것은, 개인에 대한 친절이 우리의 적은 아니라는 점이다. 배려 넘치는 작은 행동들은 하루하루의 일상을 더 즐겁게 만들며, 긍정적인 파급 효과를 가져온다. 문을 잡아준다든지, 누군가에게 커피를 사준다든지, 아니면 그저 들어주는 일 등은 모두 의미 있는 행동이다. 이런 것들은 우리와 맞닿은 공동체에서 공감과 연결의 그물을 엮어준다.

문제는 친절과 자기만족을 혼동하는 데 있다. '친절'과 '절대로 분쟁을 일으키지 않기'를 같은 것으로 보기 시작하면 침묵의 방관자가 되어버릴 우려가 있기 때문이다. 예를 들어 제도적인 인종주의나 성적 불평등 같은 문제는 정중하게 지적하는 것으로는 절대로 변하지 않으며, 집단적이고 지속적인 반발이 일어나야 한다. 그렇다면 우리는 어떻게 해야 할까? 사회적 변화를 일으키기 위해 친절의 카디건을 벗어버려야 하는 걸까?

반드시 그렇지는 않다. 우리의 오랜 친구 '균형'이 또다시 마법 같은 해법이다. 제도적 이슈에 맞서면서도 운동의 주체가 개개인이라는 걸 기억하면 된다. 가끔은 인내와 이해, 측은지심으로 이루어진 한 개인의 마음이 전체 공동체에 영향을 미치는 물결을 만들어 낼 수도 있는 것이다.

위의 시나리오에서 한 가지 해결책은, 밥 삼촌에게 말없이 파

이를 드리고, 나중에 따로 조용히(그리고 상냥하게) 삼촌과 얘기를
나누는 것이다. 삼촌의 말에서 문제가 되는 부분을 알려드리고,
앞으로는 어떤 식으로 소통했으면 좋겠는지 의견을 전해보자. 즉
개인적으로 친절을 유지하면서도 사회 변화를 옹호하는 것도 얼
마든지 가능하다. 중요한 것은 그 순간 좋은 분위기를 깨뜨리지
않으려고 정의를 지키는 일을 미루면 안 된다는 것이다. 기억하
자. 정말로 친절한 세상은 공정한 세상이기도 하니까 말이다.

8. 우리에게 친절하지 않은 사람이 있을 때는?

가장 중요한 건 이런 것이다. 누군가 우리를 비방할 때는, 대개
우리가 아니라 그 사람들에게 문제가 있다는 것. 모든 사람은 자
신만의 짐을 지고 있고, 가끔은 짐가방이 마음대로 열려 옷이 쏟
아져 나와 사방에 널리기도 한다. 그때 우리가 우연히 거기 있었
을 뿐이다. 그러니 그들의 말을 마음에 담아둘 필요 없다. 문제는
우리가 아니라 그들이니까.

둘째는 모든 사람에게는 저마다의 이야기가 있다는 것이다. 그
들에게는 우리가 모르는 온갖 문제들이 서커스처럼 정신없이 휘
몰아치고 있을지도 모른다. 이걸 명심하면 그들이 어떤 행동을 해
도 침착하게 연민을 유지하는 데 도움이 된다.

그렇다면 이제는 불친절을 친절로 대응할 수 있을까? 글쎄, 상
황에 따라 다르다. 친절로 대응한다는 것은 사람들이 함부로 대하
도록 놔두라는 게 아니라, 불에 기름을 끼얹지 말라는 말이다. 우리
의 입장을 지키면서 더 큰 사람다운 태도를 보이는 것이다. 다행인

것은 때로는 작은 친절이 전체 상황을 바꾸기도 한다는 점이다. 우리가 그 사람들의 하루에 하이라이트가 될지 누가 알겠는가?

분위기가 너무 얼어붙지만 않는다면 이야기를 나누는 게 좋다. 귀담아듣고 상대의 관점을 이해하려고 노력하면 놀라운 효과가 일어나기도 한다. '당신이 왜 그러는지 이해해요'라는 말 한마디가 벽을 무너뜨리는 것은 참 놀라운 일이다. 공감은 최고의 친구 역할을 한다. 다른 이의 눈으로 세상을 보려고 노력하는 것, 특히 상대방의 행동이 최선이 아닐 때에도 그 사람의 입장이 되어보는 건 중요한 일이다. 이해한다는 것이 동의한다는 의미는 아니지만, 상대를 조금 더 온화하게 대할 수 있도록 해준다.

물론 그렇다고 해서 누군가 예의 없이 굴 때 자신에 대한 존중을 내려놓으면서까지 상대에게 친절하게 대하라는 건 아니다. 필요할 때 경계선을 설정하는 것은 꼭 필요하다. 여러 번 말했지만, 빈 컵에는 물을 따라줄 수 없다.

나는 상대를 먼저 이해하려고 노력하는 것은 전적으로 찬성한다. 그러나 때로는 게임에서 벗어나는 게 최선일 때도 있다. 승산이 없는 상황에서 씨름하거나 반복적으로 무례한 행동이 계속될 때는 우아하게 한발 물러서는 게 좋다. 그게 우리의 권리다. 더 가치 있는 싸움, 우리의 멋진 친절을 알아봐 주는 사람들을 위해 에너지를 아끼자.

그러니까 불친절에 대해 우리가 어떻게 반응하는지가 어떤 식으로 누군가의 행동을 바꾸거나 예상치 못한 효과를 일으킬지는 전혀 알 수 없다. '세상이 변하기를 바란다면 내가 먼저 그 변화를 만들어라'라는 말을 들어봤을 것이다. 우리가 불친절에 어떻게 반응하는지가 그 시작이 될 수 있다. 친절은 전염되며, 사람들이 세상의 구석구석에서 작은 사랑을 전파하도록 영향을 줄 수 있다.

9. 친절한 행동의 우선순위를 어떻게 정할까?

친절이 어려운 것은 '어디에 사랑을 퍼뜨려야 하는가?' 하는 문제가 있기 때문이다. 많은 이가 이런 고민을 한다. 마음이야 열기구만큼 크지만 주머니 사정이나 에너지, 여유 시간이 눈곱만큼밖에 없다는 기분이 자주 들기 때문이다. 이런 것을 모두 조율해 친절의 꽃가루를 어디에 뿌릴지 결정하려면 어떻게 해야 할까?

가까운 사람부터

우리는 계층에 대한 규칙을 품은 채 태어나기 때문에, 가장 가까운 사람들을 우선시하는 건 자연스러운 일이다. 우리가 지닌 에너지를 연못의 물결이라고 생각하고, 가장 안쪽에서부터 우선순위를 정하면 된다. 아마도 직계가족, 반려동물, 제일 친한 친구들 순이 될 것이다. 이들이 나른한 휴일에 함께 영화를 볼 사람들, 갑자기 비가 와서 오도 가도 못 할 때 연락할 사람들이 될 테니 말이다 (물론 강아지한테 전화를 걸지는 않겠지만).

마음이 이끄는 대로

때때로 우리는 개인적으로 겪은 일들 때문에 특정한 대의나 사람들에게 끌려간다. 병에 걸려 죽다가 살아났거나 가족을 잃은 사람

247

이라면 그 병과 관련된 분야에 기부를 하거나 자원봉사를 할 가능성이 크다. 아니면 새끼 나무늘보를 유난히 좋아해 나무늘보 봉사단체에 가입할 수도 있다. 무슨 상관인가? 마음이 끌리는 대로 하면 된다. 친구가 다른 목적을 위한 캠페인을 같이하자고 권하면 솔직히 자기 상황을 말하면 된다. 친구라면 이해해 줄 것이다.

'기회가 문을 두드릴 때' 답하기

친절에는 굳이 약속이 필요 없다. 모르는 사람의 장바구니를 들어주거나, 유모차를 계단 위로 올려주거나, 단순히 칭찬의 말을 건네는 등의 친절은 대개 그 순간에 자연스럽게 이루어진다. 그리고 이렇게 계획에 없던 순간들이 때로는 가장 큰 보람으로 되돌아온다. 이렇게 자발적인 친절은 다른 방식으로 에너지를 쓸 때보다 더 우리를 활기차게 만든다. 특히 우리가 한 행동의 결과가 상대에게 어떤 의미인지 확인할 수 있다면 더 힘이 나게 된다. 그러고 보면 우주는 교묘한 방법으로 중요한 기회를 우리 앞에 가져다 놓는 것 같다. 그리고 거기에는 우리에게 친절의 경험을 개발시켜주기 위한 목적도 있는 게 분명하다.

수용할 수 있는 역량에 따라

묻지도 따지지도 않고 무작정 친절에 뛰어들지 말고 그 전에 자신부터 재빨리 점검해야 한다는 얘기다. 시간이 되는지, 에너지는 있는지, 금전적 여유는 있는지? 남을 돕는 건 훌륭한 일이지만 자기를 불살라 소진하면서 하면 안 된다. 빈 컵에 물을 따를 수는 없다는 걸 명심하자.

작은 행동으로 큰 영향력을

작은 행동의 힘을 과소평가하지 말 것. 때로는 작은 미소, 문자 한 줄, 집에서 구운 과자 한 조각이 누군가의 하루를 채울 수 있다. 거 창해야만 친절이 영향을 끼치는 것은 아니다.

그러니 어디에서 어떻게 친절을 베풀까 하는 선택은 100가지 아이스크림 중에 제일 좋아하는 맛을 고르는 것과 비슷하다. 100 가지나 되는 숫자에 압도될 수는 있겠지만 핵심을 잘 짚으면 의외 로 쉽다. 일단, 잘못된 선택이란 없다. 전통적인 바닐라 맛 친절을 선택하든, 상대를 깜짝 놀라게 할 만큼 기상천외한 친절을 택하 든, 중요한 것은 그 뒤에 있는 의도와 사랑이다. 그러므로 나가서 자기 방식대로 하면 된다. 반짝이는 친절의 꽃가루를 뿌리는 것이 다. 잠깐! 생분해되는 가루인지 확인하시길. 우리는 지구의 환경 에도 친절해야 하니 말이다.

10

친절이 항상
분명한 것은
아니다

○

스코틀랜드의 코미디언 겸 배우인 빌리 코널리가 언젠가 라이브 쇼에서 들려준 농담이 있다. 세렝게티에서 영양 무리를 촬영하는 두 영화 제작자에 관한 이야기인데, 문득 두 사람 중 한 명이 사자가 자기들의 뒤를 따라와 덤벼들 준비를 하는 걸 보게 되었다. 두 사람 모두 공포에 질려 '끝이구나' 하고 확신할 때쯤, 갑자기 한 명이 몸을 굽혀 가방에서 나이키 운동화 한 켤레를 꺼내더니 재빨리 신발끈을 묶었다. 다른 한 사람이 말한다. "지금 뭐 하는 거야? 사자보다 빨리 달릴 순 없다고!" 그러자 그 사람은 이렇게 대답한다. "그렇지만 너보다 빨리 달릴 순 있으니까…'

삶이 늘 이렇게 극단적이지는 않다. 하지만 좀 더 부드러운 맥락으로 바뀔 뿐 우리가 자주 하는 기본적인 선택은 이 사례와 비슷하다. 너를 도울까, 나를 도울까. 너에게 친절할까, 나한테 친절할까. 그러나 잘 생각해 보면 세 번째 선택지가 없지는 않다. '우리

둘 다를 도와줘'라는 것이다. 인생은 흑백이 아니다. 멈춰서 찬찬히 보면 둘 사이에 온갖 무지개색이 놓여 있다.

트롤리 trolly(광산에서 쓰는 것과 비슷한 손수레 형태의 전차-옮긴이) 딜레마를 들어본 적 있는가? 마치 영화에서 튀어나온 것 같은 고전적인 철학의 난제 중 하나다. 당신은 트롤리 선로 옆에서 쉬면서 햇볕을 쬐고 있다. 그런데 갑자기 연결이 끊긴 트롤리가 선로에 묶인 다섯 사람을 향해 질주하는 게 보인다. 너무나 극적인 상황이다.

그런데 흥미로운 건 지금부터다. 당신이 옆을 보니 트랙을 변경할 수 있는 커다란 손잡이가 있다. 그걸 잡아당기면 트롤리를 다른 트랙으로 옮길 수 있다. 휴, 다섯 명의 목숨을 구할 수 있게 되었다. 당신은 영웅! 자신에게 잘했다고 토닥이길. 그런데 반전이 있다. 트롤리를 옮긴 다른 트랙에는 또 다른 한 사람이 묶여 있다. 손잡이를 잡아당기면 다섯 명을 구할 수 있지만 대신 트롤리는 다른 한 명을 향해 달려갈 것이다.

이제 당신은 도덕적 곤경에 처했다. 아무것도 하지 않고 트롤리가 다섯 명을 덮치게 내버려두거나, 손잡이를 당겨서 직접적으로 한 사람을 죽음에 이르도록 선택하거나, 둘 중 하나다.

당신은 '그래도 다섯 명을 구하는 게 논리적인 선택이겠지'라고 생각할 수 있다. 그러나 많은 이들은 누군가를 구하기 위해 다른 누구를 해치는 행위를 '굳이' 하는 것에 대해 고민한다. 이것은 '공리주의 대 의무론적 윤리학'이라는 고전적인 논쟁이다. 공리주의는 최대 다수의 최대 행복을 지향하며, 의무론적 윤리학에서는 인간의 도덕적 행위는 그 결과에 상관없이 의무이기 때문에 해야 한다고 주장한다. 즉 인간의 행동 중 어떤 것들은 결과에 상관없이 본질적으로 옳거나 그르다는 것이다.

〈스타트렉 2 : 칸의 분노〉에서 스팍이 방사능으로 가득 찬 방에 갇혀 죽어가는 유명한 장면이 있다. 커크 선장은 그를 구하려 하지만, 그렇게 하면 다른 많은 이들의 생명을 위험에 빠뜨리게 된다. 스팍은 이렇게 말한다. "논리에 따르면 많은 사람의 필요가 소수의 필요보다 중요합니다." 스팍이 말한 게 바로 공리주의다.

그런데 당신이 방금 구한 다섯 명이 많은 이를 살인한 살인자들이었다면, 이번에도 모두를 죽이려고 작정한 사람들이었다면 어떨까? 다른 사람들을 보호하기 위해 마지막 수단으로 그들을 거기에 묶어놓은 것이었다면?

옳은 선택이 항상 분명한 건 아니다. '언제나 이렇게만 해. 그러면 너도 행복해질 거고, 다른 모든 이도 행복해질 거야. 모든 일이 근사하고, 더할 나위 없는 인생이 펼쳐질 거야. 오, 너는 얼굴 가득 미소를 지으며 매일 아침을 맞이할 테고, 스프링처럼 기운차게 침대에서 튀어 오를 거야. 태양도 눈부시게 빛날 거야'라고 말해주는 단순한 규칙 같은 건 없다. 때로는 판단을 내려야 한다. 그 판단이 옳을 때도 있지만, 그렇지 않을 때도 있을 것이다. 때로는 이기고, 때로는 망쳐버리기도 할 것이다. 이게 진짜 세상이다! 어서 오시라!

트롤리 딜레마로 곤경에 빠졌다고 너무 걱정할 필요는 없다. 이건 책 한 권을 읽고 치르는 학력 평가가 아니다. 그동안 배운 걸 제대로 익혀, 친절한 사람이라는 배지를 달고 졸업할 수 있을지를 확인하는 시험도 아니다. 모든 건 맥락에 따라 다르고, 절대적으로 옳은 답이란 없기 때문이다.

수십 년 동안 심리학을 공부한 학생들이 알게 된 것처럼 트롤리 문제는 '옳은' 답을 찾기보다는 맥락을 이해하고 우리 자신의 도덕적 나침반을 파악하는 것에 더 가깝다. 철학자와 심리학자들조차 수년 동안 이에 대해 골머리를 싸매고 열띤 논쟁을 벌여왔다.

혹시나 궁금할까 봐 말한다면, 아무도 트롤리에 치어 죽지 않는 해결책도 있기는 하다. 대형 쇠망치를 가져와 아무도 죽지 않게 트랙을 무력화한다거나, 직접 트롤리에 올라타 재빨리 브레이크를 당길 수도 있다. 아니면 다른 사람을 불러와 둘이 힘을 합쳐 트랙에 묶인 사람들을 전부 풀어주어 대피시킬 수도 있고, 그것도 아니면 당신이 트랙에 누워 스스로를 희생할 수도 있다.

겉보기에 '옳은' 답이 딱 떠오르지 않아도 상관없다는 것이다. '이거다!' 하고 문제를 푸는 순간, 생각해야 할 또 다른 반전이나 가정들이 또 나오기 때문이다. 마치 인생처럼.

그렇기는 해도 저녁 식사의 대화 주제로 이만한 것도 없다. 다음번에 친구들과 식사할 때 열띤 분위기를 원한다면 트롤리 문제를 한번 던져보기를. 최소한 몇 시간 정도는 거뜬히 보내게 될 것이다.

중요한 건 맥락이다

맥락 이야기를 좀 해야 할 것 같다. 맥락에 따라 어떤 상황에서는

'친절한' 행동이 다른 상황에서는 그다지 친절해 보이지 않기도 하기 때문이다.

아이가 사탕을 달라고 하는 상황을 예로 들면, 아이의 눈에는 선뜻 사탕을 내주는 부모가 멋져 보일 것이다. 하지만 슈거 크래시sugar crashe(당분이 많은 음식을 섭취한 후 시간이 지나면서 느끼는 무력감과 피로감–옮긴이)나 충치를 걱정하는 마음에서 부모는 아이의 요구를 거절할 수 있다. 이것은 아이에게 못되게 구는 게 아니라 긴 안목에서 아이를 돌보는 것이다. 아이는 섭섭할 수 있겠지만 부모는 아이에게 친절하게 대한 것이다.

말하자면 관점, 즉 어떻게 인식하느냐가 중요하다는 것이다. 또한 인식은 맥락에 따라 형성된다. 맥락은 카메라 렌즈처럼 행동을 확대하여 들여다보게 하며, 의도를 해석한다. 그리고 우리는 이에 따라 판단을 내린다.

지금 당장 좋아 보이는 일을 하는 것만 친절이 아니다. 때로는 관련된 사람들 모두에게 장기적으로 최선이 될 수 있는 일을 하는 것이기도 하다. 친구에게 이에 시금치가 끼었다는 말을 해주는 것과 같다. 당연히 그 순간에는 당혹스러울 수 있지만, 그런 채로 종일 돌아다니게 두는 것보다는 친절한 행동이라는 것이다. 실제로 인생은 이런 이상한 순간으로 가득 차 있다. '윽, 별로!'라고 생각한 일이 엄청나게 사려 깊은 것이었다는 사실로 드러나는 일도 허다하다.

내가 할 수 있는 조언은 다음번에는 판단부터 하지 말고 전체 맥락을 확인해 보라는 것이다. 우리는 다른 사람이 어떤 일을 겪고 있는지 전혀 알 수 없고, 진정한 친절은 제대로 보이지 않거나 선명하게 느껴지지 않을 때, 심지어 아무도 보고 있지 않을 때에도 착하게 행동하는 것이다.

모든 건 맥락의 문제다. 흑백과 분열의 시대, 둘 사이에 존재하는 색조를 이해하는 것은 필수이며, 여기에는 기술이 필요하다. 공감이 유용한 도구가 될 수 있다. 공감은 우리가 서로를 더 잘 이해하고 관계를 맺는 데 도움이 되는 화폐 역할을 한다. 복잡하게 얽힌 맥락 속에서 공통된 실마리를 찾을 수 있도록 해주기 때문이다. 공통된 실마리란 이런 것이다. "진심 어린 친절은 그 순간에는 명확하지 않더라도 결국 최고의 선을 찾아낸다." 시인 칼릴 지브란Khalil Gibran(레바논 출신의 미국 작가. 인생에 대해 근원적인 문제를 제기하고, 그에 대한 답을 깨닫게 하는 산문시 〈예언자〉로 유명하다-옮긴이)이 말했듯이, 친절을 통해 마음은 아침을 찾아 상쾌해진다.

나의 간단한 기도는, 우리 각자가 인생의 미궁을 헤쳐나갈 때 맥락을 분별하여 친절의 진정한 본질을 알 수 있는 지혜를 갖기를 바라는 것이다. 친절은 다양한 가면을 쓰고 나타날 수 있지만 본질은 변하지 않기 때문이다. 그 본질은 바로 진심으로 다른 사람들의 안녕을 바라는 것이다.

맥락 윤리

위에서 얘기했던 어려운 문제들은 그 순간에는 답이 명료하지 않은 것들로, 더 넓은 의미를 지닌 맥락 윤리에 해당하는 사례들이다. 우리는 '이렇게 하는 게 맞나?' 싶은 상황에 부딪혔을 때 누군가가 딱 잘라 해답을 주기를 바라지만, 정작 돌아오는 대답은 "글쎄, 그때그때 다르지 않아?"일 때와 같다. 짜잔! 이게 바로 맥락(또는 상황) 윤리다! 맥락 윤리의 기본적인 생각은 상황에 따라 옳은 행동이 달라질 수 있다는 것이다.

〈레미제라블〉에서 장발장은 빵 한 덩어리를 훔치고 19년 동안 감옥에 갇혔다(5년은 빵 절도, 나머지는 탈옥이 죄목이었다). 그는 절실했다. 여동생의 아들이 심한 병에 걸려 죽을지도 모르는 상황이었고, 그들은 굶주리고 있었다. 그는 풍족한 빵 가게 주인이 빵 한 덩어리쯤은 잃어버려도 모를 거라고 생각해 빵을 훔쳤다. 그러나 그를 처벌한 법률의 기준은 상황과는 상관없이 절대적인 옳음과 그름의 개념을 기준으로 한 것이었다.

사실 세상의 거의 모든 일은 다른 관점에서 볼 수 있다. "살인하지 말라. 생명 있는 모든 것을 귀하게 여겨라"라는 당연한 명제가 있다. 그렇지만 전쟁 상황에서는 어떨까? 이쪽에서 공격을 멈추면 그것으로 수백만 명의 생명을 구할 수 있을까? 마음 챙김의 윤리적 논의에서 일부 학자들은 군인에게 마음 챙김 수련을 시키는 것은 맞지 않다고 비판한다. 불교 윤리와 살생 금지의 핵심 원칙에 위배된다는 것이다.

알다시피 마음 챙김은 군인들의 긴장을 풀고 집중력을 높이며, 정신 건강에도 도움이 될 수 있다(그리고 군인들은 이런 효과를 알고 수련을 선택할 권리가 있다). 아무튼 마음 챙김을 통해 집중력이 대

폭 향상된 저격수가 누군가를 정확히 맞혀 죽일 수 있었다고 가정하자. 여기서 중요한 건 저격수가 총을 쏘고 안 쏘고의 여부는 다양한 우연성을 고려한 결과라는 것이다. 저격수가 총을 쏘기 전에 상대가 이미 저격수 편의 전우들 여럿을 죽였을지도 모른다. 균형을 맞추기가 여간 까다롭지 않다. 생명은 물론 존귀하게 여겨야 하지만, '여러 사람을 구할 수 있다면?' 하는 상황도 고려하지 않을 수 없다.

인생에는 이런 곤란한 문제가 잔뜩 있다. 그러나 다행인 것은, 대개는 살고 죽는 문제처럼 거창하지는 않고 소소하다는 점이다. 예를 들어 크리스마스에 친척들이 저마다 자기 집으로 오라고 초대한다면 어디로 가야 할지, 아니면 충직한 동료와 일을 아주 잘하는 신입 중에서 누구를 승진시킬지 하는 것들이다. 우리는 모두에게 친절하고 싶을 뿐이다.

맥락 윤리는 실제 삶의 문제지만, 너무 딱딱한 학문 같아서 보통은 그렇게 부르지 않는다. 그렇지만 때로는 인생이 계산기를 쓸 수 없는 수학 시험장에 앉아 있는 것 같은 기분이 되기도 한다. 이의를 제기하는 사람 없이 모두 깔끔하게 동의하는 명쾌한 답이 나오는 문제도 있고, 그렇지 않은 문제도 있다. 그럴 때는 규정집을 찾아보는 것보다는 맥락 윤리를 따지는 게 낫다. '지금 일어나고 있는 일을 잘 살펴서 상황에 따라 옳고 그른 것을 판단하자'는 것이다.

또 다른 〈스타트렉〉의 예를 들어보자(벌써 눈치챘겠지만, 나는 이 시리즈의 팬이다. 인정한다).여기에 나오는 '프라임 디렉티브prime directive(영화에서 우주선 승무원들이 외계 문명을 맞닥뜨렸을 때 지키는 불간섭, 존중의 원칙-옮긴이)'는 가장 중요한 규칙으로, 타 문화의 발전에 간섭하지 않는 게 기본이다. 그러나 영화 속 모든 선장은 생명을 구해야 할 때마다 이 원칙을 어겼다.

맥락 윤리 접근 방식의 멋진 점은 유연하다는 것이다. '할 것'과 '하지 않을 것'을 엄격하게 구분하기보다는 그 중간의 회색 지대를 탐색하는 데 더 중점을 둔다. 인생의 재미가 여기에 있다. 그렇다고 무엇이든 괜찮다는 의미는 아니다. 맥락 윤리가 유연하기는 하지만 강력한 토대는 필요하다. 친절, 존중, 이해라는 토대 말이다. 이런 토대 없이는 '상황이 그러니 어쩔 수 없지. 뭐든 가능해'라는 태도로 빠져들 위험이 있어서, 좋지 않다.

다음번에 힘든 선택을 해야 할 일이 생기면 기억하길. 세상이 항상 흑백으로 나뉘는 건 아니다. 더 깊이 들어가 맥락을 살펴보고, 진심으로, 친절과 이해의 마음으로 결정을 내리겠다고 말이다.

지구에서 조화롭게 살기 위한 두 가지 기본 원칙

달라이 라마는 저서 《종교를 넘어Beyond Religion: Ethics for a Whole World》에서 종교를 초월하는 보편적인 윤리와 지침에는 두 가지 기본 원칙이 있으며, 인류 공통의 경험을 바탕으로 이를 파악할 수 있다고 제안했다. 이 원칙들은 삶을 헤쳐나가는 방법에 대해 기본적이고 보편적인 안내서 역할을 하며, 북극성 같은 나침반이 되어줄 수 있다. 단순하고 심오하며 보편적인 그 두 가지 원칙은 아래와 같다.

1. 우리는 인류라는 공통성을 지니고 행복을 추구한다.
2. 우리는 상호의존적인 존재다.

좀 더 자세히 알아보자.

1. 우리의 공통된 인간성과 행복 추구

가장 먼저 생각할 것은, 우리는 모두 인간이라는 것이다. 충격적일 만큼 새삼스러운 말이라는 것도 안다. 다만 나는 우리가 문화와 언어, 음식, 춤 등을 통해 다양한 방식으로 인간성을 표현하지만 깊은 곳에서는 인간으로서 몇 가지 목표를 공유한다고 말하고 싶다. 영국에서 차를 홀짝거리든, 콜롬비아에서 살사 춤을 추든, 그 모든 것이 행복과 평안, 또는 기쁨을 추구하는 행위라는 것 말이다.

출신, 언어 등과 상관없이 따뜻하고 포근한 행복의 느낌은 보편적이다. 이 공유감을 인식한다는 건 옆 사람, 혹은 지구 반대편의 사람들을 이해한다는 의미다. 또한 우리가 모두 그들과 똑같이 행복하고 좋은 삶을 소망한다는 걸 이해하는 것이다.

다음에 다른 사람과 공감하기 어려울 때는 이것만 기억하면 된다. '겉보기에는 그렇게 보이지 않는다 해도, 깊은 곳에서는 그 사람들도 우리와 똑같이 기쁨과 만족을 추구한다.' 같은 사람이니 알고 있자는 것이다.

2. 우리가 이루는 아름다운 상호의존의 그물

우리가 깊이 고려해야 할 두 번째는 상호의존이다. 이것은 우리가 마시는 모닝커피가 다른 대륙의 농부가 기른 작물이라는 단순한 의미가 아니라(물론 이것도 대단히 가치 있는 상호의존이다) 훨씬 더 큰 의미다.

우리는 모든 것이 서로 연결된 세계에 살고 있다. 우리가 숨 쉬는 공기, 접시에 담긴 음식, 우리가 사용하는 기술이 모두 자연과 인간의 수고가 서로 협력하여 이루어 낸 결과물이다. 우리가 한 선택은 필연적으로 다른 존재들에게 영향을 미치지만, 대체로 우리는 그걸 모른다. 반대로 우리 역시 셀 수 없이 많은, 보이지 않는 실의 영향을 받으며 이 실들이 우리를 사람, 동물, 환경과 연결하고 있다.

이 상호의존성을 깨달으면 우리가 다른 이들을 도울 때 동시에 우리 자신을 돕기도 한다는 걸 이해하게 된다. 남을 해치면 그 일이 나를 물어뜯는 결과로 되돌아온다는 것도 마찬가지다. 이것은 우리의 행동이 예상보다 훨씬 더 광범위한 결과를 가져온다는 것을 깨닫는다는 의미이기도 하다.

결국 이 두 가지 기본적인 생각, 즉 행복 추구라는 공통의 목표와 상호의존성을 명심하고 지켜나가면 더 행복한 가정, 이웃, 공동체를 향해, 더 크게는 행복하고 친절한 세상을 향해 잘 나아갈 수 있으리라는 것이다.

그러므로 우리의 공통된 부분을 소중히 여기고, 서로 다른 부

261

분은 축하하며, 언제나 '우리가 함께하는 존재'임을 기억하자. 외모와 사람들이 하는 말, 사용하는 언어, 남에게 드러내는 이미지가 어떻든, 우리는 모두 똑같이 기본적인 어려움을 공유한다. 이 어려움은 보이는 형태가 제각각이어서 인생이라는 무대에서 각기 다른 모자를 쓰고 다른 역할을 맡는다. 하지만 겉보기에 어떻든 사실 우리 모두는 같은 무대에서 같은 춤을 추고 있다. 그게 인생이며, 인간이라는 존재다.

누구를 만나고 누구와 교류하든, 부자이든 가난하든, 중산층이든 무주택자든, 피부가 검든 희든 갈색이든, 키가 크든 작든, 옷을 잘 차려입었든 누더기 차림이든, 그 사람은 우리와 똑같은 사람이다. 겉모습이 어떻든 우리와 똑같이 기본적인 것들을 추구한다. 행복해지기. 평화롭게 살기. 고통과 괴로움을 겪지 않기.

우리 사이에 도사리고 앉아 우리를 분열시키는 것들은 의외로 꽤 피상적인 것에 그칠 때가 많다. 그러므로 차이를 발견하면 우리가 서로 다르다는 사실을 축하하면 된다. 그에 비해 우리가 공유하는 것들은 우리 모두에게 본질적인 것들이다. 예를 들어 어머니의 모성 본능 같은 것은 천성이다. 이 본능이 어머니에게 자신의 고통이나 불편을 제쳐두고, 아무리 피곤해도 한밤중에 일어나 아이를 달래서 재우게 한다. 그녀가 학식이 얼마나 있든, 돈이 얼마나 많든, 무슨 옷을 입든, 심지어 친절의 이점에 대해 알든 모르든 상관없다. 이것은 우리 행성의 거의 모든 어머니가 지닌 깊은 본성이다.

사랑, 공감, 연민, 친절은 우리 모두의 천성이다. 이 공유된 정신이 우리를 하나로 묶는다. 이러한 가치는 모든 종교와 영적 전통을 초월한다. 종교에서 가르치지만, 종교적 가치는 아니다. 그것은 인간적 가치이고, 따라서 우리가 키울 수 있는 가치다. 우리는 가장 가까운 사람들에게 자연스럽게 가지게 되는 이런 감정을 받아들여 더 멀리까지 확장하는 법을 배울 수 있다.

'그쪽'과 '이쪽'이 아니라 '우리'가 되자는 것이다.

카인드라인

앞에서 맥락에 관해 이야기했는데, 그렇다면 맥락을 잘 살펴 삶의 축복 속을 항해하기 위한 딱딱한 규칙들 대신 삶의 기복을 헤쳐 나가는 데 도움이 될 지침인 카인드라인kindlines을 종합적으로 정해보는 게 어떨까? 친절하게 살아가기 위한 가이드라인이라는 의미로 카인드라인이라고 부르자는 것이다. 억지라는 생각이 들 수도 있겠지만 너그러이 이해하시길.

물론 카인드라인을 법률처럼 따라야 한다는 건 아니고, 때때로 마치 내면의 GPS에 달린 자석이 북극을 가리키는 걸 참고로 삼아 자기의 방향을 확인할 수 있는 정도면 된다. 따라서 아래 카인드라인의 모든 부분에 동의하지 않아도 되며, 다만 이를 참고로 친절한 삶을 시작할 수 있기를 바랄 뿐이다.

1. 모든 생명을 귀하게 여겨라

인간부터 동물까지 모든 생명을 존중과 친절로 대하고, 각 생명의 본질적 가치와 존재의 기본 권리를 인정하라는 것이다. 고기를 즐겨 먹는 사람들이 있다. 나는 고기를 먹지 않는 쪽이지만 그렇게 하라거나 하지 말라는 게 아니다. 육류를 먹지 않는 건 어디까지나 카인드라인일 뿐, 법이 아니다. 다만 나는 모든 생명을 존중하기 위해 최선을 다하는 건 어떤지 권유하는 것이다. 앞에서 파리를 죽이지 않으려고 애쓴 일화를 소개한 것도 그런 이유에서다. 이 카인드라인이 항상 가능한 건 아니며, 우리는 최선을 다해 노력할 수 있을 뿐이라는 것도 안다. 그렇지만 목표를 높이 두면 우리가 함께 무엇을 이뤄낼지 누가 알겠는가?

2. 공감을 배양하라

누구에게든 자기 이야기가 있다는 걸 이해하라는 것이다. 우리의 이야기와 다를 수 있지만, 사람은 저마다 사정이 있다. 그것도 인간으로서 살아가는 우리 여정의 일부다. 우리는 다른 사람이 어떤 일을 겪고 있는지 절대로 알 수 없다. 그러니 일단 친절의 편에 서야 한다.

사람들은 대부분 자신의 지식과 경험, 그동안 받아온 영향의 범위 안에서 최선을 다하며 살아간다. 그런 사람들의 입장이 되어보려고 노력하는 것이다. 그들의 감정과 시각, 요구를 이해하려고 노력하자. 그래서 공감할 수 있게 되면, 공감이 우리의 행동과 결정의 원동력이 되게 하자.

3. 도움을 베풀어라

사람들을 살피고, 도울 기회가 있으면 행동으로 옮기자. 자신의 지식과 시간을 다른 사람들과 나누고, 가능하면 기부하며, 힘겨워하는 사람들의 고통을 줄이고 복지를 확대할 수 있도록 돕자는 것이다.

4. 정직과 성실을 고취하라

모든 거래에서 정직하고, 거짓을 말하지 않으며, 소문과 루머를 퍼뜨리지 말라는 것이다. 다른 사람이 어떤 일을 겪고 있는지, 그들이 어떤 복잡한 상황에 놓여 있는지 우리는 결코 알 수 없으며, 소문과 루머의 결과가 어떨지도 예측할 수 없다. 좋은 말을 할 수 없으면 차라리 말을 하지 않는 게 낫다. 옳다고 믿는 일을 실천하고, 내면의 도덕 나침반이 이끄는 방향으로 선택하고 행동해야 한다. 정확한 정보만 전달하고, 존중하는 태도로 이루어지는 열린 토론은 권장한다.

5. 통합과 포용을 장려하라

인간으로서의 경험, 문화, 성적 지향의 다양성을 응원하자. 배제하지 말고 포용하자는 이야기다. 우리의 말과 행동이 분열이 아니라 통합을 향하도록 해서 가정이든, 이웃이든, 직장이든, 나라든, 아니면 전 세계든 우리가 관여할 수 있는 한도에서 분열을 다시 잇는 가교가 될 수 있어야 한다. 따라서 적대감보다는 이해와 협력으로 나아갈 수 있게 노력해야 한다.

6. 환경을 보호하라

이는 지구를 우리가 함께 살아가는 공동의 집으로 인식하라는 뜻이다. 가능하면 지속 가능한 생활을 실천하고, 폐기물을 줄이며, 미래 세대를 위해 우리 행성과 기후를 보호하는 활동에 참여하도록 하자. 이것은 단순히 지금 우리의 삶과 버릇처럼 몸에 익은 편안함에 그치는 문제가 아니라 우리의 아이들과 그 아이들에게까지 영향을 미치는 문제다. 후손에게 깨끗한 환경을 물려줄 수 있도록 행동하여 후손들도 가족과 삶을 꾸려 나갈 수 있게 하자는 것이다.

7. 배움을 계속하라

호기심을 가지고 열린 마음으로 기꺼이 다른 사람들로부터 배우고, 다른 사람들에 관해 배우라는 것이다. 그러면 인간관계와 상호 연결성이 깊어진다. 성장과 변화는 인간의 경험에서 자연스럽고 필수적인 부분이다. 성장과 변화를 받아들이도록 노력해야 한다. 의무여서 억지로 하는 게 아니라 자신을 발전시키는 학습으로 여겨야 한다.

8. 자신을 우선순위에 두어라

자기의 요구를 제대로 파악하여 자신의 신체적·정신적·정서적 안녕을 끌어올리는 행동을 최우선으로 하라는 것이다. 자기를 돌보면 다른 모든 카인드라인을 지키는 것도 쉬워진다.

9. 감사를 실천하라

인생에서 사소해 보이는 축복에도 감사하자는 것이다. 감사는 우리 마음속에 있는 기분 좋은 손전등과 같아서, 바쁜 삶 속에서 자칫 놓칠 수 있는 온갖 좋은 것들을 비추어 보여준다. 우리 삶에서 중요한 역할을 해준 사람들에게 부드럽게 하이파이브를 하는 것이다. 그리고 감사는 점점 확장되므로, 우리가 더 많이 감사할수록 감사할 일들은 더 많아진다. 이렇게 우리는 행복을 쌓고 유지해 나간다.

10. 사람들을 지지해 주어라

사람들을 비판할 것이 아니라 높이 들어올려 주라는 것이다. 세상에는 남들을 높여줄 사람이 필요하다. 사람들에게서 장점을 보고, 최선의 모습을 끌어낼 수 있게 돕자는 것이다. 사람들이 최악의 모습을 보일 때도 그들의 좋은 부분을 기억하고, 약점을 비판할 시간에 강점을 칭찬해 주자. 괴롭힘올 당하거나 힘없는 사람들의 편에 서자.

11. 공정하라

의도적으로 사람들을 이용하지 말고, 말과 행동이 공정하도록 최선을 다하라는 것이다. 누군가 부당한 대우를 받는 걸 알게 되면 최대한 알려야 한다. 물론 사람마다 자신의 신념에 따라 공정에 대한 생각은 다를 수 있다. 그럴 때는 진심 어린 인간의 따뜻함을 기준으로 삼으면 된다.

12. 존중하라

사람들의 믿음, 성적 지향, 문화를 존중하라는 것이다. 타인의 재산을 존중하고, 사람들의 말을 경청하며, 온전히 주의를 기울이라는 것이다. 예의를 지키며, 공격적이거나 모욕적인 언어를 쓰지 않고, 상대의 사생활과 개인 공간, 경계를 지켜주어야 한다. 모든 상호 관계에서 가장 중요한 건 상대방의 동의다. 시간을 잘 지키고, 타인의 일정과 약속을 존중하는 태도를 보여야 한다. 실수했을 때는 솔직히 인정하고 진심으로 사과하도록 한다.

지금까지의 내용은 법률이나 규칙이 아니라 지침이라는 걸 기억하자. 즉, 카인드라인이다. 아무리 봐도 이 단어를 계속 사용해야 할 것 같다(사전 편집자분들, 잘 부탁드립니다). 행동을 지시하기보다는 영감을 주어 행동의 방향을 안내한다는 의미이기 때문이다. 우리가 더 행복해지고, 다른 사람들을 더 행복하게 만들고, 우리 모두 더 다채롭고, 활기차고, 평화롭고, 더 행복하고, 더 온화한 세상을 그리는 데 도움이 될 수 있는 방향을 제시하는 것이다.

지키지 못하더라도 실패한 건 아니다. 그리고 따라야 할 순서가 있는 것도 아니다. 예를 들어, '모든 생명을 귀하게 여겨라'라는 지침을 완벽히 따른 뒤에야 공감을 표시할 수 있는 건 아니다. 이것들은 카인드라인의 전체적인 한 묶음이다. 각 조항은 어떤 식으로든 다른 조항과 연결되어 있으며, 서로를 강화하는 데 도움이 된다.

파급 효과

이제 책을 마무리하기 전에 파급 효과에 대해 몇 마디 하겠다. 우리가 그동안 뿌려온 달콤한 작은 친절들은 연못에 떨어진 돌멩이같아서 하나하나가 잔물결을 일으키며, 덕분에 연못 건너편의 연잎들이 살랑살랑 오르내리게 된다. 이 연잎들은 우리 인생에서는 사람들의 미소와 같다. 우리의 파급 효과로 혜택을 보는 사람들의 대부분은 우리가 만난 적도 없고, 앞으로도 만날 일이 없는 사람들이다. 왜냐하면 친절은 과학자들이 '3단계 분리 이론three degrees of separation'(원래는 six degrees of separation, 6단계 분리 이론, 즉 인간관계는 6단계만 거치면 지구상의 사람들 대부분과 연결될 수 있다는 사회 이론으로, 하버드대학의 교수였던 스탠리 밀그램이 처음 제기했다. 여기서는 가장 먼 관계가 6단계이고 웬만한 사람은 3단계만 거치면 서로 연결된다는 의미로 보인다. 다작으로 유명해 누구와도 연결된다는 의미로 미국 배우 케빈 베이컨의 이름을 넣어 케빈 베이컨 지수라고도 한다-옮긴이)라고 부르는 형태로 확산하기 때문이다.

사례를 들어보자. 친절의 R 넘버[즉 재생산 지수(단일 감염자가 만들어 내는 감염 환자의 수-옮긴이)는 코로나 이후 모든 사람이 친숙해져 버린 숫자다] 의 추정치는 대략 3에서 5 사이로 다양하게 나타난다. 그 사람이 어디에 사는지, 얼마나 많은 사람과 교류하는지 외에도 여러 가지 요인이 작용하기 때문이다.

친절의 R 넘버를 5라고 하고 얘기해 보자. 오늘 우리가 누군가에게 친절하게 대했다고 가정하면, 우리의 친절 덕분에 기분이 좋아진 그 사람이 다음 날이나 며칠 안에 자신도 5명에게 친절을 행할 가능성이 매우 높다고 볼 수 있다. 이것이 R=5의 의미다. 우리에게서 비롯되어 분리되어 나가는 1단계의 사람들이 5명인 것이다.

내가 무슨 말을 하고 싶은지 알 것이다. 이 5명은 다시 제각각 5명의 사람에게 친절하거나 친절할 가능성이 높으며, 이렇게 형성된 25명은 우리로부터 파생된 2단계의 사람들이다.

이런 식으로 하면 친절은 어디까지 갈까? 맞다. 3단계까지 분리된다. 이미 알겠지만, 확인된 사실이다.

이 25명은 다시 각기 5명의 사람에게 친절을 행할 것이므로, 결국 우리가 작은 친절을 한 번 행하면 125명의 사람에게 혜택으로 돌아가게 된다는 얘기다. 인생이 연못과 같다면 125개의 연잎이 살랑살랑 팔락이게 된다는 것이다. 이러니 #kindnessiscool(친절은 멋지다-옮긴이), #kindnessisthenewblack(친절이 대세다-옮긴이)라는 해시태그가 유행하는 것도 놀랄 일은 아니다.

물론 이 숫자는 정확한 것이 아니라 대략적인 추정치다. 5일 때도 있고 그보다 더 많거나 작을 때도 있겠지만, 중요한 것은 친절이 퍼져나간다는 것이다. 모든 사람이 비밀리에 참여하지만, 자기가 참여하고 있다는 걸 깨닫지 못하는 우주적인 선행 릴레이와도 같다.

우리가 모두 세상을 바꿀 큰일을 할 필요는 없다. 작은 일들이야말로 정말 중요하다. 작은 일들이 매일의 잔물결을 만든다. 만약 자기가 우주의 한 귀퉁이에서 하는 작은 일이 과연 차이를 이루어 낼지 궁금하다면, 내가 대답할 수 있다.

"엄청나게요!"라고 말이다.

친절하게 삽시다

이제 여정의 끝을 향해 가면서, 여러분에게 간단하면서도 중요한 생각 하나를 남기고 싶다. '친절은 우리의 삶을 따뜻하고 가벼우면서 아늑한 태피스트리로 엮는 황금색 실'이다. 어깨에 올려놓는 부드러운 손, 낯선 사람과 나누는 미소, '내가 당신을 지켜보고 있어요. 당신은 중요한 사람이에요'라고 마음을 전해주는 작은 행동들이다.

마음을 담아 친절을 베풀길. 의도적으로 친절을 실천하길. 부디 친절하기를! 명상할 때는 진심으로 하기를. 이것이 바로 친절한 방식의 마음 챙김이다. 마음 챙김에서는 경청하라고 한다. 친절 챙김은 거기에 '돌보라'라고 덧붙인다.

생활 속에서 친절을 챙기는 것은 큰마음으로 작은 일들을 의도적으로 하는 것이다. 진정 어린 축하를 전하기, 문 잡아주기, 진심으로 감사하기, 힘들어하는 사람에게 손 내밀기, 또는 간단한 안부 인사하기 같은 것들이다.

친절 챙김은 마음가짐이다. 때로 먹구름이 낀 것처럼 느껴지는 세상에 빛을 퍼뜨리기로 마음먹는 것이다. 그건 우리 각자가 누군가의 하루에 도사린 어두운 구석을 비출 수 있는 하나의 촛불이라는 사실을 이해하는 것이기도 하다. 그리고 기억하자. 다른 사람의 촛불을 밝힌다고 해서 우리의 빛이 줄어드는 게 아니라 세상이 훨씬 더 밝아진다는 걸.

친절은 냉소주의에 대한 저항이고, 삶의 도전이라는 빗속에서 추는 춤이며, 우리 사이의 침묵을 채우는 음악이다. 또한 친절은 우리가 만나는 모든 사람의 마음에 울려 퍼지는 화음을 만들어 낸다. 이 책에서 우리가 헤어진다 해도 정신은 연결되어 있다. 그러므로 나는 언제든 여러분이 친절의 본질과 늘 함께할 수 있도록 응원할 것이다.

그것을 나침반으로 삼아, 인생을 단순히 견딜 만한 것이 아니라 아름답게 만드는 크고 작은 행동으로 나아가기를 바란다. 부디 기다리지 말고 스스로 빛이 되기를. 친절을 품어 안고, 그것이 여러분의 세상을 변화시켜 더 아늑하고 멋진 곳으로 만들어 가는 모습을 지켜보시길.

망설일 필요 없다. 물결을 만들어라. 친절의 운동가가 되자. 우리가 함께 소유한 우리의 집, 이 크고 아름다운 우주의 한 바윗덩어리에서 모두가 함께 무얼 이루어 낼지, 누가 알겠는가.

"부디 기다리지 말고
스스로 빛이 되기를."

부록

부록 I.

7일의 친절 챌린지

부록 II.

친절 챙김 명상 수련법

부록 I.

7일의 친절 챌린지

재미있는 친절 게임을 해보자. 이 도전은 혼자서 해도 되고 가족이나 친구들, 또는 팀으로 해도 된다. 목표는 일주일 동안 매일 친절한 일을 하는 것이다.

너무 쉬워 보인다고? 그렇다면 도전을 더 재미있게 할 세 가지 규칙을 제시하겠다.

1. 매일 다른 일을 해야 한다. 1일 차에 누군가에게 커피를 내려주거나 친구에게 커피를 가져다 주거나, 아니면 자선단체에 기부했다고 하면, 다른 날에도 그 일을 할 수는 있지만 이 챌린지에서는 친절 행동을 한 번만 한 것으로 인정된다. 즉, 일주일 동안 일곱 가지 다른 일을 해야 한다는 것이다.

2. 적어도 한 번은 편안한 구역comfort zone(요령껏 편안하게 지내는 생

활 방식-옮긴이)에서 벗어나라는 것이다. 이것은 온라인 기부나 문 잡아주기 정도의 쉬운 친절에서 한발 나아가라는 의미다. 물론 그런 일들도 중요하지만, 챌린지를 하는 만큼 한 번 정도는 더 멀리 손을 뻗어보자는 것이다. 친절을 실천하면서 아예 더 멀리까지 뻗어나갈 수 있게 상호 작용을 일으키는 일을 시도해 보는 것이다. 줄에서 뒤에 선 사람에게 자리를 양보하거나 진심 어린 미소를 지어 보여도 좋고, 누군가에게 진심에서 우러나온 칭찬과 축하를 건네도 좋다. 새로운 곳에서 자원봉사를 한다면 말할 것도 없다.

3. 세 번째는 친절 행동 중 한 가지 이상은 익명으로 해야 한다는 것이다. 아무도 여러분이 했다는 걸 몰라야 한다. 사람들이 그 일을 인식하고 반응을 보여도 여러분이 했다는 걸 알리면 안 된다.

해볼 만하다고 생각하는가? 자, 이제부터 재미있게, 친절 바이브를 퍼뜨리고, 누군가의 하루를 즐겁게 만들고, 사람들을 미소 짓게 하고, 세상을 조금 더 나은 곳으로 만들어 보기 바란다. 그리고 스스로 친절 운동가가 되었다는 느낌이 들면 '7일 동안 일곱가지 친절' 주간을 일주일 더 늘려보자. 그런 뒤에는 최선을 다해 일주일을 더 할 수 있도록 계속해 본다. 친절은 계속된다.

부록 II.
친절 챙김 명상 수련법

아래는 매일 반복하며 연민과 친절의 정서를 이끌어 내는 데 도움이 되는 몇 가지 간단한 실천 방법이다.

실천 방법이 달라도 시작은 늘 똑같다. '편안하게 앉아서 현재의 순간에 주의를 집중한다'라는 것이다. 이때 현재에 집중하는 방법은 호흡에 집중하는 것이다. 호흡은 항상 현재이기 때문이다. 옛날에 부처가 일러준 방법은 하늘과 땅 사이의 중간에 앉아 있는 걸 상상해 보라는 것이었는데, 어떤 방법을 선택하든 자유다.

편안하게 숨을 들이쉬고 내쉬면서 가장 두드러지게 느껴지는 감각에 집중한다. 숨소리가 될 수도 있고, 숨이 콧구멍을 지날 때의 느낌이 될 수도 있고, 배가 들어갔다 나올 때, 또는 가슴이 올라갔다 내려갔다 할 때의 감각이 될 수도 있다.

긴장이 풀어질 때까지 몇 분 정도 이렇게 한 다음, 다음의 방법 중 어느 것이든 선택해, 호흡을 계속한다.

우리는 같은 공기로 숨 쉰다

○ 호흡하면서, 우리가 들이쉬고 내쉬는 공기는 다른 생물들이 빨아들여 자양분으로 삼는 공기이기도 하다는 걸 떠올린다. 이 생각을 몇 분 동안 마음에 새긴다.

○ 그런 다음, 살아 있는 모든 사람은 이렇게 똑같이 호흡한다는 것을 인식한다. 또 마찬가지로 다른 생물들에게도 공기가 필요하다는 사실을 마음에 새긴다.

○ 차분하게 호흡하며, 몇 분 동안 이 깨달음을 깊이 마음에 새긴다.

우리를 하나로 묶는 것

○ 편안하게 호흡하면서, 호흡이 가져다주는 평온과 만족을 의식적으로 느껴본다. 또한 이 평온하고 만족스러운 상태를 모든 사람, 모든 생명이 공통으로 추구한다는 걸 마음으로 받아들인다. 차분하고 편안하게 호흡하면서 '그런 면에서 우리는 하나다'라는 생각을 몇 분 동안 마음에 담는다.

우리가 어디에 살든, 얼마나 많은 돈을 가지고 있든, 성적 지향이나 피부색이 무엇이든 상관없이 모두 똑같은 행복을 추구하며, 고통으로부터 놓여나기를 바란다는 걸 마음에 새긴다. 부드럽게 호흡하면서 이 생각을 몇 분 동안 마음에 담는다.

○ 다른 모든 사람의 행복에 대한 권리도 자신의 권리만큼이나 중요하다는 걸 마음에 새긴다.

○ 이런 생각을 성찰하면서 어떤 생각과 감정이 떠오르는지 잘 살핀다.

자비로움의 버전 1

○ 호흡하면서, 한 손이나 양손을 심장이 있는 가슴에 얹고 마음속으로 이렇게 외운다.

"나는 내가 행복하고, 건강하고, 안전하기를 바랍니다. 또한 평안하기를 바랍니다."

이 다짐을 세 차례 반복한다.

○ 이제 여러분이 관심을 기울이는 사람을 떠올리며 그 사람에 대해서도 똑같이 말하는데, '나'를 '당신'으로 바꾸고 세 차례 반복하면 된다.

○ 다음으로는 마음이 쓰이는 또 다른 사람, 또는 그다지 잘 알지 못하는 사람까지도 떠올려 본다. 누구를 떠올릴지는 여러분의 선택이다. 그 사람에 대해서도 세 차례 같은 말을 반복한다.

○ 이번에는 어려움을 겪고 있는 사람을 떠올리면서 그 사람에 대해 같은 말을 세 차례 반복한다.

○ 다음으로는, 여러분의 선의와 측은지심이 미치는 영향권을 최대한 넓혀 세상의 모든 존재를 위해 기원해 본다. 이렇게 말해 보자.

"젊거나 나이 들었거나, 멀거나 가깝거나, 모든 방향의 모든 존재가 두루 행복하고 건강하며 안전하기를 기원합니다. 그들에게 사랑이 담긴 친절의 정신이 가득하기를 바랍니다. 모두의 평안을 기원합니다."

마찬가지로 세 차례 반복한다.

○ 이렇게 친절한 마음으로 생각하고 기원할 때 어떤 생각과 감정

279

이 떠오르는지 잘 살핀다.

마음속 기원의 대상을 나에서부터 모든 존재로까지 확장했지만, 얼마든지 중간에 원하는 사람을 더할 수 있으며, 그렇게 해서 원하는 만큼 수련 시간을 늘릴 수도 있다.

외우는 문장이 똑같지 않아도 된다. 이미 많은 분이 몇 가지 변형된 버전을 이용하고 있다. '안전과 보호', '건강과 강인함' 또는 '진정한 행복'을 바라는 느낌을 누릴 수 있으면 된다.

또 착한 소원을 추가하는 것도 괜찮다. 특정한 사람을 생각하면서 그 사람이 감사해할 만한 걸 기원할 수도 있고, 그의 인생에 놀라운 일이 일어나거나 심지어 그가 돈벼락을 맞았으면 좋겠다는 기원을 해도 된다. 혹은 그 사람에게 누군가 진심 어린 칭찬을 해주거나, 그가 사랑에 빠지거나, 사랑받는 기분을 알게 해달라고 기원하는 것도 좋다. 마음에 떠오르는 어떤 친절한 생각이 모두 기원할 수 있다.

자비로움의 버전 2

'자신에게 초점을 맞추어 자비를 실천'하는 것이 누구나 편안하게 시작할 수 있는 건 아니다. 자신에게서 시작하는 게 전통적이기는 하지만 그게 부담스럽다면 자기 연민을 발동하여 거기에서 벗어나는 것도 괜찮다. 그러다가 시간이 지나 자신을 더 사랑하는 법을 배우면 자기로부터 시작하는 것이 더 쉬워질 수도 있다.

굳이 자신부터 시작하는 이유는 우리 자신의 건강과 행복도 중요하며, 우리가 스스로를 돌볼 수 있어야 다른 사람도 더 잘 도울 수 있기 때문이다.

자신에게서 시작하지 않는 편을 선호한다면, 원하는 사람을 정해서 위에서 이야기한 대로 수련하고, 할 수 있겠다는 생각이 들면 그때 자기를 포함하면 된다.

자비로움의 버전 3

이 버전에서는 다른 사람을 위하는 친절한 의도에 보답이 따라온다고 상상한다.

우리가 사람들 한 명 한 명에게 차례로 행복, 안녕, 안전, 고통으로부터의 자유, 힘, 사랑 또는 그 밖에 우리가 선택한 여러 미덕이 주어지기를 기원하면, 그 한 명 한 명이 우리를 위해서도 똑같은 것을 기원해 준다고 상상하는 것이다.

예를 들어 그 사람들이 '당신이 행복하기를, 건강하고 안전하기를, 또한 평안하기를'이라고 우리에게 말한다고 상상해 보자. 그러면 그들이 그 말을 우리에게 들려줄 때의 진심 어린 미소와 호의 가득한 표정도 상상이 된다.

그들의 친절한 감정과 축복을 받아들여 감사의 인사를 전하자.

친절을 받는 건 좋은 일이라는 것, 우리에게 그럴 자격이 있다는 걸 인정하자.

감사 인사

먼저, 이 책을 작업하는 동안 흔들림 없이 지지를 보내준 나의 파트너, 엘리자베스에게 감사한다. 그녀가 제시한 수많은 의견은 결국 항상 옳았다. 처음에 내가 동의하지 않았을 때에도 말이다!

장난기 많고 애정 가득한 우리 강아지 데이지, 고맙다. 특히 몇 시간씩 글을 쓰다보면, 내가 쉬어야 할 때를 정확히 아는 재주를 지닌 데이지가 딱 맞추어 들어와서는 어찌나 훼방을 놓던지! 기특하게도 데이지는 내가 일어나지 않으려 해도 끝까지 고집을 부려주었다.

그리고 우리 부모님. 그분들이 인생 내내 베풀어 주신 사랑과 친절, 지원이 아니었으면 나는 여기에 있지도 않았고, 내 일을 할 수도 없었을 것이다.

함께 작업한 헤이하우스Hay House UK의 훌륭한 편집팀에 감사드린다. 이 팀의 헬런 로체스터와 그레이스 라만은 이 책의 구상 단계에서부터 출판이 진행될 수 있도록 이끌어 주었다. 또 헤이하우스의 과거와 현재의 모든 직원들께도 감사드린다. 여러분의 도움으로 지난 몇 년 동안 헤이하우스와 진정한 한가족이라고 느낄 수 있었다.

그리고 통찰력 있는 안내로 이 책의 최종 형태를 결정하는 데 도움을 준 멋진 편집자, 수 라셀레스에게도 감사드린다.

중요한 역할을 해준 내 친구 브라이스 레드포드에게는 큰 환호를 보낸다. 글의 스타일에 대한 그의 통찰 덕분에 이 책의 질적인 측면에서 큰 변화가 있었는데, 다소 진지한 스타일에서 벗어나 가벼운 순간들이 군데군데 흩뿌려진 책으로 발전한 것은 그의 덕분이다.

그리고 책의 초기 원고나 일부 장을 읽고 훌륭한 피드백과 조언을 해준 친구들에게도 큰 감사를 표한다. 앤절라 워커와 메리 맥마너스는 초고에 'f-' 단어를 너무 자주 사용한 것에 대해 걱정과 애정 어린 충고를 보내주었고 앤 허치슨, 에이미 스튜어트, 모드 허스트, 리자 토머스-엠러스 박사도 통찰력 있는 의견과 친절한 지지를 보내주었으며, 마음 챙김 지도자인 에이미 폴리 선생님은 첫 두 장을 다듬는 데 도움이 되는 중요한 지침을 주는 한편, 마음 챙김 명상과 생활 마음 챙김의 차이를 친절하게 상기시켜 주셨다.

마지막으로, 장시간 글을 쓰는 내게 지난 3주 동안 카인드 초콜릿 바를 몇 상자나 보내준 카인드 스낵KIND Snacks UK사의 샘 웨인라이트에게 감사의 말씀을 전한다.

위대한 변화를 이끌어 내는
아주 작은 친절의 힘

제1판 1쇄 인쇄 2025년 2월 13일
제1판 1쇄 발행 2025년 2월 18일

지은이   데이비드 R. 해밀턴
옮긴이   박은영
펴낸이   나영광
책임편집   이홍림
편집   정고은, 김영미, 오수진
영업기획   박미애
디자인   임경선

펴낸곳   크레타
출판등록   제2020-000064호
주소   경기도 고양시 덕양구 청초로 66 덕은리버워크 B동 1405호
전화   02-338-1849
팩스   02-6280-1849
블로그   blog.naver.com/creta0521
인스타그램 @creta0521

ISBN 979-11-92742-41-0 (03190)